Démocratie(s) et Dissuasion

Sous la direction de
Mélanie Rosselet

Démocratie(s) et Dissuasion

Odile Jacob

Ouvrage réalisé avec le soutien du
Commissariat à l'énergie atomique et aux énergies alternatives (CEA)

3, rue Auguste-Comte, 75006 Paris

www.odilejacob.fr

ISBN : 978-2-4150-0668-6

À Thérèse Delpech
(1948-2012)

Sommaire

Avant-propos

Vincenzo Salvetti *

Le présent ouvrage s'inscrit dans la droite ligne d'une série de colloques, organisés à la Bibliothèque nationale de France (BNF) par la Direction des applications militaires (DAM) du Commissariat à l'énergie atomique et aux énergies alternatives (CEA), visant à aborder la dissuasion sous des angles novateurs. En 2017 s'est tenu, en partenariat avec la Fondation pour la recherche stratégique (FRS) et sous le haut patronage du président de la République, le colloque « Résistance et Dissuasion », qui explorait les fondements historiques et stratégiques de la dissuasion nucléaire française, de la Seconde Guerre mondiale à l'époque contemporaine[1]. Il a également donné lieu à une exposition. En 2019, la DAM, cette fois avec l'Institut de recherche stratégique de l'École militaire (IRSEM), abordait les « imaginaires nucléaires » : les représentations de

* Directeur des applications militaires du CEA.

l'arme nucléaire dans l'art et la culture, la manière dont elles façonnent nos perceptions et notre imaginaire collectif[2]. Enfin, un troisième colloque, organisé en 2022 avec la FRS pour marquer les dix ans de la disparition de Thérèse Delpech, s'est penché sur le rapport des régimes démocratiques avec la dissuasion nucléaire. C'est celui-ci qui a servi de socle à l'écriture de ce livre.

Certains ne manqueront pas de penser que nous ne sommes pas ici dans le cœur des missions de la Direction des applications militaires du CEA, à savoir ses missions fondamentales au service de la dissuasion nucléaire française : les armes nucléaires, les réacteurs nucléaires pour la propulsion navale et les matières nucléaires stratégiques. Bref, en poussant un peu plus avant cette idée, certains pourraient dire que la DAM n'est concernée que par les objets et non par les idées. Cependant, la DAM ne saurait remplir pleinement ses missions sans, d'une part, nourrir la réflexion de niveau stratégique sur la dissuasion nucléaire dans une approche ouverte et pluridisciplinaire et, d'autre part, susciter le dialogue entre les experts, les chercheurs et les praticiens sur les raisons et les moyens de la dissuasion.

La réflexion sur la dissuasion relève des responsabilités d'un État démocratique doté de l'arme nucléaire. Aujourd'hui, la nécessité de mener cette réflexion, en réalité, ne s'impose plus seulement moralement, mais aussi et surtout au regard des bouleversements stratégiques de notre monde. Au premier chef, la guerre d'Ukraine, depuis février 2022, qui a vu l'utilisation par la Russie d'une rhétorique nucléaire irresponsable, remet le fait nucléaire au centre de nos préoccupations. Ce contexte interpelle les opinions publiques, qui forment le cœur de la démocratie. Sur les armes nucléaires, qui étaient pour beaucoup de citoyens français reléguées à un arrière-plan lointain, une nouvelle attention se porte et de nouveaux questionnements émergent. Dans les médias, qui ne sont pas coutumiers du sujet, les commentaires peu informés et les conclusions hâtives ont parfois fleuri. C'est aussi l'ambition de ce livre que de rendre accessible le discours des professionnels de la dissuasion, qu'ils soient, là encore, praticiens, chercheurs ou experts.

Les démocraties occidentales vivent un moment paradoxal. D'un côté, le rôle de prévention de la violence majeure et de défense des démocraties exercé par la dissuasion nucléaire apparaît de nouveau au grand jour. De l'autre, un mouvement de contestation et de stigmatisation morale de l'arme nucléaire, qui ne s'exprime ouvertement qu'au sein des sociétés occidentales, se fait entendre. C'est ce paradoxe que ce livre entend explorer, sous plusieurs angles qui, en somme, relèvent de la moralité, de la rationalité et de la légitimité de la dissuasion nucléaire et de son utilité en tant que défense ultime des démocraties. En effet, la diversité des contributeurs rend possible une réflexion tant politique que stratégique ou opérationnelle. Les auteurs des différents chapitres peuvent être universitaires, praticiens, militaires, diplomates, parlementaires français, mais également étrangers.

Le quotidien du praticien de la dissuasion nucléaire est évidemment influencé par l'inscription de celle-ci dans le cadre démocratique de notre pays. Trois éléments principaux s'en dégagent.

D'abord, dans les métiers de la dissuasion, l'éthique tient une place essentielle. Toutes les personnes impliquées dans la mise en œuvre de la dissuasion nucléaire – qu'il s'agisse des salariés de la DAM, mais également des forces militaires et de l'ensemble de l'écosystème scientifique, technique, diplomatique et industriel, directement impliqués – sont traversées par ce questionnement éthique : « Comment accepter de travailler pour une arme de destruction massive, à sa conception, sa fabrication et sa mise en œuvre ? » La réponse tient au fait que la France est une démocratie et que les professionnels de la dissuasion obéissent à des autorités démocratiquement élues. Elle relève également de la clarté de la doctrine française : strictement défensive, avec un objectif non pas d'emploi mais de dissuasion et d'évitement de la guerre majeure. C'est aussi l'éthique personnelle qui interdit de travailler pour un pays qui proférerait des menaces nucléaires à des fins d'intimidation ou utiliserait la dissuasion à des fins offensives.

Ensuite, l'organisation et le contrôle par les contre-pouvoirs de l'ensemble de la filière de la dissuasion nucléaire française sont un impératif dicté par la démocratie. Un contrôle permanent est organisé sur tous les acteurs de la dissuasion pour s'assurer que l'arme nucléaire fonctionnera quand et uniquement quand l'autorité politique démocratiquement élue le décidera, c'est-à-dire qu'elle ne fonctionnera pas dans toutes les autres circonstances, avec une attention extrême portée aux questions de sûreté et de sécurité. C'est ce qui est appelé le « contrôle gouvernemental ». Placé sous l'autorité du président de la République, l'inspecteur des armements nucléaires est chargé de vérifier la pertinence et la bonne application de l'ensemble des mesures concourant au contrôle gouvernemental de la dissuasion nucléaire. Pour la DAM, cela se traduit par exemple par l'interdiction d'assembler une tête nucléaire sur un de ses centres. Les têtes nucléaires sont assemblées et démontées en présence du contrôle gouvernemental sur un site sous responsabilité du ministère des Armées. Le général de Gaulle, déjà, avait réfléchi à ces questions : pour lui, il était indispensable de répartir les tâches entre la DAM et le ministère en charge des Armées, afin d'éviter une concentration de moyens aussi sensibles dans l'une ou l'autre partie. L'esprit qui régit cette activité très particulière est appelé « l'œuvre commune », qui s'est traduite en 1961 par la création du comité mixte Armées-CEA, dont le rôle est toujours aussi essentiel six décennies plus tard.

Il y a par ailleurs une attention extrême portée à la sûreté nucléaire, qui participe à la crédibilité et à la pérennité de la dissuasion. L'accident n'est pas permis. À cet égard, la confiance des autorités politiques, démocratiquement élues, envers la DAM est de première importance, ce qui implique une obligation de transparence vis-à-vis de la représentation nationale et de tous les organismes de contrôle. Cela implique aussi que la DAM soit force de proposition pour savoir expliquer quelles têtes concevoir et garantir. La DAM se doit d'être en permanence dans une démarche proactive, jamais en train d'attendre face à une évolution des défenses antimissiles adverses : il faut toujours avoir un coup d'avance.

Enfin, la transparence est à la fois une obligation éthique et une condition de l'exercice des contre-pouvoirs. Encore récemment, le sujet sensible des conséquences des essais nucléaires en Polynésie française est revenu sur le devant de la scène. Il s'est alors agi pour l'État de répondre aux questions légitimes que posent les populations concernées, dans un souci de transparence, mais aussi de rigueur scientifique. À la demande du ministère des Armées, la DAM a ainsi participé à la table ronde organisée en juillet 2021 à ce propos. Le chef de l'État a explicitement entamé dans les conclusions de cette table ronde un important chantier d'ouverture d'archives jusque-là classifiées, répondant à la demande d'un certain nombre d'universitaires. L'objectif qui nous guide est de regarder notre passé sans concession, en examinant les motivations qui nous ont conduits à réaliser des essais nucléaires – puis à y renoncer – en analysant à chaque fois les conséquences de nos actes, mais sans perdre la rigueur scientifique.

Le colloque « Démocratie(s) et Dissuasion » avait été organisé en hommage à Thérèse Delpech. Son dernier ouvrage, *La Dissuasion nucléaire au XXIe siècle*[3], est un modèle du genre. Son approche prospective était d'ailleurs annoncée dès le sous-titre : « Comment aborder une nouvelle ère de piraterie stratégique ? » La rigueur intellectuelle dont elle a fait preuve dans ses travaux, tant au profit de la recherche académique qu'en tant que directrice de la stratégie de la DAM, a été une source d'inspiration pour la rédaction de ce livre, qui a l'ambition de contribuer au réarmement intellectuel que Thérèse Delpech appelait de ses voeux, l'enjeu majeur étant de nourrir le débat intellectuel – et donc le débat démocratique – sur un sujet aussi vital pour nous que celui de la dissuasion nucléaire.

Introduction

Mélanie Rosselet

> « Si l'une des parties en présence s'arrête de réfléchir, elle a perdu d'avance, même si ses capacités opérationnelles sont nettement supérieures à celles de son adversaire. »
>
> Thérèse Delpech,
> *La Dissuasion nucléaire au XXIe siècle.*

Le présent ouvrage est dédié à Thérèse Delpech (1948-2012), philosophe, haut fonctionnaire et spécialiste des questions stratégiques. La dernière partie de l'ouvrage lui rend spécifiquement hommage, à travers les contributions de professionnels et chercheurs qui l'ont connue et qu'elle a inspirés (Perrine Simon-Nahum, Ariel Levite, George Perkovich), comme plusieurs des contributeurs à cet ouvrage. Thérèse Delpech a mêlé dans son œuvre réflexion philosophique, historique et stratégique avec une implacable rigueur pour décrire le monde contemporain. Son dernier ouvrage, paru à titre posthume, *La Dissuasion nucléaire au XXIe siècle. Comment aborder une nouvelle ère de piraterie stratégique*[1], est d'une rare clairvoyance. Elle y prédisait notamment les effets déstabilisateurs de la montée en puissance nucléaire de la Chine, la désinhibition des puissances nucléaires régionales, la tendance à intégrer l'arme nucléaire dans des stratégies de dissuasion coercitives et non plus strictement défensives. Nous devons aussi à Thérèse Delpech une réflexion sur l'« ensauvagement », annonciateur selon elle d'un nouveau cycle de violence. Perrine Simon-Nahum montre que le concept d'ensauvagement décrivait également dans l'œuvre de Thérèse Delpech « ce qui fait obstacle au fait de penser l'histoire pour ensuite en subir la violence », c'est-à-dire l'absence de réflexion, de courage, d'intelligence d'action face aux événements.

En ce sens, le présent ouvrage a pour objectif de continuer de répondre à l'injonction de Thérèse Delpech à penser avec lucidité notre époque et à son plaidoyer en faveur d'un renouveau de la pensée en matière de dissuasion nucléaire.

La guerre d'agression déclenchée par la Russie contre l'Ukraine confirme l'entrée dans un nouveau cycle stratégique. Le précédent, ouvert à la fin de la guerre froide avec l'effondrement de la menace totalitaire soviétique, a été caractérisé par une marginalisation relative de la dissuasion. Le cycle actuel est au contraire marqué par un retour du fait nucléaire et des rapports de force dans le jeu international. Des puissances autoritaires mettent en œuvre des stratégies d'intimidation et de sanctuarisation agressive en contestant systématiquement l'ordre international fondé sur le droit. Ce cycle stratégique est également marqué par les asymétries entre acteurs dans leur rapport à la norme, au *statu quo* territorial, à la stabilité stratégique, à la retenue. Il pose des défis spécifiques aux démocraties. Depuis le déclenchement de la guerre d'agression russe contre l'Ukraine le 22 février 2022, les démocraties prennent à nouveau conscience de la nécessité de réaffirmer leur stratégie de défense et de dissuasion. Pour un pays comme la France, la dissuasion nucléaire demeure « la clé de voûte de notre sécurité et la garantie de nos intérêts vitaux », comme l'a rappelé le président de la République Emmanuel Macron dans son discours prononcé à l'École de guerre le 7 février 2020.

Nous vivons pourtant un moment « paradoxal », pour reprendre l'expression du directeur des Applications militaires du CEA : au moment où l'arme nucléaire est perçue non pas comme une arme obsolète, mais comme une arme du futur pour des puissances militaires agressives qui pourraient être tentées de se détourner de pratiques de dissuasion à des fins strictement défensives, cette prise de conscience, au sein même des démocraties, de l'importance de la dissuasion comme outil de protection ultime de leur survie coexiste avec une contestation diffuse et un regain de stigmatisation morale de celle-ci, soulignant les tensions toujours existantes et quasiment consubstantielles entre démocratie et dissuasion.

C'est dans ce contexte qu'a été organisé le 13 octobre 2022 par la Fondation pour la recherche stratégique (FRS) le colloque « Démocratie(s) et Dissuasion » à la Bibliothèque nationale de France avec le soutien de la Direction des applications militaires du CEA et en partenariat avec l'École normale supérieure ENS-Ulm (Centre interdisciplinaire sur les enjeux stratégiques).

Ce colloque avait été précédé d'une journée d'études à l'École normale supérieure de la rue d'Ulm sur « l'héritage intellectuel de Thérèse Delpech ». Réunissant des praticiens, des universitaires et des grands témoins, français et étrangers, ce colloque a permis de croiser les regards sur les enjeux contemporains de la dissuasion nucléaire, en interrogeant plus spécifiquement les liens et parfois les tensions qui existent entre démocratie et dissuasion. Au regard de l'intérêt suscité par les débats, il nous a paru utile de publier les interventions de ceux qui ont contribué à ces deux journées, ainsi que quelques éclairages complémentaires.

Le présent ouvrage vise donc à traiter une question centrale : dans un contexte où les menaces stratégiques pesant contre les démocraties s'accroissent, comment nourrir un débat constructif autour des tensions qui peuvent s'exercer entre idéaux et procédures démocratiques d'une part, et l'exercice de la dissuasion d'autre part ?

La difficulté de l'entreprise ne peut être niée. Certains auteurs comme George Perkovich (chapitre 6) récusent d'ailleurs la validité de la réflexion pour au moins trois raisons : il n'y a pas de consensus sur ce qui définit un État comme démocratique et il n'existe que des démocraties imparfaites ; la politique nucléaire échapperait par construction aux processus démocratiques (délibération publique, transparence) ; rien ne permettrait de penser, sauf à risquer l'auto-encensement ethnoculturel, que les démocraties auraient une pratique spécifique de la dissuasion, encore moins que cette pratique serait plus « responsable » que celle des régimes non démocratiques.

Pourtant, si les catégories « démocraties » et « non-démocraties » sont imparfaites, une indifférenciation complète risquerait de conduire à une erreur d'appréciation stratégique voire morale. Il semblerait erroné de nier au moment stratégique que nous vivons toute dimension de contestation systémique entre natures de régimes politiques. Il serait d'autre part problématique de poser une équivalence absolue entre les pratiques, les objectifs, les contraintes, les conceptions de la dissuasion existant dans les régimes démocratiques, en dépit de leur diversité, et celles existant, ou n'existant pas, dans des régimes autoritaires révisionnistes.

Les régimes démocratiques peuvent être définis comme les « régimes qui tendent à maintenir simultanément les libertés individuelles, la souveraineté populaire et le règne de la loi », pour reprendre la définition donnée par Raymond Aron dans *L'Homme contre les tyrans*[2].

La dissuasion est ici comprise au sens de dissuasion nucléaire. La dissuasion a pour objectif de convaincre un acteur de s'abstenir de faire quelque chose. La dissuasion diffère de la persuasion et de la coercition (*compellence* en anglais), qui consistent à convaincre un acteur de faire quelque chose : la première, par l'incitation, la seconde, par la contrainte – exiger la paix, par exemple[3]. Pour s'en tenir au cas français, la dissuasion française est nucléaire, et a pour objet de dissuader un acteur étatique de s'en prendre aux intérêts vitaux de la France en lui faisant redouter des dommages absolument inacceptables. Cette dissuasion par représailles est fondée sur une triple crédibilité : crédibilité politique (détermination du président de la République élu au suffrage universel), technique (crédibilité des têtes nucléaires, des systèmes d'armes et autres capacités militaires liées à la dissuasion) et opérationnelle (crédibilité des forces la mettant en œuvre), ainsi que la perception par l'adversaire de cette crédibilité. Si les stratégies de dissuasion ne sont pas strictement identiques dans leur formulation et leurs moyens dans les autres pays démocratiques, elles ont en commun de refléter une approche de limitation de l'escalade de la violence : « Jusqu'à présent, l'objectif principal de notre institution militaire a été de gagner les guerres. Désormais, son principal objectif c'est de les éviter », pour reprendre la formule de Bernard Brodie au début de l'âge nucléaire, dans un document d'analyse publié à l'automne 1945. Historiquement, il fallut beaucoup de temps aux pays occidentaux pour convaincre Moscou que, si des armes nucléaires étaient impliquées, la dissuasion était la meilleure politique[4]. Tant que des armes nucléaires existeront, l'un des défis majeurs sera de faire prévaloir l'association des armes nucléaires à une stratégie de dissuasion et non à ses alternatives (coercition, chantage, voire emploi effectif).

Cet ouvrage propose, selon une démarche qui n'est ni systématique ni exhaustive, de mieux cerner certains dilemmes qui se présentent aux démocraties dans l'exercice de la dissuasion. Il n'a pas une vocation académique, mais les pistes de réflexion proposées tendent à souligner le mérite qui s'attacherait à approfondir une approche universitaire sur certains points soulevés, à la confluence des relations internationales, des théories de la dissuasion, de l'histoire, des travaux sur la culture stratégique et des travaux de sciences politiques sur la démocratie. Une dimension transverse des contributions, méritant une exploration spécifique, est celle de l'exploration des interactions entre les fragilités internes des démocraties, les stratégies des régimes autoritaires et l'exercice de la dissuasion.

L'ouvrage procède en quatre temps.

Le premier est celui de l'exploration des menaces (chapitre 1) : « Quelles menaces stratégiques pèsent sur les démocraties ? »

Louis Gautier prend la mesure de la « césure » que constitue la guerre en Ukraine et de ce qu'elle dit des caractéristiques du « troisième âge nucléaire » dans lequel nous entrons, avant de s'interroger sur les risques d'une réponse européenne « en ordre dispersé » en matière de défense et de dissuasion. Corentin Brustlein analyse la contestation de l'ordre international au prisme de la désinhibition croissante des puissances, y compris dans le domaine du nucléaire. Même si la désinhibition n'est pas totale et même si la fonction première de la dissuasion nucléaire, qui est d'empêcher la guerre majeure entre États dotés, a joué une fois encore dans le conflit ukrainien, le postulat de la prohibition du passage à l'acte nucléaire, lui, de façon générale, pourrait être fragilisé. Camille Grand met en lumière que le retour de la brutalité extrême dans les relations internationales a valeur de test sur l'efficacité du modèle démocratique, par rapport aux modèles plus autoritaires, alors que la « piraterie stratégique » est pratiquée par certaines puissances nucléaires. Mélanie Rosselet souligne que la grille de lecture d'un affrontement entre démocraties et régimes autoritaires est au moins en partie pertinente, même si l'intérêt des démocraties occidentales est précisément de ne pas précipiter une logique de blocs. Il n'y a plus de menace totalitaire comme au XXe siècle mais de nouveau une menace militaire et une menace contre le tissu de nos démocraties de la part de régimes autoritaires comme la Russie, notamment grâce aux outils dirigés contre nos sociétés en termes d'ingérence, en particulier dans le champ informationnel. Jean-Claude Mallet évoque ainsi un ensemble de menaces éthiques, géopolitiques et militaires.

Dans ce contexte, c'est bien la capacité de nos démocraties à envisager l'outil militaire, les exigences de la défense, la confrontation et la dissuasion qui est mise à l'épreuve. Les démocraties assumeront-elles le rapport de force, sans répliquer les pratiques de leurs compétiteurs stratégiques, en faisant preuve de retenue mais en reconnaissant un besoin de renforcer la dissuasion pour faire face à ces menaces ? Quelle est la juste stratégie de dissuasion, combinant détermination et responsabilité ? C'est l'objet de la deuxième partie de l'ouvrage, qui aborde plus spécifiquement les réponses et s'interroge sur le caractère adapté ou non de la dissuasion nucléaire de la part des démocraties pour leur défense.

La première dimension (chapitre 2) est celle du débat éthique et philosophique, abordé par Nicolas Roche et Hubert Tardy-Joubert dans une contribution fondatrice : « Peut-on réconcilier morale et dissuasion nucléaire ? » publiée dans la revue *Commentaires* en 2019 et reproduite ici. Les auteurs proposent de dépasser l'opposition stérile entre abolitionnisme inconditionnel et cynisme militaire. Ils abordent les principaux dilemmes moraux liés à la dissuasion au regard notamment, mais pas uniquement, des critères de la guerre juste. Ils se penchent sur le problème central de l'intention dissuasive : est-il mal de former l'intention de créer des « dommages inacceptables » si la formulation de cette intention (et la logique dissuasive) permet d'éviter les guerres majeures et des dommages inacceptables ? Au-delà des critères de la guerre juste, les auteurs soulignent que la rationalité dissuasive ne suffit pas à la paix au sens plein du terme, et l'acceptation de la dissuasion est nécessairement « conditionnelle et transitoire ». Ils tracent dès lors les contours d'une théorie morale de la dissuasion nucléaire, qui permettrait selon eux d'en contenir et atténuer l'immoralité, sans résoudre complètement ce paradoxe sur lequel repose la dissuasion.

Mélanie Rosselet propose ensuite une réflexion sur les dilemmes du désarmement nucléaire du point de vue de l'éthique de la responsabilité. À quelle condition l'hypothèse d'un désarmement nucléaire universel serait-il un gage de sécurité pour les démocraties ? En quoi, en l'absence de possibilité de désinventer l'arme nucléaire, le désarmement unilatéral des démocraties et un pacifisme radical pourraient-ils être moralement problématiques ?

La seconde dimension de l'examen de la « réponse » aux menaces stratégiques par la dissuasion nucléaire est une interrogation sur le caractère « approprié » ou non de la dissuasion à la défense des démocraties au plan stratégique (chapitre 3). Quelles leçons peut-on tirer de l'Histoire quant au rapport des démocraties à la dissuasion ? Y a-t-il un « avantage démocratique » vis-à-vis de la dissuasion ou les démocraties sont-elles au contraire plus faibles, plus autodissuadées que les autocraties ? La nature du régime est-elle neutre quant à la pratique de la dissuasion ou observe-t-on des pratiques « démocratiques » de la dissuasion ? Marc Perrin de Brichambaut retrace historiquement trois modèles pour une relation mouvante entre sociétés démocratiques et armes nucléaires. L'arme atomique a été développée pendant la Seconde Guerre mondiale en réponse à la menace posée par les régimes totalitaires, contre l'Allemagne nazie puis contre le Japon. Le Projet Manhattan a été lancé aux États-Unis en 1942 par crainte que l'Allemagne nazie réussisse à développer la première une telle arme. Les fondements de la force de dissuasion nucléaire française sont également à trouver dans la Résistance[5]. Depuis lors, la dissuasion nucléaire exerce un rôle fondamental dans la protection ultime des intérêts de sécurité des puissances démocratiques. Andreas Lutsch montre que le régime de protection nucléaire que les États-Unis ont fourni à leurs alliés en Europe et en Asie a par la suite été un succès historique remarquable, en particulier pour la possibilité de survie et la prospérité de la démocratie libérale dans ces régions. Le rapport qu'entretiennent les démocraties avec la dissuasion est néanmoins contrasté. Martin Schäfer s'interroge sur la réalité de « l'exception allemande » et la forte ambivalence supposée de l'Allemagne vis-à-vis de la dissuasion. Brad Roberts questionne les atouts et les faiblesses des démocraties dans l'exercice de la dissuasion, pour *in fine* contester le supposé manque de détermination des régimes démocratiques : ceux-ci ont subi dans l'Histoire des échecs cuisants de leur dissuasion au sens large, mais les démocraties sont également enclines à « des efforts soudains d'une vigueur remarquable », pour reprendre l'expression de Tocqueville.

Le troisième angle de réflexion est celui des enjeux et limites du débat démocratique sur la dissuasion (chapitre 4). La dissuasion est-elle une politique publique intrinsèquement non démocratique, comme tendent à l'exprimer des opposants à la dissuasion ? La dissuasion reposerait sur l'absence de débat et un consensus « artificiel » qui n'existerait pas en réalité. Comment s'assurer que le nécessaire débat démocratique sur la dissuasion puisse coexister avec les exigences de secret de ce domaine ? Qu'en est-il du consensus en France sur la dissuasion ?

Comme l'explique Philippe Errera, au premier abord, « la relation entre dissuasion nucléaire et démocratie est une relation de tension poussée à l'extrême ». Et pourtant, ces tensions ne sont pas nécessairement des contradictions. Un exercice efficace de la dissuasion est possible en démocratie, à certaines conditions. La condition essentielle est de veiller à ce qu'il appelle un « espace public de la dissuasion », dont il trace les contours. Quelles sont dès lors les conditions sur la dissuasion dans une démocratie ? Tiphaine de Champchesnel en évoque plusieurs, notamment : le volontariat et l'engagement d'acteurs dans la discussion, l'existence d'espaces publics et éventuellement d'autres types d'espaces permettant la conduite de cette discussion, un niveau d'information suffisant et une circulation des connaissances et la place laissée à la contestation. Nicole Gnesotto évoque quant à elle les « paradoxes du débat sur la dissuasion », appelle de ses vœux une ouverture plus grande du débat sur la dissuasion et un exercice global de réflexion stratégique, en s'interrogeant sur la profondeur du consensus sur le nucléaire de défense en France. Thomas Gassilloud, président de la commission de Défense de l'Assemblée, revient sur le rôle de l'Assemblée nationale comme « creuset du consentement démocratique à la dissuasion », et les débats ayant accompagné la loi de programmation militaire 2024-2030. Dominique Mongin revient, en historien, sur les différentes dimensions de la question du consensus en France sur le nucléaire de défense et sa contestation. Si un regain d'effort intellectuel est nécessaire pour penser notre époque stratégique et la dissuasion, afin que chaque citoyen et *in fine* décideur dispose de la culture stratégique pour faire face aux plus importantes décisions, alors l'université a un rôle fondamental à jouer : Mélanie Rosselet analyse dans une contribution la structuration des études stratégiques à l'université française et les difficultés pour faire émerger une approche pluraliste.

L'ouvrage inclut les contributions spéciales de grands témoins : Jean-Louis Lozier et Édouard Scott de Martinville apportent leur regard de praticiens dans les forces mettant en œuvre la dissuasion. Nicolas Baverez propose un éclairage général sur la dissuasion nucléaire face à ce qu'il nomme la confrontation entre empires autoritaires et démocraties.

Au terme de la réflexion, il apparaît que la dissuasion n'est pas conceptuellement incompatible avec la démocratie telle que nous l'entendons, ni empiriquement, ni au plan théorique. Néanmoins les démocraties ont un rapport spécifique à la dissuasion naissant d'exigences, de tensions, de procédures et de pratiques qui n'existent pas sous la même forme ou sont impossibles à mettre en œuvre au sein des régimes non démocratiques : il en va ainsi de la question du débat, de la question de la tension entre ouverture des archives et protection du secret. Ces pratiques sont moins une donnée qu'un objectif politique vers lequel tendre, un équilibre à rechercher, afin d'éduquer, responsabiliser et donner davantage d'appropriation de la logique de dissuasion aux citoyens d'une démocratie.

CHAPITRE 1

Quelles menaces stratégiques pèsent sur les démocraties ?

Penser le troisième âge nucléaire

LOUIS GAUTIER

Avec clairvoyance, Thérèse Delpech avait décrit dans ses travaux ce qu'allait être le deuxième âge nucléaire post-guerre froide[1]. Mettant en garde contre les dangers de la prolifération, notamment au Proche-Orient et en Asie, elle dénonçait le risque d'une anarchie nucléaire mondiale et les perturbations qui ne manqueraient pas d'affecter les logiques de dissuasion. Sa prédiction fut vite concrétisée par les essais de qualification indiens et pakistanais de 1998, puis, moins d'une décennie plus tard, par les programmes coréen et iranien.

Ce deuxième âge nucléaire prenant la suite de la guerre froide restait cependant caractérisé par un continuum stratégique de sécurité entre grandes puissances qui garantissaient la stabilité mondiale. Certes, depuis 1991, l'ordre international fut perturbé par de nombreux conflits et les déséquilibres potentiellement induits au niveau régional par la prolifération.

Néanmoins, à aucun moment l'aggravation de ces conflits ou de ces déséquilibres n'a constitué une menace générale pour la paix. En aucune occasion, depuis la chute du mur de Berlin et jusqu'en 2022, un grand État nucléaire, officiellement doté au titre du Traité sur la non-prolifération (TNP), ne s'est livré à une gesticulation ni même n'a émis un quelconque signal nucléaire. La guerre en Ukraine marque donc une césure, le placement des forces de dissuasion russes en « régime de combat spécial », le 27 février 2022, quatre jours après l'invasion de ce pays et surtout les déclarations répétées tantôt provocatrices, tantôt raisonnées de Vladimir Poutine ont changé, sinon la donne, tout au moins la perception de la donne nucléaire. Nous sommes entrés dans un troisième âge nucléaire.

Ce troisième âge nucléaire ne rime en tout cas pas avec la mise en retrait des armes nucléaires.

Un monde « trop nucléaire »

Contrairement à certaines spéculations irénistes des années 1990, que Thérèse Delpech critiquait vertement, le XXIe siècle ne s'annonce pas comme « postnucléaire » mais plutôt comme « trop nucléaire ». Au cours des dernières années, nous avons assisté à la concrétisation de la prolifération nucléaire et balistique en Corée du Nord et en Iran avec des effets d'entraînement possibles dans d'autres pays, sur fond de compétition entre puissances régionales en Asie et au Proche-Orient. Les risques sont devenus réalité. La communauté internationale mise au défi n'a pas été en mesure d'arrêter la « course à la bombe » de l'Iran et de la Corée du Nord. On voit mal comment elle serait plus efficace à l'avenir pour imposer à d'autres des disciplines nucléaires. Mais le troisième âge nucléaire n'est pas que la réalisation inquiétante de la prophétie de Thérèse Delpech sur la prolifération[2]. Ce qui change plus fondamentalement la donne, c'est la crispation des relations stratégiques entre grandes puissances qui toutes, par ailleurs, procèdent à la modernisation de leur arsenal nucléaire. Cette modernisation est déjà en cours ou projetée à l'horizon des deux prochaines décennies. Les objectifs de cette modernisation sont d'augmenter les performances des armes et des vecteurs nucléaires (furtivité, vélocité, précision, allonge et emport) ou d'en faire varier la « manœuvrabilité » et l'« adaptabilité » afin de disposer d'une gamme plus diversifiée d'usages (portée, charge, programmation et recalage, trajectoire extra-atmosphérique et croisière atmosphérique des missiles).

Les années 1990 à 2010 furent marquées par un effort de rétractation et de concentration des arsenaux nucléaires des grandes puissances, effort accompagné de tentatives plus ou moins réussies de renforcement des disciplines nucléaires multilatérales (traités de dénucléarisation régionale, Traité d'interdiction des armes nucléaires (TIAN), accroissement du rôle de l'AIEA, négociation du JCPoA finalement signé en 2015…). On constate à l'inverse en 2022 la conjonction d'une prolifération horizontale se traduisant par l'accroissement du nombre de pays dotés ou en passe de se doter d'armes nucléaires (Chine, Corée du Nord, États-Unis, France, Inde, Iran, Israël, Pakistan, Royaume-Uni, Russie) et d'une forme de prolifération qualitative verticale, affectant moins le volume des stocks nucléaires des grandes puissances (à l'exception notable de la Chine)[3] que la performance de leurs armes.

Plusieurs tendances caractérisent les évolutions actuelles : la remontée en gamme des arsenaux nucléaires, en particulier américains, chinois et russes, mais aussi, dans une moindre mesure, français, britanniques et indiens ; la diversification des armements nucléaires couplée à une diversification des scénarios d'emploi ; la convergence technologique entre missiles conventionnels et missiles nucléaires, à l'instar des missiles multirôles de la famille Kalibr ou Iskander utilisés avec des charges classiques par les Russes en Ukraine ; la dérégulation de l'ordre nucléaire international qui se manifeste dans la dénonciation des traités de désarmement ou de contrôle des armements nucléaires négociés entre les États-Unis et l'URSS à la fin de la guerre froide, la paralysie des accords de désarmement en cours de discussion (FMCT, JCPoA dont les Américains se retirent en 2018, puis acceptent d'en relancer la négociation en 2021…), l'absence de toute nouvelle perspective de négociation bilatérale ou multilatérale. Seuls subsistent et fonctionnent, avec une efficacité relative, les cadres de concertation du P3 (États-Unis, France, Royaume-Uni) et P5 (les membres permanents du Conseil de sécurité de l'ONU) mais sans agenda autre que de court terme et en cas de crise. Les risques de divergence accrue des doctrines de dissuasion entre États nucléaires sont en partie liés à l'évolution parallèle des armements conventionnels et nucléaires sur lesquels elles s'appuient.

Moins absolu que ne l'était l'équilibre de la terreur durant la guerre froide, moins relativisé que ne l'était la triple dynamique de dissuasion, de désarmement et de prolifération à l'œuvre durant les dernières décennies 1990, 2000 et 2010, le troisième âge nucléaire est à la fois plus incertain et plus menaçant. À côté des risques générés par la prolifération nucléaire à la source de tensions régionales et internationales (sans même évoquer les risques d'accident ou de perte de contrôle qu'elle fait craindre), la crispation des rapports stratégiques entre grandes puissances nucléaires influe nécessairement sur l'état futur de l'équation nucléaire mondiale.

L'antagonisme entre la Chine, les États-Unis et leurs alliés en Asie ainsi que la confrontation entre la Russie, les États-Unis et les Européens sur le Vieux Continent sont aujourd'hui des sources de préoccupations stratégiques majeures pour la paix mondiale. Des interrogations sur le rôle stabilisateur des armes nucléaires se font jour dans ce nouveau contexte plus proliférant à la fois verticalement et horizontalement. Dans quelle mesure les armements nucléaires, qui, depuis 1945, ont empêché l'escalade et l'extension des conflits, conservent-ils leur vertu dissuasive ?

Les démocraties européennes et l'oursin nucléaire

On comprendrait mal que les Européens puissent se désintéresser de la question. Quelle place assignent-ils en effet aux armes nucléaires pour assurer directement ou indirectement, *via* le désarmement ou le contrôle des armements, la stabilité et la sécurité futures du Vieux Continent ? Mais les Européens détestent devoir répondre sur ce point. Le nucléaire est un oursin dans leur sacoche. L'affaire n'est pas nouvelle. Au temps de la guerre froide, ils se placèrent sous le parapluie nucléaire américain, acceptant d'être les otages d'enjeux stratégiques qui les dépassaient. Après la guerre froide, faute de vouloir se rendre maîtres de leur destin, ils se sont réfugiés dans une forme de déni. Leur adhésion au bouclier antimissile de l'Alliance leur évitait de trop s'interroger sur les conditions de prorogation de la garantie nucléaire américaine dans ce nouveau contexte. La disparition de l'URSS, quoi qu'il en soit, avait mis fin au chantage nucléaire permanent dirigé contre eux.

Alors que les Européens, à l'exception notable des Français et dans une moindre mesure des Britanniques, s'en croyaient débarrassés, les voilà de nouveau confrontés à la menace nucléaire et aux questions qu'elle pose à leur sécurité. La guerre en Ukraine précipite les prises de conscience. Rétrospectivement, les Européens ne peuvent que regretter de ne pas s'être davantage préoccupés des effets du démantèlement systématique par Washington et Moscou, entre 2002 et 2019 (avec une accélération sous l'administration Trump), de tous les traités de dénucléarisation (Traité sur les forces nucléaires intermédiaires, traité ABM – en anglais, ABM pour *anti-ballistic missile*...) les concernant. Certes, la plupart de ces traités étaient en partie obsolètes et appelaient des actualisations, mais les outils d'étalonnage des armements, les mesures de confiance et de contrôle, les cadres de concertation et de négociation qu'ils offraient font aujourd'hui défaut. Si, à raison, on considère qu'après la guerre en Ukraine il sera des plus nécessaires de jeter les bases d'une nouvelle architecture européenne de sécurité, il faut bien définir et circonscrire la place qu'on entend y voir reconnue aux armes nucléaires. De plus, si la guerre en Ukraine concentre actuellement toute l'attention des Européens et polarise leurs réactions face aux gesticulations nucléaires russes, ils sont aussi concernés par les défis nucléaires que font peser sur leur sécurité et la paix mondiale l'évolution du programme nucléaire iranien ou la recrudescence des tensions stratégiques en Indo-Pacifique.

Face à ces défis globaux, les démocraties européennes réagissent pourtant de façon dispersée, en fonction de leur statut (État nucléaire, non doté, neutre), de leurs opinions publiques et des arbitrages politiques de leurs gouvernants entre conviction et responsabilité. À cet égard, face à la problématique nucléaire, le caractère démocratique ou non du pouvoir décisionnaire entre moins en ligne de compte que sa rationalité et son sens de la responsabilité face à l'Histoire. Est-il besoin de rappeler que l'histoire nucléaire commence à Hiroshima avec l'emploi par une démocratie, les États-Unis, d'une bombe atomique contre le Japon membre des forces de l'Axe ? Qu'elle se poursuivit avec le « plus jamais ça » qui, progressivement à partir de 1953, amena à convertir les armes nucléaires en armes de dissuasion ? Les États-Unis d'abord, puis la Russie et toutes les puissances nucléaires, démocratiques ou non, adoptèrent ensuite ce principe. Dans toutes les démocraties, en particulier européennes, mais aussi dans les États dotés non démocratiques, l'interdit moral qui frappe l'arme nucléaire reste également largement partagé. Toutefois les armes nucléaires ne sont des armes d'interdiction de la guerre qu'entre les mains de ceux qui les possèdent. Qu'on le veuille ou non, il existe entre eux une solidarité existentielle, qui se rapporte à leur responsabilité et non à leur statut de régime démocratique ou autoritaire. Démocratiques ou non, ces pays sont à part.

Par ailleurs, parmi les États démocratiques détenteurs d'armes nucléaires (États-Unis, Royaume-Uni, France et même, en y joignant ce cas critique, Israël), je n'en connais pas un qui considère que les armes nucléaires en sa possession ne constituent pas de façon indispensable et pérenne un gage de survie. Après la guerre froide, en dépit de la réduction programmée de leurs arsenaux, voire d'hésitations théoriques, perceptibles par exemple dans le flottement de la doctrine britannique et le retard mis outre-Manche à renouveler une unique composante, aucun de ces pays n'a entendu se priver définitivement des armes nucléaires et abandonner cette garantie. La « bombe » ne se désinvente pas plus politiquement que techniquement. À Hiroshima l'humanité a signé un pacte faustien : différer indéfiniment la réitération du pire sous la menace du pire.

La France et le Royaume-Uni mis à part, pour les autres démocraties européennes qui ne sont pas garantes mais seulement parties prenantes de ce pacte à leur corps défendant, les attitudes face à la question nucléaire sont variées. Il y a ceux, à commencer par l'Autriche, qui ont une objection de principe et récusent la dissuasion. Ces pays militent pour l'extension d'une convention d'interdiction des armes nucléaires au nom de principes humanitaires (TIAN entré en vigueur le 22 janvier 2021 et ratifié en septembre 2023 par soixante-neuf pays dont l'Autriche et l'Irlande). D'autres, la plupart dans le cadre de l'Alliance atlantique, s'en remettant à la protection américaine, évitent autant que possible les débats doctrinaux et sont très embarrassés d'en discuter entre alliés. Le dialogue stratégique que les Européens devraient avoir entre eux sur le nucléaire ne se noue jamais vraiment. Depuis la fin de la guerre froide, chaque fois que la question de l'effectivité de l'assurance américaine ou de la réassurance britannique et française s'est trouvée posée, le débat a toujours tourné court. Il en a été de même des essais de coopération ou de concertation nucléaires. La France, à plusieurs reprises, a notamment fait des propositions en ce sens aux Britanniques et aux Allemands sans résultat à la hauteur de l'enjeu pour la sécurité européenne[4].

Sous les présidences de François Mitterrand, Jacques Chirac et Nicolas Sarkozy, la France a souhaité développer une ample coopération nucléaire avec le Royaume-Uni. L'entreprise a connu depuis 1992 (création de la commission nucléaire franco-britannique) certains succès concrets. Ils sont cependant limités à des sujets périphériques (droit d'escale et sauvetage des sous-marins nucléaires, travaux exploratoires pour faire converger les doctrines, coopération scientifique notamment autour d'installations liées aux programmes de simulation respectifs…). Jamais, cependant, même après la signature de l'accord de Lancaster House du 2 novembre 2010, les fruits n'ont tenu la promesse des fleurs, ni en matière de développement d'équipements communs, ni de patrouille et de relève à la mer, ni d'officialisation d'une doctrine conjointe, même si de façon discrète, des échanges ont bien lieu en matière de vigilance ou d'alertes opérationnelles. Quant à la coopération scientifique initiée par le programme TEUTATES, quoique bénéfique des deux côtés, elle fut surtout profitable au maintien des compétences des chercheurs britanniques grâce à l'accès qui leur fut donné aux équipements mis en place en France pour la simulation.

La concertation avec l'Allemagne engagée par François Mitterrand après 1991, officiellement proposée par Jacques Chirac en 1996, n'a guère prospéré en dépit de nombreuses ouvertures et relances. Berlin est finalement plus gêné qu'autre chose par les offres françaises, surtout si elles sont publiquement exprimées. Non seulement le sujet trouve peu de relais au sein de la classe politique allemande mais il est aussi fortement controversé dans l'opinion. Pour la coalition « vert-jaune-rouge » actuellement au pouvoir, le sujet est même probablement bloquant. Les rares voix qui, à l'instar du député Johann Wadephul ou de l'ancien diplomate Wolfgang Ischinger, se sont prononcées outre-Rhin en faveur d'un partage de la dissuasion française l'ont fait avec un tel manque d'à-propos et de réalisme qu'on peut s'interroger sur le but finalement recherché. Nonobstant, le gouvernement d'Olaf Scholz devrait poursuivre politiquement et techniquement la coopération franco-allemande sur le SCAF, qui comprend une version du système pour les forces aériennes stratégiques françaises. Sous ces considérants, il ne faut guère s'étonner que le discours du président Macron devant la 27e promotion de l'École de guerre, le 7 février 2020, qui envisageait des évolutions possibles de la doctrine française, rappelant que la dissuasion nucléaire française était *de facto* un élément d'une dissuasion européenne, n'ait pas trouvé grand écho à Berlin ni dans la plupart des chancelleries européennes.

Tous les sujets concernant la dissuasion nucléaire, même en démocratie, ne peuvent être traités sur la place publique. En revanche, dans cette phase de renouvellement du débat stratégique et d'accroissement des budgets militaires de la plupart des pays européens, on voit mal comment certaines questions pourraient rester sans réponse. Le citoyen européen est en droit de connaître le rôle assigné aux armes nucléaires de l'OTAN dans la protection actuelle et future du territoire et des peuples de l'Union, la place qu'auront demain au sein de l'Alliance les systèmes de défense antimissiles après les annonces allemandes d'acquisition de l'*Iron Dome*, et enfin la nature des équipements militaires conventionnels qui seront nécessaires pour que les Européens soient en mesure de renforcer leurs capacités propres de sécurité collective.

La dissuasion, pointe de diamant du consensus français sur la défense

S'agissant maintenant de la dissuasion française, alors que l'adoption en 2023 d'une nouvelle loi de programmation militaire (2024-2030) doit permettre le financement d'une troisième génération d'armes et de vecteurs, la situation est doublement singulière[5]. La dissuasion nucléaire est en effet depuis la première LPM (1960-1964) au cœur de la politique française de défense. Elle est aussi progressivement devenue le ciment d'un consensus national sur la défense. Pour reprendre une expression appliquée par François Mitterrand à la Force océanique stratégique, les armes nucléaires sont en quelque sorte perçues technologiquement, militairement et politiquement comme « la pointe de diamant » de la défense française.

La dissuasion, comme l'avait pensée le général de Gaulle au début des années 1960, est d'abord envisagée comme la condition première de l'autonomie stratégique de la France. Elle demeure aujourd'hui le postulat et la preuve ultime de l'indépendance d'une politique militaire devenue de plus en plus interdépendante de celle de nos alliés, surtout après la réintégration dans le commandement intégré de l'OTAN en 2009. La France refuse pour cette raison d'intégrer le Groupe des plans nucléaires de l'Alliance. Elle ne participe d'ailleurs pas à l'exercice Steadfast Noon (17 octobre 2022) servant à tester les capacités nucléaires aériennes de l'OTAN.

Dans notre démocratie, la dissuasion nucléaire a été l'élément de cristallisation et reste la pièce de consolidation d'un fort consensus national sur la défense. On en connaît bien les étapes[6], marquées d'abord par le ralliement de la gauche, au départ hostile, à la dissuasion puis par la continuité de la politique nucléaire militaire quels que soient les gouvernements, de gauche comme de droite : rapport Kanapa (présenté au comité central du Parti communiste en 1977), convention du Parti socialiste animée par Charles Hernu (1978-1979), l'arrivée au pouvoir de l'Union de la gauche et la longue présidence de François Mitterrand (1981-1995), les trois cohabitations entre la droite et la gauche dont la dernière et la plus longue entre le gouvernement de Lionel Jospin et le président Jacques Chirac (1997-2002) qui fut à l'origine du renouvellement complet de notre panoplie nucléaire et des armements en service opérationnel aujourd'hui. La mise en place et les spécifications des équipements de troisième génération (SNLE 3G, ASMPA 4, V-MaX notamment) ont été décidées dans des conseils successifs présidés par François Hollande puis Emmanuel Macron. Le financement de ces développements explique qu'entre 2012 et 2022, et surtout dans les trois dernières années, les crédits alloués à la dissuasion sont passés de 3 milliards à 5,2 milliards d'euros environ et sont fixés à 5,7 milliards d'euros au projet de loi de finance pour 2023. Jusqu'à présent les crédits consacrés au nucléaire militaire, ajustés à la hausse ou à la baisse en fonction des cycles de développement et de production, ont toujours été peu ou prou sanctuarisés dans les budgets de défense. Cette « sanctuarisation » a permis d'assurer une continuité de la recherche amont, de la mise au point de la simulation, du maintien des compétences, de la relève des programmes.

L'accord sur le financement de la dissuasion par la représentation nationale est la confirmation la plus tangible et la plus régulière d'un accord politique transpartisan sur la dissuasion. Certes des positions contraires à la dissuasion peuvent ici et là s'exprimer, mais elles sont le fait de personnalités politiques ou militaires isolées. Aucun parti représenté au Parlement n'a jusqu'à présent remis officiellement en cause le bien-fondé de la dissuasion française. Les débats de l'actuelle LPM ont confirmé cette quasi-unanimité préservée depuis quarante ans[7]. L'accord sur la dissuasion nucléaire n'est pas cependant invariant dans son contenu. Il fait régulièrement l'objet d'ajustements internes liés aux évolutions du contexte géostratégique et aux adaptations subséquentes du discours et des moyens, mais il a été jusqu'à présent établi et acquis en bloc. Cet accord porte sur les armes, la doctrine, le contrôle présidentiel de la dissuasion.

Si la France traverse, comme la plupart des pays européens, une crise de la démocratie représentative, celle-ci, pourtant, ne semble affecter en rien dans notre pays la légitimité du président de la République, en tant que chef des armées, commandant suprême des forces stratégiques et donneur d'ordre du feu nucléaire[8]. La présidence Trump et l'exercice contestable de son pouvoir institutionnel en fin de mandat ont fait naître outre-Atlantique des interrogations inquiètes sur l'exercice du commandement nucléaire. Rien de tel en France où, depuis l'alternance de la gauche au pouvoir en 1981, notre « monarchie nucléaire[9] » (pour reprendre la formule de Samy Cohen appliquée à François Mitterrand) est rarement questionnée. Si, durant les campagnes présidentielles, la capacité des candidats à exercer les responsabilités nucléaires soulève régulièrement des objections, aucun président une fois élu n'a encouru, après 1981, de telles critiques publiquement.

Ces constats établis ne valent pas prédiction pour l'avenir. Le débat sur le montant des crédits militaires et leur affectation aux programmes nucléaires, aux équipements conventionnels majeurs, aux investissements cyber et spatiaux risque de se tendre beaucoup dans les années prochaines, vu la situation de nos finances publiques et le niveau de la dette publique. La montée du populisme en France et les incertitudes sur la géométrie des majorités parlementaire et présidentielle créent par ailleurs les conditions d'un climat politiquement délétère pouvant rendre plus difficile la prise de décision en matière de défense.

D'un autre côté, la guerre en Ukraine ne peut que renforcer le sentiment que notre défense et notre sécurité sont mieux garanties du fait de la détention en propre et de façon souveraine d'armes nucléaires performantes. Les fondements stratégiques et doctrinaux à l'origine de la dissuasion française au temps de la guerre froide restent ô combien pertinents dans le contexte actuel. La politique du « cavalier seul » de De Gaulle, qui ne fit dépendre notre outil de dissuasion de personne, se trouve une nouvelle fois justifiée au regard des marges de manœuvre qu'elle nous donne, par exemple hier dans la crise des Pershing en 1983, ou aujourd'hui pour tenter de remettre le JCPoA[10] sur la table des négociations. Contrairement à ce qu'affirment nombre de commentateurs, la guerre en Ukraine n'invalide pas la dissuasion mais elle en réaffirme la logique relative. Jamais la dissuasion nucléaire n'a empêché l'éclatement de conflits interétatiques ni l'intervention militaire des grandes puissances : pas plus celle des Américains au Vietnam que celle des Soviétiques en Afghanistan durant la guerre froide, pas plus l'invasion de l'Irak en 2003 que celle de l'Ukraine en 2022. La fonction de la dissuasion est, en cas d'intervention militaire d'une puissance nucléaire, de cantonner les actions des autres puissances nucléaires à des actions indirectes en deçà du seuil de belligérance et, si ce seuil est franchi, de pousser à une désescalade militaire pour éviter une montée périlleuse aux extrêmes.

Dans la crise ukrainienne, les Russes ont à la fois agité inconsidérément la menace nucléaire pour créer le flou sur leurs intentions et tenté de compenser facilement leurs échecs en montrant leurs muscles mais, pour qui prête attention au langage très codé de la dissuasion nucléaire, ils ont surtout entendu d'abord fixer des limites aux Américains et aux pays de l'OTAN. Pour dire les choses plus clairement, les Russes ont circonscrit le périmètre de leurs actions militaires, défini une zone où toute action hostile serait considérée par eux comme une menace directe contre leur sécurité et établi un seuil de belligérance à ne pas dépasser par des parties tierces. C'est le jeu classique de la dissuasion qui jusqu'à présent a permis d'éviter des débordements et même d'aller dans le sens d'une certaine déconfliction : Moscou a cessé presque toutes les provocations ou intimidations directes (attaque cyber, survol d'espace aérien) vis-à-vis des Occidentaux, ce dont la Russie était devenue familière ; les États-Unis et les Européens ont limité leurs livraisons aux Ukrainiens en armes de longue portée pouvant frapper le sol russe dans ses frontières internationalement reconnues. La dissuasion n'a pas empêché l'agression russe contre l'Ukraine, elle n'arrête pas, hélas, une guerre conventionnelle atroce dans ce pays, ni ne modère des combats tactiques dont il faut souhaiter qu'ils rétablissent le plus possible les Ukrainiens courageux dans leurs droits souverains. Elle ne fait pas obstacle aux bombardements, aux massacres de civils, à la torture et aux viols dont les autorités russes, à commencer par Vladimir Poutine, auront à rendre compte.

Les armes nucléaires ne sont des armes d'interdiction et de déni d'accès que pour ceux qui les détiennent ou qui bénéficient de leur protection explicite. La guerre en Ukraine le confirme. D'où la volonté suédoise et finlandaise de rejoindre officiellement l'Alliance atlantique. Si le postulat de la garantie nucléaire se vérifie une fois encore dans le conflit ukrainien, celui de la prohibition du passage à l'acte nucléaire, lui, de façon générale, se fragilise. Les rodomontades russes sont, à cet égard, moins en cause qu'un constat général : plus le nombre de puissances nucléaires s'accroît, plus l'équation se complique et moins le jeu de la dissuasion est efficacement gérable. Les armes nucléaires depuis 1945 ont évité que l'emballement d'un conflit ne menace la paix mondiale, tout au moins jusqu'ici et tant que fonctionnera encore entre les puissances nucléaires la conjugaison toujours précaire de la responsabilité politique, de la rationalité des décisions et de l'interdit moral. Plus incertain sur ce point, le troisième âge nucléaire s'annonce en effet plus menaçant.

Un ordre international contesté par des puissances nucléaires désinhibées

Corentin Brustlein

Les démocraties sont confrontées à un large spectre de menaces, qui varient en intensité comme en visibilité. La guerre en Ukraine en reflète plusieurs pans depuis 2014, des formes hybrides de conflictualité ayant prévalu jusqu'au début de l'année 2022 au cas plus extrême d'une puissance nucléaire s'engageant dans une guerre de conquête en espérant tirer bénéfice de l'ombre portée de son arsenal. Cette guerre met ainsi en exergue la propension de certaines puissances nucléaires à faire preuve d'une désinhibition grandissante.

S'il existe une tendance à la désinhibition observable depuis plusieurs années, celle-ci n'est pas spécifique au domaine de la politique nucléaire. Il s'agit au contraire d'une tendance générale qui reflète l'ambition de puissances révisionnistes désireuses de remettre en cause l'ordre international tel que nous le connaissons – son droit, ses normes, ses formes de régulation ou de retenue qui avaient été codifiées et qui ont prévalu jusqu'à présent. En ce sens, elle fait écho à l'ensauvagement dépeint par Thérèse Delpech[11]. Sans être seulement nucléaire, cette désinhibition affecte néanmoins aussi les politiques nucléaires de certains États possesseurs, cela de multiples manières, posant nombre de défis.

Pour comprendre cette dynamique de désinhibition, il convient en premier lieu de revenir sur la manière dont, dans une première phase du développement des politiques nucléaires, a pu émerger une tendance à y imprimer une forme de retenue de plus en plus poussée. Le premier âge du développement des politiques nucléaires militaire était alors marqué par le duopole américano-soviétique. Chacune des deux superpuissances développa son arsenal de manière accélérée, jusque dans les années 1960. En parallèle, États-Unis et URSS apprenaient à envoyer de premiers signaux stratégiques avec ces armes nucléaires, signaux qui pouvaient être à vocation dissuasive, comme lors de la crise de Cuba, mais également d'ordre coercitif, comme on l'a vu dans certaines crises nucléaires, comme en 1956 à Suez.

Avec les crises de Berlin et de Cuba a été amorcée une transition vers un deuxième âge marqué par la codification à la fois de la grammaire de la dissuasion nucléaire, mais aussi de la grammaire des équilibres stratégiques. C'est l'âge où est théorisé le concept de stabilité stratégique, c'est-à-dire l'idée d'introduire des mécanismes de régulation dans les rapports de force entre puissances nucléaires, afin de limiter les risques d'incompréhension et d'escalade involontaire. Cette inflexion conceptuelle, fondée sur l'existence d'un intérêt partagé par les deux « Grands » à éviter que le pire ne se produise, s'est traduite par l'effort en faveur de la maîtrise des armements nucléaires, qui a vu quelques premiers succès au moment de la Détente, puis des avancées majeures dans la deuxième moitié des années 1980[12]. Concomitamment à cette évolution conceptuelle consacrant l'intérêt de ne pas s'enfermer dans une logique de surenchère nucléaire, les puissances nucléaires de deuxième génération – Royaume-Uni, France, République populaire de Chine – sont apparues et ont adopté des postures nucléaires suivant un modèle différent des deux premiers pays possesseurs. Qu'on l'appelle « dissuasion minimale » ou « stricte suffisance » (dans le cas français), ce modèle alternatif incarnait déjà la même idée : nul besoin de disposer d'un arsenal pléthorique pour bénéficier des effets dissuasifs de la « révolution nucléaire[13] ».

Cette tendance à la retenue s'est accélérée radicalement à la fin de la guerre froide. Cette troisième période a été marquée par la prorogation indéfinie du Traité de non-prolifération nucléaire, en 1995, ainsi que par les engagements qui ont été pris par les puissances dotées à cette occasion-là. Ces engagements majeurs ont alors été rendus possibles par un environnement stratégique dans lequel les rivalités entre grandes puissances et le risque de guerre majeure n'étaient plus considérés comme prioritaires. Ce nouveau contexte a permis un certain nombre d'inflexions : sur le plan doctrinal, d'abord, où l'on a vu dans les politiques déclaratoires des États possesseurs ou des États dotés une tendance assez nette à l'encadrement du rôle des armes nucléaires, puis à la réduction de ce rôle. C'était visible à travers les assurances de sécurité négatives qui ont été codifiées puis systématisées par les États dotés vis-à-vis des États non nucléaires. Le deuxième volet de cette retenue grandissante était évidemment capacitaire, et s'est d'abord traduit au plan quantitatif, puisque entre les années 1980 et les années 2010 on a observé une réduction considérable des arsenaux nucléaires, en particulier en Occident et en Russie. Cette retenue capacitaire s'est également traduite d'un point de vue qualitatif, à travers la révision à la baisse des niveaux d'ambition pour les programmes de renouvellement des forces nucléaires. La fin des années 1980 et surtout les années 1990 ont vu des redimensionnements à la baisse de forces existantes et des ajustements des performances que l'on cherchait à atteindre. En France, c'est l'époque où la décision est prise d'abandonner le segment « sol-sol stratégique » et les composantes préstratégiques aérienne et terrestre. La fin des essais nucléaires par les États du P5 s'inscrivait également dans cette dynamique, puisqu'elle s'accompagnait de contraintes sur les perspectives de conception de futures armes. Enfin, le dernier aspect de cette retenue se reflétait dans le rapport à la norme qui était entretenu : les accords de maîtrise des armements étaient globalement respectés par les États parties, et leur mise en œuvre était perçue et présentée comme le reflet d'une ère permettant des formes plus poussées de coopération entre grandes puissances, sous-tendues par la croyance selon laquelle renforcer la transparence et la prévisibilité dans les rapports entre grandes puissances était dans l'intérêt de tous.

Cette tendance à la retenue est aujourd'hui remise en cause par une propension à la désinhibition qui prend plusieurs formes. Il s'agit tout d'abord d'une désinhibition au plan doctrinal ou stratégique, qui se traduit par exemple par le fait de voir à nouveau un État assumer publiquement l'adoption de concepts d'emploi de son armement nucléaire s'appuyant sur la préemption, comme c'est le cas de la Corée du Nord, qui a officialisé ce tournant en septembre 2022. Cette propension se trouve aussi – et peut-être surtout – dans le cas russe, en particulier depuis le début de la guerre d'agression contre l'Ukraine, le 24 février 2022. D'un côté, la doctrine nucléaire de Moscou, sous la forme du décret 355 de juin 2020, énonce certains rôles spécifiques pour l'armement nucléaire russe et souligne en particulier son caractère strictement défensif[14]. De l'autre, et par contraste, le comportement de la Russie depuis février 2022 et la stratégie mise en œuvre dans sa tentative de conquête et de subjugation de l'Ukraine se sont détachés de ce cadre doctrinal et de cette vocation défensive pour appuyer, au contraire, une recherche de fait accompli territorial et de sanctuarisation agressive des terres ukrainiennes sous contrôle russe. Le recours par Moscou à une rhétorique nucléaire en appui d'une manœuvre d'agression a cherché à créer en Occident un climat anxiogène, à paralyser notre appareil décisionnel, à créer des dissensions dans l'Alliance atlantique, tout cela afin de maximiser les marges de manœuvre russes en Ukraine. Loin de se limiter à la dissuasion, donc, cette stratégie a tenté de mettre l'arme nucléaire au service d'un but stratégique offensif.

Cette désinhibition se traduit également au plan capacitaire, où les dynamiques actuelles sont particulièrement préoccupantes. Après des décennies de réduction quantitative et de ralentissement qualitatif, les tendances se sont infléchies : des États possesseurs étoffent leurs arsenaux en se dotant de nouvelles composantes entières, parfois de nouveaux types de systèmes d'armes – on pense par exemple aux armes évoquées par Vladimir Poutine dans son discours du 1er mars 2018, mais aussi au domaine des armes nucléaires « non stratégiques », qui fait l'objet d'efforts de la part du Pakistan comme de la Corée du Nord, tout en restant un domaine dans lequel la Russie maintient des capacités inégalées. Cette désinhibition se traduit par ailleurs dans la croissance quantitative que l'on observe dans certaines parties du monde, et en particulier en Asie, par contraste avec les trajectoires suivies par les arsenaux occidentaux depuis les années 1980. La Chine se met en mesure d'accroître massivement le volume de son arsenal nucléaire au cours de la prochaine décennie. Cette expansion quantitative, qui survient après nombre de violations par Moscou de ses engagements de maîtrise des armements, ne saurait être sans effet sur les équilibres globaux et sur les perspectives d'accords futurs de maîtrise des armements, comme l'illustrent les débats aux États-Unis quant au futur du traité New Start et de l'*arms control* stratégique.

Pour autant, si préoccupante soit-elle, cette désinhibition n'est pas totale. La Chine, par exemple, mêle une désinhibition capacitaire, voyant une expansion quantitative et un renforcement qualitatif marqués, à une retenue qui perdure au plan rhétorique, voire doctrinal – *a minima* en termes d'affichage. La Russie, de même, malgré les formes poussées de désinhibition déjà évoquées, constatées avant la guerre en Ukraine et plus encore depuis son déclenchement, se garde bien de briser certains tabous et de franchir certaines limites. La guerre en Ukraine, ainsi, si elle a vu Moscou suspendre certaines clauses de transparence prévues dans le cadre de New Start, ne l'a pas empêché de remplir certaines obligations de transparence prévues dans le cadre d'autres mesures de confiance et de sécurité signées avec les États-Unis, notamment à travers la prénotification des tirs de missiles balistiques stratégiques, ce qui est fondamental afin d'éviter les risques d'incompréhension et d'escalade.

Si cette désinhibition n'est pas totale, c'est que Moscou, comme Pékin ou Pyongyang, voient un intérêt à ne pas faire évoluer la compétition hors de certaines limites : chacun de ces pays est conscient que certaines transgressions seraient pour lui extrêmement coûteuses. Les démocraties occidentales constatent ainsi que, si la régulation par le droit et la prévisibilité ne peut suffire à endiguer la désinhibition de puissances désireuses de bouleverser le *statu quo*, elles ne se trouvent pas démunies pour autant. Canaliser de telles ambitions implique à l'inverse de rappeler le prix de ces transgressions à chaque puissance nucléaire qui serait tentée par la désinhibition, de la persuader qu'une forme de retenue demeure nécessaire, même lorsqu'elle n'est pas sa solution préférentielle.

Pour se prémunir des effets de cette propension à la désinhibition, les démocraties occidentales doivent se garder de faire preuve, en miroir, d'une inhibition totale qui, en rejetant toute logique de rapport de force, serait incompatible avec toute forme de dissuasion crédible. Face au retour de puissances révisionnistes dotées de l'arme nucléaire, la meilleure réponse n'est pas de désapprendre la grammaire du rapport de force au profit d'une politique qui prônerait une retenue totale et qui confinerait à la passivité. Au contraire, l'espoir réside dans le fait de défendre une politique nucléaire de retenue, qui combine détermination et responsabilité et qui, ce faisant, permet d'éviter deux écueils majeurs. Le premier serait de voir des démocraties tellement inhibées qu'elles en deviendraient incapables de maîtriser cette grammaire stratégique et donc de défendre leurs intérêts face à des puissances ne connaissant d'autres limites que celles qui leur sont imposées par la force – ou par la menace d'emploi de la force. Le second écueil serait de voir l'émergence d'une prime à la désinhibition dans les rapports entre États, ce qui pourrait être le cas si se multipliaient les précédents dans lesquels un agresseur violant ses engagements et brisant les tabous se verrait récompensé par des succès militaires et diplomatiques.

Les démocraties face à l'ensauvagement du monde

Camille Grand

Au tournant du siècle, quand de nombreux dirigeants et commentateurs célébraient encore la fin de l'Histoire et la victoire de la démocratie, Thérèse Delpech mettait en garde contre le « retour de la barbarie au XXIe siècle » et s'inquiétait d'une « humanité à nouveau guettée par l'ensauvagement[15] ». Formulées en 2005, ces inquiétudes semblent d'une actualité brûlante tant les menaces stratégiques qui pèsent sur nos démocraties sont sérieuses. On a souvent reproché à Thérèse Delpech son extrême réalisme, voire son pessimisme sur l'environnement stratégique. Mais il s'avère que, d'une certaine manière, elle n'avait pas envisagé une telle dégradation de l'environnement stratégique, en particulier en Europe. En relisant ses ouvrages, on relève qu'une grande partie de sa réflexion portait sur le déplacement des risques stratégiques vers le Proche-Orient et l'Asie et sur toute une série de développements en matière de prolifération qui se sont souvent hélas révélés justes. Mais même Thérèse Delpech n'envisageait pas l'ampleur et la gravité des bouleversements auxquels nous sommes aujourd'hui confrontés.

Les démocraties face à la brutalité

La question de nos démocraties face à l'ensauvagement du monde amène à une première réflexion : le retour de la brutalité dans les relations internationales. Brutalité extrême au cœur même de l'Europe où les troupes russes se livrent à des exactions systématiques qui violent le droit des conflits armés et s'apparentent à des crimes de guerre. Elles ciblent systématiquement les populations et les infrastructures civiles, déplaçant des populations, déportant des enfants et maltraitant voire éliminant prisonniers et opposants. Les charniers de Boutcha, d'Izioum ou de Lyman et les témoignages accablants des populations des régions libérées suggèrent le caractère systématique de ces exactions qui vont bien au-delà des excès et des erreurs relevées dans de nombreux conflits contemporains. Nous ne sommes donc pas dans des phénomènes marginaux, mais bien dans des phénomènes systémiques qui prolongent la brutalité de la guerre menée par la Russie en Syrie ou en Tchétchénie. Ce retour de l'extrême brutalité sur la scène internationale, et en particulier sur le théâtre européen, est un élément essentiel que nous devons prendre en compte à la fois du point de vue démocratique, éthique et évidemment stratégique.

Le retour de cette brutalité extrême sur les « terres de sang » décrites par Timothy Snyder[16] constitue pour les Européens un rappel brutal du retour de l'Histoire. Il y a quelque chose de dramatique dans ce retour de formes extrêmes de brutalité dans les conflits contemporains sur le théâtre même des horreurs commises au XXe siècle. C'est bien au retour de la barbarie au XXIe siècle que nous assistons et qui vient contredire ce qui a été le narratif dominant des trente années de l'après-guerre froide, celui de la propagation mécanique et heureuse de la démocratie libérale et de la mondialisation réussie.

Le retour de l'hypothèse de la guerre majeure et la multiplication des menaces hybrides

Cette deuxième observation est essentielle pour tenter de comprendre l'environnement dans lequel nous nous trouvons et les risques stratégiques auxquels nos démocraties sont confrontées, qui, loin de devenir marginaux comme on pouvait l'espérer, doivent redevenir centraux dans notre réflexion. Pendant près de trois décennies, les discours sur les dividendes de la paix, la nécessité du désarmement, la paix par le doux commerce ont été les discours dominants des démocraties, en particulier en Europe. Démocraties qui ont longtemps fermé les yeux devant les investissements des autres acteurs stratégiques dans leurs arsenaux militaires et nucléaires. Démocraties qui appuyaient sur le bouton « Reset » après la Géorgie ou la Crimée. Démocraties qui affichaient des lignes rouges devenues des lignes dans le sable. Démocraties qui débattaient de l'abolition des armes nucléaires pendant que d'autres puissances violaient les traités de non-prolifération et de désarmement ou refusaient de les signer. Ce changement de paradigme bouscule ainsi nos habitudes et nos certitudes.

Ce retour d'un conflit majeur symétrique en Europe avec l'Ukraine est un phénomène qui pose toute une série de questions puisque nous avions très largement écarté de notre réflexion cette hypothèse. Les documents stratégiques conservaient cette dernière, le fameux scénario 6 du Livre blanc de 1994, comme un cadre qui, notamment, justifiait l'investissement dans la dissuasion et la nécessité de conserver cet outil. Nécessité ô combien confortée aujourd'hui, mais qui n'était plus dans nos schémas mentaux, à la fois comme société, mais aussi comme appareil militaire.

À ce constat s'ajoute une seconde remarque fondamentale : le retour de la guerre majeure a lieu en Europe et non en Asie. Nous avons beaucoup discuté des risques de guerre majeure en Asie du Sud, en Asie du Nord-Est, autour de Taïwan, et ces scénarios demeurent d'actualité. Mais c'est en Europe que la guerre majeure fait son retour et c'est une vraie question pour les Européens. La guerre de haute intensité est un défi pour l'Europe, pour nos démocraties, pour l'Union européenne, pour nos alliances démocratiques, donc pour l'OTAN. Ce défi en est d'abord un pour la résilience de nos sociétés et de nos populations qui sont testées en permanence. Testées par les restrictions énergétiques, l'inflation, le coût de la vie, qui sont autant de conséquences directes de ce conflit. Testées dans leur soutien à l'Ukraine, testées sur la peur du nucléaire, alors que la rhétorique nucléaire russe a pour objet d'essayer de fracturer nos sociétés. Jusqu'ici, la résilience de nos sociétés démocratiques a été remarquable. Le soutien à l'Ukraine est plus fort aujourd'hui qu'au début du conflit. L'unité du camp démocratique est, semble-t-il, solide. On peut évidemment trouver des nuances et des distinguos ici ou là, mais par rapport à d'autres épisodes de crise impliquant la Russie, nous nous situons plutôt dans un schéma d'unité et de fermeté. Fermeté également dans l'imposition de sanctions, d'un douzième train de sanctions en date de décembre 2023, en sachant qu'elles sont lourdes de conséquences pour nos économies également. Il n'en reste pas moins vrai qu'il s'agit d'un test pour nos démocraties, pour nos outils de défense, pour notre capacité à remonter en puissance, à reconstituer nos stocks de manière à pouvoir à la fois aider les Ukrainiens dans la durée, mais également à nous préparer à des scénarios conventionnels plus rudes.

Nous sommes donc bien confrontés à la montée de risques globaux où l'hypothèse de la guerre majeure cesse d'être théorique, alors même que la question du terrorisme et de la déstabilisation de régions entières par des groupes terroristes n'a pas disparu. C'est un problème persistant et c'est une question qui serait sans doute, même sans l'Ukraine, au cœur des débats à l'OTAN ou ailleurs aujourd'hui, une vraie question sur l'efficacité de nos interventions militaires et finalement la fin d'un cycle avec le retrait des États-Unis et de l'OTAN d'Afghanistan, mais aussi les difficultés rencontrées par la France au Sahel. Tout cela pose une série de questions sur l'efficacité de nos stratégies militaires. La gestion des crises et la préservation de la paix constituent des préoccupations majeures pour nos démocraties, préoccupations qui ont largement dominé les réflexions des vingt ou trente dernières années.

À cela s'ajoute un nouvel axe, celui des menaces hybrides, qui défient le cœur même de nos démocraties. Il ne faut pas être complotiste pour noter qu'un certain nombre de grandes décisions et de grands moments électoraux dans les grandes démocraties occidentales ont fait l'objet d'interventions délibérées, notamment de la part de la Russie, en particulier dans la sphère digitale. Qu'il s'agisse du débat sur le Brexit ou des grandes élections américaines et européennes des dernières années. Cela a été dit, documenté, et c'est une vraie question pour la pérennité de nos modèles démocratiques que d'être soumis à ce type d'incertitude. Ces menaces hybrides pèsent fortement sur nos économies de manière évidente, avec des formes de contre-sanctions visant l'énergie, des attaques dans la sphère cyber ou la capacité à toucher nos infrastructures critiques, qu'elles soient spatiales, énergétiques…

La menace nucléaire à l'ère de la piraterie stratégique

Le retour de la menace nucléaire, qui s'accompagne d'une rhétorique et d'une forme de discours imprécis et parfois menaçant du côté russe, a pour objet de créer une incertitude. La Russie s'éloigne de plus en plus des bonnes pratiques en matière de dissuasion nucléaire et de l'apprentissage de soixante-dix années de grammaire nucléaire qui visaient justement à éviter ce type d'incertitude. Il est paradoxal d'entendre les discours de dirigeants russes depuis le début de la guerre en Ukraine alors que leur pays signait en janvier 2022 un texte avec les quatre autres membres permanents du Conseil de sécurité, le P5, pour affirmer qu'une « guerre nucléaire ne devait pas être menée et ne pouvait être gagnée ». On observe donc bien un glissement ici, glissement russe évidemment, mais glissement également avec la Corée du Nord. Encore une fois, aujourd'hui, sans la guerre en Ukraine, nous serions tous en train de débattre de ces tests de missiles qui survolent l'espace aérien japonais et ont une portée toujours accrue, qui menacent nombre de capitales européennes avant que les grandes villes américaines ne soient bientôt à portée.

L'idée de la piraterie stratégique dans les travaux de Thérèse Delpech[17] s'appliquait d'abord aux puissances régionales. Elle visait également la Chine. On n'imaginait pas forcément que le premier pirate stratégique serait l'une des deux superpuissances nucléaires du monde. Le fait qu'un membre permanent du Conseil de sécurité des Nations unies mène une guerre d'agression et d'annexion territoriale à l'ombre de son arsenal nucléaire constitue une transformation radicale : cette pratique de la sanctuarisation agressive, l'expression d'une rhétorique nucléaire parfois irresponsable, la violation des règles de droit et des principes de la Charte des Nations unies. La réalité, c'est que nous sommes face à une remise en cause de tous les principes qui ont fondé l'ordre international depuis 1945, qu'il s'agisse de l'intangibilité des frontières, du respect de l'État de droit, etc. Le reste du monde le reconnaît d'ailleurs et l'on peut se féliciter du vote intervenu à l'Assemblée générale des Nations unies qui a vu 143 États condamner la Russie, qui n'a bénéficié que du soutien de régimes parias ou tributaires (Biélorussie, Corée du Nord, Érythrée et Syrie), alors même que la Chine, Cuba ou le Venezuela s'abstenaient. C'est bien la preuve que, contrairement à un discours affirmant que le « Sud global » approuve ou se désintéresse de cette guerre russe, la réalité est beaucoup plus nuancée que cela.

En conclusion, nous sommes à la fois dans un moment de test sur l'efficacité du modèle démocratique, par rapport aux modèles plus autoritaires – et c'est l'un des vrais enjeux de cette guerre en Ukraine –, et à la fin d'un cycle quasi générationnel. Il est possible d'affirmer, au risque de choquer notamment outre-Atlantique, que les implications stratégiques de la guerre en Ukraine sont plus fondamentales que ne l'ont été celles du 11 Septembre, en tout cas pour les Européens. Il convient d'en penser toutes les conséquences politiques, démocratiques et stratégiques. C'est bien la capacité de nos démocraties à envisager l'outil militaire, les exigences de la défense, la confrontation et la dissuasion qui est mise à l'épreuve.

La grille de lecture d'un affrontement entre démocraties et régimes autoritaires est-elle pertinente ?

Mélanie Rosselet

Les démocraties, particulièrement européennes, se sont crues en paix, à l'abri des menaces stratégiques depuis la fin de la guerre froide. Prenant ce que Thérèse Delpech appelait une « retraite historique » et entendant jouir des dividendes de la paix, elles ont désarmé, réellement, moralement, politiquement. Cette perte de culture stratégique vient également, pour l'Union européenne, du fait qu'elle est une construction politique fondée sur l'idée de dépassement des rivalités étatiques. Les démocraties de l'Union européenne ont eu tendance à croire que ce modèle pouvait être répliqué et appliqué à leurs relations avec d'autres États.

L'Europe a alors continué de sous-traiter sa sécurité aux États-Unis, et accepté des dépendances économiques de plus en plus stratégiques à la Chine et la Russie sans en mesurer l'impact potentiel pour ses intérêts de sécurité, voire en imaginant que sa sécurité en serait renforcée – le doux commerce.

Face au délitement progressif de l'architecture de sécurité, à l'affirmation de plus en plus désinhibée d'ambitions de puissance, les démocraties ont tardé à poser le bon diagnostic, elles ont eu tendance à sous-estimer la menace, à être myopes face aux signaux précurseurs.

S'agissant de la Russie, la parole des pays est-européens a été discréditée, jugée biaisée et alarmiste. Nous avons entendu, incrédules, Vladimir Poutine qualifier, en 2005, la dislocation de l'URSS de « plus grande catastrophe géopolitique du XXe siècle », puis, lors de la conférence de Munich de 2007, présenter un agenda de contestation systématique de l'Occident. Puis, nous l'avons vu dérouler ce programme néo-impérial destructeur[18]. Nous n'avons pas écouté Vladimir Poutine, écouterons-nous Xi Jinping ? Celui-ci, dans son discours du centenaire du PCC, le 1er juillet 2021, a assigné à la Chine l'objectif de devenir la puissance mondiale dominante d'ici à 2049 et a ajouté : « Ceux qui essaieraient de malmener, d'opprimer ou d'asservir la Chine auront la tête en sang quand ils se cogneront sur la Grande Muraille d'acier construite par plus de 1,4 milliard de Chinois, et ils subiront une écrasante défaite ! »

De fait l'Asie a été très longtemps absente du radar stratégique européen. La stratégie européenne de sécurité de 2003, « Une Europe sûre dans un monde meilleur », n'évoque l'Asie que tout à la fin du document, sous l'angle de l'ambition de développer des « partenariats stratégiques » avec « le Japon, la Chine et l'Inde », listés pêle-mêle, et « tous ceux qui partagent nos objectifs et nos valeurs ». Jusqu'à très récemment, aucune réflexion sur ce qui pourrait être fait en cas de conflit dans la péninsule coréenne ou sur les répercussions sur le continent européen d'une déflagration autour de Taïwan n'a été conduite. Il en avait été de même pour la Russie.

L'Europe et les démocraties ont été perçues comme faibles, décadentes moralement, manquant de détermination, ce qui a eu pour effet de précipiter ce qu'elles voulaient éviter. Elles se sont rendues responsables de l'escalade (involontaire) par la désescalade. Nous avons contribué à ce que la Russie fasse un mauvais calcul. Cela concerne également les États-Unis – en particulier le refus d'obstacle d'Obama après les attaques chimiques russes de la Ghouta en Syrie en septembre 2013 a porté un coup très important à la crédibilité américaine et conforté la Russie dans l'idée que « la nouvelle règle était l'absence de règle ».

La guerre d'Ukraine achève de dessiller l'Europe et les démocraties, de les réveiller sur le fait qu'elles sont attaquées.

Il apparaît désormais clairement que certains États ont construit un agenda révisionniste qui vise à remettre en cause les conditions internationales qui ont fait le succès et la prospérité des démocraties : l'ouverture économique, la stabilité des normes et des frontières.

On peut avoir de ces ambitions une lecture réaliste : ces États veulent des règles plus favorables à leurs intérêts. Pourquoi serions-nous surpris que la Chine se comporte comme une grande puissance ? Une lecture constructiviste est également possible : ce sont des régimes de nature autoritaire qui poursuivent cet agenda car ils estiment que le succès de leurs compétiteurs démocratiques constitue une menace à leur survie et qu'ils veulent en conséquence les affaiblir/les détruire.

En d'autres termes il ne s'agit pas seulement d'un conflit sur les règles et les normes internationales mais d'une confrontation systémique plus existentielle.

L'Ukraine et Taïwan sont deux cas clés : ils représentent deux dangers pour les régimes russe et chinois. L'impérialisme territorial russe a pour objet de détruire l'Ukraine comme symbole démocratique dans son environnement proche en même temps qu'il est une opération d'extension territoriale. La même logique de continuum intérieur-extérieur est à l'œuvre avec la Chine.

Par ailleurs, en dénigrant les démocraties occidentales, soulignant leur décadence morale, comme il l'a fait dans son discours d'annexion des territoires ukrainiens, il s'agit pour Vladimir Poutine d'ancrer dans les mentalités que la démocratie n'est pas faite pour la Russie. On rejoint là le combat des régimes autoritaires contre l'universalisme. L'historien Timothy Snyder explique brillamment dans un article récent[19] que Vladimir Poutine vise là non pas la mobilisation mais la démobilisation des populations – leur anesthésie.

La Chine et la Russie maquillent également leurs ambitions révisionnistes en tentant de se présenter comme les chefs de file d'une mobilisation du « reste du monde », du « Grand Sud » contre un Occident abusif. Sous le vocable d'Occident contre Sud global, c'est bien la démocratie qui est attaquée. Cette rhétorique rencontre un certain succès, car elle joue sur l'amnésie des démocraties vis-à-vis de leurs propres turpitudes et des contradictions entre l'idéal démocratique et leurs actions internationales.

Il y a aussi construction, et tentative de promotion, d'autres modèles, le techno-autoritarisme chinois, que la crise Covid n'a fait que renforcer. Cela peut séduire d'autres pays. Il y a donc retour d'une compétition des modèles politiques à l'échelle globale, un peu comme pendant la guerre froide (démocraties libérales *versus* communisme). Pour les démocraties occidentales, elles-mêmes défiées de l'intérieur par le populisme et le développement d'une vision illibérale de la démocratie, cela signifie qu'il est beaucoup plus difficile de promouvoir leur propre modèle à l'étranger, d'une part, et, d'autre part, qu'elles sont elles-mêmes sur la défensive. Ces interrogations sont particulièrement présentes dans le cas des États-Unis.

Le risque d'une généralisation des pratiques de « sanctuarisation agressive »

Ce qui frappe, c'est que la dimension nucléaire est au cœur de cette nouvelle compétition. On observe la conjonction entre la dynamique des efforts de développement des capacités nucléaires et un positionnement international offensif remettant en cause l'ordre multilatéral fondé sur les normes internationales, et plus généralement l'Occident démocratique. Le nationalisme nucléaire est l'un des traits les plus frappants de l'âge nucléaire qui se dessine.

Cette nouvelle ère nucléaire est caractérisée par le fait que des puissances nucléaires non démocratiques se comportent désormais elles-mêmes comme des pirates stratégiques, telle la Russie qui déploie une rhétorique nucléaire irresponsable au service d'une ambition expansionniste.

Des États dotés au sens du TNP contreviennent à leurs responsabilités en faisant un « usage offensif[20] » de la dissuasion. C'est avéré pour la Russie dans le cadre de la guerre d'Ukraine, c'est un risque pour la Chine vis-à-vis de Taïwan avec le développement des arsenaux chinois. C'est un risque pour le régime de Téhéran, pour la Corée du Nord, etc.

Le risque est de voir se généraliser l'utilisation par des puissances autoritaires désinhibées de leur arsenal nucléaire à des fins révisionnistes : imposition de fait accompli, changement du *statu quo* politique et territorial à l'ombre du nucléaire, outil de leur confrontation avec les démocraties.

Il faut y faire échec.

L'Ukraine a valeur de test

La dissuasion nucléaire est nécessaire pour faire échec à cet effort. La dissuasion alliée a fonctionné dans la guerre d'Ukraine, pour tenir la Russie à distance, préserver notre liberté d'action et soutenir militairement l'Ukraine.

Comment toutefois faire échec aux stratégies de sanctuarisation agressive, c'est-à-dire à des guerres conventionnelles conduites à l'ombre du nucléaire par des États dévoyant les logiques de dissuasion contre des États non protégés par des garanties nucléaires ? La seconde question étant : comment les États-Unis vont-ils reconfigurer leur dissuasion pour faire face à deux adversaires qu'ils qualifient de « presque égaux » ; comment le risque de deux conflits simultanés en Asie et en Europe peut-il être pris en compte et comment cela affectera-t-il la sécurité européenne ?

La réponse n'est pas uniquement du ressort de la dissuasion nucléaire. Cependant la dissuasion nucléaire et la résistance au chantage nucléaire sont un prérequis.

Pour renforcer la dissuasion en général, nous devons renforcer la crédibilité de la détermination des démocraties, perçues comme faibles.

L'ajustement à l'état de la menace n'est pas encore achevé. La question que posait Thérèse Delpech est toujours là : « Les Européens préféreront-ils la paix ou avoir la paix » ? La réponse unie et déterminée de soutien à l'Ukraine pour se défendre contre la Russie montre qu'un changement de paradigme est en cours.

Sa réalisation complète suppose également que les démocraties soignent leurs blessures et qu'elles laissent moins prise aux discours des régimes autoritaires.

Il est perturbant de constater une forme de succès du discours autoritaire dans les démocraties. Les puissances révisionnistes nourrissent dans nos pays, par des campagnes de manipulation de l'information, les divisions et la polarisation de l'espace public. Il s'agit là de l'une des facettes de la guerre hybride et intégrale qui nous est livrée.

Comment renforcer la crédibilité et la capacité de dissuasion des démocraties ? Dans le domaine nucléaire, involontairement, le pacifisme et les approches radicales du désarmement, qui ne s'expriment que dans les démocraties, risquent de contribuer à la perception par nos adversaires d'une asymétrie du rapport de force en leur faveur.

L'une des difficultés de l'âge nucléaire que nous traversons tient en effet aux asymétries entre démocraties et autocraties y compris dans le domaine nucléaire, que les autocraties pensent pouvoir exploiter ou qui les conduisent à faire de mauvais calculs. Si la détermination de l'adversaire à utiliser l'arme nucléaire n'est plus crédible, l'effet stabilisateur de la dissuasion s'érode.

Notre intérêt n'est cependant pas de précipiter une logique de blocs. Il faut prendre la mesure de cette dimension d'affrontement systémique entre démocraties et autocraties dans l'époque que nous vivons – car les valeurs démocratiques sont attaquées. La grille d'analyse d'un affrontement entre démocraties et autocraties n'est cependant pas entièrement satisfaisante. Elle est d'abord réductrice par rapport à la diversité des menaces. Certaines menaces stratégiques contre les démocraties n'émanent pas des autocraties nucléaires – par exemple certaines formes de terrorisme. Il y a des menaces communes aux démocraties et aux autocraties, et celles-ci sont significatives – la crise climatique et écologique. Deuxièmement, toutes les démocraties ne sont pas également ou uniformément sujettes aux mêmes menaces – en raison de leur géographie, de leur histoire ou d'autres facteurs. Des logiques de coopération, d'échange et de partenariat perdurent entre démocraties et autocraties et doivent perdurer (traitement des crises de prolifération, etc.). La Chine et la Russie ne sont pas alliées et il n'est pas dans l'intérêt des démocraties occidentales d'accélérer ou de cristalliser ce rapprochement. La Chine et la Russie voudraient une logique de blocs. Entériner la dichotomie démocraties/autocraties aurait donc une dimension autoréalisatrice alors que nous avons besoin de trouver des espaces de coopération pour faire face aux enjeux communs.

L'objectif doit être, dans notre action politique et diplomatique, de créer des coalitions larges autour du respect de la règle de droit. Il s'agit par ailleurs de porter une vision réformatrice de l'ordre international, pour que celui-ci soit plus juste et plus conforme aux valeurs universelles portées par les démocraties. Mais dans l'immédiat, il convient d'assumer le rapport de force, sans répliquer les pratiques de nos adversaires ni adopter leurs valeurs, mais en reconnaissant un besoin de renforcer la dissuasion pour faire face à ces menaces.

Menaces éthiques, géopolitiques et militaires ?

Jean-Claude Mallet

La réponse que nous avons faite à l'invasion de l'Ukraine en février 2022 rend l'interrogation sur les menaces qui pèsent sur les démocraties – sur *nous* – primordiale. Elle amène deux séries de remarques. La première, puisque ce livre s'écrit à l'ombre de Thérèse Delpech, concerne les questions éthiques et géopolitiques. La seconde est d'ordre militaire.

Éthique et géopolitique

Premièrement, ce qui est frappant dans l'ère où nous sommes entrés depuis quelques années, c'est la délégitimation systémique de la vérité par ces fameuses tyrannies, dictatures, régimes « il-libéraux ». À partir du moment où les contre-vérités sont valorisées dans l'espace public et politique à la même hauteur que les vérités, il y a une perte de repères générale qui ne peut que nuire aux démocraties et singulièrement aux démocraties occidentales. Or la construction d'espaces de désinformation fondés sur des contre-vérités est aujourd'hui une stratégie répandue. La première grande et spectaculaire illustration en a été la Crimée, lorsque le Kremlin pouvait nier totalement quelque présence militaire russe que ce soit en Crimée. C'était un premier avertissement et c'est une très grande faiblesse, *a fortiori* pour nous, démocraties, qui, par ailleurs, valorisons la transparence de ne guère réagir. Nos démocraties vivent une exigence de transparence forte qui est souvent manipulée à des fins subversives dans le rapport de force international. La tragédie dans ce domaine, c'est que ce dénigrement ou ce déni, ou cette négation du poids de la vérité, n'est pas seulement l'apanage des tyrannies : ce peut aussi être le fait de la plus grande démocratie au monde, puisque l'un des deux partis qui peut gouverner les États-Unis est partiellement fondé sur une pratique assumée de déni de la réalité, et que le risque qu'un tenant du mensonge arrive à la Maison Blanche dans les années qui viennent n'est pas faible, c'est le moins que l'on puisse dire. On a un parti entier qui est soudé derrière le déni, le dénigrement de la vérité au sein d'une grande puissance qui, aujourd'hui, de toute façon, tirera les marrons du feu de la crise actuelle. Nous savons la capacité de rebond exceptionnelle des États-Unis sur le plan industriel, économique, militaire, etc., or ils sont en principe le cœur battant des démocraties. Cette faiblesse, cette menace du mensonge persiste donc, y compris au cœur même du camp des démocraties.

Deuxièmement, nous avons en face de nous, même si Mélanie Rosselet a raison de rappeler qu'il faut éviter autant que l'on pourra le « bloc à bloc », la mise en place d'un bloc Russie-Chine. Il est bien là. Il n'y est peut-être pas autant que le souhaiterait Vladimir Poutine. C'est assez clair. Il n'y a pas autant que cela d'aide chinoise aujourd'hui à l'entreprise mortifère de la dictature russe. Il n'y a pas autant que cela de violations de l'embargo ou des sanctions occidentales, américaines ou européennes en direction de la Russie par les entités chinoises, qui sont très prudentes. Mais il y a une alliance intellectuelle, politique et idéologique qui a été manifestée dans la déclaration commune du 4 février 2022 lors de la dernière visite de Poutine à Pékin à l'occasion des Jeux olympiques. Elle est la charte commune non seulement de la Chine de Xi et de la Russie de Vladimir Poutine, mais aussi d'autres pays qui sont tentés de s'y rallier, explicitement ou non. Ce plan, cette vision sont totalement antidémocraties. Ils sont anti-État de droit international plus exactement et, par conséquent, ils sont un élément de faiblesse et pour nous, pour l'Europe, une véritable menace. À quoi il faut désormais ajouter le fameux discours de la salle Saint-Georges[21]. Là il s'agit carrément d'une déclaration de guerre à l'Occident et à l'État de droit ; à l'État de droit européen et à l'État de droit international.

Troisièmement, la banalisation de la barbarie. Nous avons un retour – Thérèse Delpech serait horrifiée – de la barbarie au cœur de l'Europe. Et le tragique, c'est que cette barbarie est banalisée. Elle est banalisée au point qu'aujourd'hui des mouvements populistes, partout à l'ouest de l'Europe, voire aux États-Unis, peuvent traiter comme secondaire cet éclatement sidérant de la barbarie au cœur de l'Europe. Et quatrièmement, bien sûr, les ruptures que tout cela peut induire en matière de développement ou non de la mondialisation. On touche là aux dimensions géo-économiques, aux chaînes de valeur, à la possibilité de liberté de circulation, bref, à tout ce qui a permis aux démocraties occidentales de faire valoir dans les années 1990 un certain modèle de développement. Tout cela – et qui a fini par profiter à qui ?, à la Chine – est fondamentalement menacé. Pour les années qui viennent, la mise en place de blocs ou des logiques de régionalisation des échanges, de fracturation de l'espace économique qui nous guette est aussi une menace pour le développement harmonieux et l'image des démocraties dans le monde.

Le volet sécuritaire et militaire

Au-delà des aspects éthiques, géopolitique et géo-économique, le deuxième volet de ces menaces est évidemment beaucoup plus sécuritaire et militaire. Vient en premier, évidemment, le bouleversement que représente la concrétisation, et pour longtemps, d'une menace militaire majeure au cœur de l'Europe. Nous sommes face à un changement de modèle dans l'analyse des menaces, puisqu'une menace majeure, existentielle, est revenue au cœur même de l'Europe. Et ce n'est pas parce que l'armée russe sera cantonnée pendant un certain temps, grâce au sacrifice des Ukrainiens, que cette menace disparaîtra. Elle est là pour longtemps.

Nos collègues dans les pays d'Europe orientale le savent et le redoutent. Ils le redoutent d'autant plus qu'aucun pays européen n'y est prêt aujourd'hui. La préparation de l'armée américaine n'est pas acquise non plus, alors que c'est évidemment la plus puissante, celle qui est la plus prête à faire face à d'autres scénarios que ceux que nous pouvions imaginer, celle qui, encore aujourd'hui, représente ce qu'on appelait autrefois « l'arsenal du monde libre ». Toutes les armées, en particulier européennes, se sont organisées, programmées pour faire de la projection à distance du territoire national avec une très grande lourdeur, une très grande inertie de cette organisation, de la planification et des programmes qui vont avec. Il va donc falloir se réorganiser et investir pour s'adapter et faire face à cette menace nouvelle qui s'est brutalement concrétisée avec une dimension insoupçonnée, en tout cas que l'on ne voulait pas voir.

Bien sûr, cette menace avait été décrite dans les Livres blancs sur la défense, avec le fameux « sixième scénario » de résurgence d'une telle menace[22]. Nous étions censés nous y préparer, mais elle semblait tellement lointaine qu'en réalité, en particulier les programmations, qu'il s'agisse de la programmation des industriels ou de la programmation des armées, ne l'ont jamais vraiment intégrée ou l'ont intégrée en filigrane dans le meilleur des cas.

Nous ne sommes donc pas prêts. Toute une série de lacunes de dimensionnement de l'outil militaire qui était lié à cette vision d'une projection d'un nombre limité de forces à l'extérieur, destinées à contrer un certain type de menace, sont à remettre en cause si l'on veut être sérieux face à l'affirmation d'un désir de domination et de revanche du régime russe, avec tous ses moyens, qui, encore une fois, est là pour durer.

Deuxièmement, l'efficacité du chantage nucléaire. Le chantage nucléaire, ça marche. La sanctuarisation de l'agresseur, ça marche. La paralysie des démocraties face à celui qui exerce le chantage nucléaire, ça marche. Ça marche au sens où la retenue de nos démocraties, retenue qui est imposée par la détention par les Russes d'un arsenal nucléaire surabondant, ça marche. Et évidemment, toutes sortes de Nord-Coréens, d'Iraniens ou autres ne peuvent pas ne pas voir, dans cette efficacité de la sanctuarisation d'une dictature, une leçon.

Dès lors, notre volonté de lutter contre la prolifération va être sérieusement mise au défi dans les années qui viennent. On peut être absolument certain que les grandes puissances, à commencer par la Chine, ne peuvent pas l'ignorer. Ce point est majeur, et il est juste de citer Taïwan, parce que le fait est que la perspective d'une action militaire chinoise sur Taïwan aurait des conséquences géo-économiques autrement plus lourdes. Dix, cent fois plus lourdes compte tenu de notre dépendance collective à l'égard de l'économie chinoise. Cette perspective-là est maintenant de plus en plus devant nous. Il n'y a qu'à demander à nos amis en Asie ce qu'ils en pensent et comment ils ont, ces derniers mois, modifié leur vision et adapté leurs plans.

Dernier point sur ces vulnérabilités ou menaces : l'inadaptation de nos outils de défense européens. C'est la problématique européenne qui est tellement difficile à construire, l'Europe de la défense, qui est toujours à l'horizon, et risque de rester à l'horizon très longtemps. Peut-être sera-t-elle influencée par l'existence de la menace, car la menace en principe réunit. Il y a effectivement des mouvements ici ou là. Mais enfin, concrètement, la défense européenne, les moyens européens de défense ne sont pas prêts, pas plus que les moyens français aujourd'hui, comme évoqué précédemment. Ils ne sont pas prêts à véritablement faire face à un tel défi. Donc, y aura-t-il un sursaut européen réel ? En aurons-nous le temps, car cela prend du temps ? Aujourd'hui, la défense de l'Ukraine est assurée à 80 % – en dehors des Ukrainiens eux-mêmes, de la levée en masse des Ukrainiens –, par les arsenaux et les finances des Américains. Donc, la question de l'adaptation des moyens et de l'adaptation de l'Europe de la défense en tant que telle à ces nouveaux défis paraît être posée de façon pressante.

CHAPITRE 2

La dissuasion nucléaire restera-t-elle une réponse acceptable ?

Peut-on réconcilier morale et dissuasion nucléaire* ?

Nicolas Roche et Hubert Tardy-Joubert

« Quiconque aujourd'hui réfléchit sur les guerres et la stratégie élève une barrière entre son intelligence et son humanité », écrivait Raymond Aron en 1976 dans *Penser la guerre, Clausewitz*, indiquant que toute tentative de concilier morale et dissuasion était impossible[1].

Non sans raison. Les 6 et 9 août 1945, l'humanité comprend qu'elle dispose des moyens de sa destruction, créant une rupture dans l'Histoire. Dans les mois qui suivent, se développent des mouvements rejetant, sur des fondements éthiques, une arme d'une nature aussi différente. Cette critique, éthique et politique, de l'arme nucléaire traverse toute notre histoire contemporaine. Elle soulève des questions essentielles pour une démocratie.

---

* Cet article est paru dans le n° 168 de la revue *Commentaire*, hiver 2019-2020.

Et pourtant cette question de l'éthique des armes nucléaires fait souvent l'objet de deux débats séparés, comme le disait Pierre Hassner en 1989 dans son livre *La Violence et la Paix*. Le premier débat est philosophico-religieux : il interroge des réalités stratégiques au prisme de la morale ; le second est politico-stratégique sur la dissuasion ; les deux interviennent dans deux mondes séparés qui se parlent peu et s'écoutent encore moins. Or il faut « distinguer et réunir, désagréger et recombiner » systématiquement ces deux débats. Il s'agit d'approfondir la délibération et l'argumentation. Comme le dit Joe Nye dans l'introduction de son livre *Nuclear Ethics* en 1986 : nous sommes tous, dans nos démocraties, des cibles, des victimes et des participants, comme citoyens, à la dissuasion ; il faut donc élaborer un « raisonnement moral », et non en rester à un « cri d'indignation morale ».

Ce débat a peu occupé les Français dans leur histoire nucléaire. Il est donc utile de fixer un cadre intellectuel à l'entreprise. Trois positions extrêmes ne seront pas examinées car elles empêcheraient de penser l'arme nucléaire dans sa spécificité. 1) Les rapports de puissance entre États sont par nature amoraux, et la moralité n'est pas une question pertinente du débat stratégique. 2) Puisque d'autres États envisagent l'emploi de l'arme nucléaire, nous avons le droit de les imiter, l'état du monde nous exonère de toute réflexion normative correspondant à la nature de nos sociétés démocratiques. 3) La guerre est immorale car elle consiste à donner la mort, ce qui équivaut au meurtre, et aucune morale de la violence, contradiction dans les termes, n'est concevable.

Le débat ici porte sur la moralité, l'amoralité ou l'immoralité de l'arme nucléaire et de ses doctrines. Certaines approches stratégiques sont incompatibles avec un tel débat et seront écartées : si la stratégie est une science apodictique, avec des conclusions certaines reposant sur une prédiction déterministe, le débat est clos ; si l'échec de la dissuasion est inévitable et certaine l'impossibilité de contrôler l'escalade, ou si au contraire la dissuasion empêche de façon absolue la guerre nucléaire, aucun débat moral n'est possible.

Un véritable croisement d'approches stratégiques, philosophiques et religieuses est nécessaire et aucun de ces trois champs ne peut épuiser à lui seul le débat : il est facile d'être abstrait et de déconnecter la morale de la stratégie, comme il peut être tentant de ne regarder que la réalité des rapports de force sans les confronter aux principes moraux de nos sociétés.

Histoire de la critique morale des armes nucléaires

Les frappes sur Hiroshima et Nagasaki font découvrir l'horreur d'une guerre nucléaire et les appels se multiplient pour mettre les armes sous un contrôle mondial ou les supprimer.

La première phase de la guerre froide, qui couvre les années 1950 et le début des années 1960, caractérisée par une course massive aux armes nucléaires et la multiplication des crises, est une époque de floraison des débats éthiques et religieux sur l'arme nucléaire, dans les pays occidentaux. Les Églises réfléchissent à ce problème d'une radicalité nouvelle. Les débats mettent en place nombre des questions encore d'actualité : les théories de la guerre juste, du double effet, s'appliquent-elles ou l'arme, dont l'emploi est pensé en termes de représailles massives, est-elle à ce point radicalement nouvelle qu'elle transforme la nature éthique de la guerre ?

Ce premier débat connaît quelques moments forts. Des mouvements pacifistes naissent en Allemagne et Karl Jaspers publie *La Bombe atomique et l'Avenir de l'homme* en 1958. Au Royaume-Uni, est créée la Campaign for Nuclear Disarmament et le débat est marqué par le poids intellectuel de Bertrand Russell. Le grand débat portait sur le ciblage de larges centres de population, alors au cœur de la dissuasion naissante.

Les Églises protestantes adoptent une attitude pacifiste radicale. L'Église catholique suit un chemin plus sinueux et tente de définir les conditions d'une acceptabilité morale transitoire de la dissuasion nucléaire. Quelques lignes de force traversent la guerre froide, pour être codifiées au concile Vatican II : la stratégie de dissuasion vise un équilibre et, dès lors qu'elle ne recherche qu'à détourner un adversaire de ses projets d'agression, elle est un mal temporairement acceptable.

Le deuxième temps du débat moral correspond à la remontée des tensions Est-Ouest à partir de la fin des années 1970. Il s'inscrit d'abord dans la crise des euromissiles. C'est l'époque des manifestations et des slogans *Better red than dead.* L'élargissement du mouvement pacifiste est profond et puissant. Les États-Unis cherchent à remplacer l'arme nucléaire par d'autres concepts ne reposant pas sur le risque de dévastation nucléaire : le discours de Ronald Reagan en 1983, exprimant sa volonté de dépasser la dissuasion grâce à la défense antimissiles, contient une forte critique morale de la dépendance aux armes nucléaires.

Ce deuxième mouvement prend dans certains pays un tour radical. La guerre nucléaire est décrite comme un mal ultime et absolu : l'arme nucléaire révèle la vraie nature de la guerre, c'est-à-dire un meurtre de masse. Dans l'Église catholique, Jean-Paul II reprend cependant la notion de mal transitoire, dans un message de juin 1982, et s'y transforme en moraliste et stratège : « Dans les conditions actuelles, une dissuasion basée sur l'équilibre, non certes comme une fin en soi, mais comme une étape sur la voie d'un désarmement progressif, peut encore être jugée comme moralement acceptable. »

Le troisième temps du débat moral se situe à partir du milieu des années 2000. Après la fin de la guerre froide, stratèges et philosophes perdent de vue l'intérêt de la dissuasion en l'absence de menaces totalitaires. Passent alors au premier rang des réflexions sur les menaces terroristes et le risque de convergence entre terrorisme et fait nucléaire.

Le mouvement Global Zero, lancé aux États-Unis en 2008 et officialisé dans le discours de Prague du président Obama (2009) exprimant sa « vision » d'un « monde libre d'armes nucléaires », puis dans le mouvement dit des « conséquences humanitaires », qui a abouti au Traité d'interdiction des armes nucléaires (2017), comporte une dimension morale essentielle.

Ces prises de position reposent sur un diagnostic historico-moral : ce qui était acceptable du bout des lèvres pendant la guerre froide ne l'est plus et, puisque la menace totalitaire n'existe plus, l'arme nucléaire n'a plus de justification. C'est l'application au domaine nucléaire du raisonnement moral du désarmement humanitaire : la morale supplante l'intérêt stratégique.

Deux autres arguments s'y ajoutent. Le premier repose sur une norme de justice et dénonce le caractère inégalitaire de la possession légale de l'arme nucléaire au titre du Traité de non-prolifération. Le second est relatif à la préservation des générations futures et recoupe les préoccupations environnementales au fondement du principe de précaution.

Dans ce survol historique rapide, la France est singulière. Le débat moral y est moins profond, moins prégnant. Il n'est pas absent, mais il ne prend pas politiquement. Le poids de la religion dans la définition morale des politiques publiques y est plus faible que chez nombre de nos partenaires. La dissuasion est pour la France consubstantielle de la souveraineté et de l'indépendance nationale, marqueurs de son identité depuis le traumatisme de juin 1940 et les crises de la fin de la IVe République (Suez, Indochine). La doctrine nucléaire française de dissuasion, ou d'empêchement de la guerre, pose comme principe absolu que la dissuasion fonctionne avec certitude et est garante de la stabilité, rendant donc le débat moral sans objet. En France, poser le débat moral, ce serait perdre foi dans la crédibilité de la dissuasion, et accepter son échec possible.

Pourquoi alors reposer aujourd'hui en France la question morale de la dissuasion ? Nous vivons d'abord la fin d'un cycle stratégique, ouvert il y a vingt-cinq ans en Europe, reposant sur la décroissance progressive, croyait-on, du fait nucléaire et des rapports de force dans le jeu international. Après la fin de la menace totalitaire, la dissuasion était vouée à perdre son sens. Nous redécouvrons depuis le milieu des années 2010 que les menaces de la force restent centrales et que d'autres acteurs étatiques conservent une logique agressive et nucléaire.

Au-delà, une question politique et morale plus profonde est reposée, qui a trait non à la stratégie nucléaire mais à l'organisation du monde. L'ère des totalitarismes n'est plus mais il est évident que l'ambition établie après 1945 d'un ordre mondial tendant vers le droit et le multilatéralisme, si imparfaite et parfois illusoire ait-elle été, est aujourd'hui contestée : autoritarismes, dérives illibérales, destruction des normes, affaiblissement du multilatéralisme, primauté de la force militaire, retour des risques de guerre majeure...

Deux tendances s'affrontent en Occident dans ce contexte : l'une, à dominante morale, a abouti au Traité d'interdiction des armes nucléaires, adopté en 2017, qui pose comme fin inconditionnelle la suppression de ces armes ; l'autre, qui se qualifie elle-même de réaliste, assume de façon décomplexée les responsabilités de la puissance. Mais sommes-nous condamnés à cette opposition stérile entre abolitionnisme inconditionnel ou cynisme militaire ?

Cette question est légitime et une démocratie européenne comme la France ne peut plus l'éviter. Pour esquisser des pistes de réponse, deux grandes voies sont ouvertes. La première, classique, a irrigué la totalité des réflexions morales sur la dissuasion depuis 1945 : comme il existe une physique des extrêmes associée au fonctionnement de l'arme, peut-on identifier une éthique de la guerre des extrêmes ? La seconde piste, très présente dans les premières années de l'ère nucléaire, vise un discours plus complexe et plus complet d'explication philosophique, en conjuguant l'enjeu moral propre à la dissuasion et les finalités historiques de notre action internationale.

Guerre juste et dissuasion nucléaire

La question revient à examiner les grands critères de la guerre juste, tels que définis depuis saint Augustin et saint Thomas d'Aquin, et à les appliquer à ces deux objets que sont l'arme et la dissuasion nucléaires : la rupture anthropologique que représente l'irruption de l'humanité dans l'âge nucléaire fait-elle voler en éclats l'éthique de la guerre ? Ou ne fait-elle que rendre plus apparents et aigus les innombrables paradoxes moraux de la guerre ?

Au cœur des théories de la guerre juste, figure la notion d'autorité légitime, seule à même de prendre la décision ultime d'engager la guerre, et donc de donner la mort. Mais quelle autorité serait-elle assez légitime pour déclencher le feu nucléaire ? Ou, plus exactement, comment définir la légitimité des décisions nucléaires dans une démocratie libérale ? Car il faut distinguer les différentes décisions qui interviennent dans la dissuasion nucléaire : lancement du programme et financement, définition de la doctrine, planification et ciblage. La décision d'emploi n'est que la résultante de toutes ces décisions préalables. Et pourtant, c'est souvent sur ce seul dernier élément, la décision d'emploi, que porte la réflexion : c'est la situation extrême dans cette éthique de l'extrême dont relève la dissuasion. La personnalisation de la stratégie de dissuasion et le fait que la théorie de la guerre juste réfère généralement l'autorité légitime à la figure individuelle du Prince ne doivent pas faire oublier que nos systèmes politiques rendraient impossible et sans objet la question de la légitimité de la décision d'emploi sans que les autres décisions n'aient été prises au préalable.

Ce qui amène à reprendre la question sous l'angle de la philosophie politique et de la définition du souverain. Car ce dont il est question dans la dissuasion nucléaire avant tout, c'est la préservation de la communauté politique, la survie de la nation et de la forme politique et juridique qu'elle s'est donnée, l'État. Comme le souligne Kant, toute atteinte à l'État est une atteinte à la forme politique que les peuples se donnent pour exercer leur liberté.

Dans nos démocraties contemporaines, la responsabilité de décider de la guerre est encadrée par un corpus de normes sécularisé qui définit les limites et les principes intangibles de ce droit de légitime défense : le droit international public, les principes fondamentaux des droits de l'homme. Dès lors, la tension inévitable entre la préservation de l'existence même de l'État et le respect de certains principes fondamentaux doit être arbitrée par une autorité dont la légitimité est susceptible de puiser à plusieurs sources : la loi elle-même, le charisme et la tradition, les procédures de délibération collective et la confiance dans les institutions qu'elles permettent.

Dans tous les cas, légitimité et publicité vont de pair : la décision et l'autorité qui la prend ne seront légitimes que si un espace public a pu être constitué, si un discours rationnel, clair et honnête justifie la politique suivie. C'est sans doute sous cet aspect que la tension est la plus vive dans le champ de la dissuasion, entre le besoin de concertation et de cohésion et celui du maintien du secret. Tout particulièrement pour ce qui relève de la définition des intérêts vitaux, dont l'ambiguïté et l'imprécision sont au cœur de la doctrine de dissuasion, et qui pourtant font partie du cœur de ce que devrait être la définition du corps politique par le souverain, donc par le peuple.

Dès lors, par l'élection du président de la République au suffrage universel direct, par la participation de ses représentants au vote de l'impôt et à la définition de la politique publique de défense, le peuple participe dans notre démocratie – parfois directement, le plus souvent indirectement – à légitimer cette politique exorbitante au regard du droit commun que représente la légitime défense assurée par la dissuasion nucléaire. L'arme nucléaire porte ainsi à son paroxysme des débats classiques sur le souverain et la guerre. Cette montée aux extrêmes tient à ce que la guerre nucléaire emporte la possibilité finale d'une non-existence, celle de l'État et de la nation elle-même. Mais fait-elle voler en éclats ce critère de la guerre juste ? Ce n'est pas certain. Encore faut-il vérifier que l'espace du débat public existe, que l'énoncé de la politique de dissuasion soit renouvelé publiquement et que le choix libre et rationnel de ceux qui accordent leur confiance à l'autorité responsable soit garanti.

Dans l'éthique de la guerre, l'autorité légitime, une fois définie, doit avoir une cause juste de faire la guerre et prendre cette décision avec une bonne intention. Cette intention droite, dit saint Augustin, est celle qui poursuit le bien, la paix et la justice. Elle ne saurait être une simple volonté de punition, de rétribution, de domination. Elle est volonté de faire le bien et d'éviter le mal, dit saint Thomas d'Aquin. Cette vision chrétienne de la morale fait de l'intention, du for intérieur, le paramètre essentiel.

La Cour internationale de justice s'est refusée dans son avis de 1996 à conclure à l'illégalité de principe des armes nucléaires. Elle avait en effet statué qu'elle « ne peut conclure de façon définitive que la menace ou l'emploi d'armes nucléaires serait licite ou illicite dans une circonstance extrême de légitime défense dans laquelle la survie même d'un État serait en cause ». Cet élément a été interprété par la France, ainsi que par les autres États dotés, comme confortant la licéité de sa doctrine de dissuasion, qui vise des circonstances extrêmes de légitime défense où la survie de la nation est en jeu.

Traduit en termes philosophiques, si la cause est juste – la protection de l'État contre une menace mettant en jeu sa survie même – et l'intention bonne – empêcher ou faire cesser une telle menace –, la dissuasion n'est pas illicite. Elle n'en pose pas moins des dilemmes moraux lourds. Dans les justes causes, il faut en effet distinguer plusieurs éléments.

La légitime défense proprement dite recouvre le droit à survivre comme entité politique étatique. Mais comment la définir effectivement ? Joe Nye indique que l'objectif de la menace ne saurait être limité à la seule survie de l'espèce ou des individus de la collectivité. Il faut l'élargir à la liberté « qui donne de la valeur à nos vies au-delà de la seule existence ». Mais pour autant, ajoute-t-il, pas de croisade pour promouvoir les valeurs démocratiques à l'abri de l'arme nucléaire, car il faut éviter l'*hubris*. Ce qui semble disqualifier les doctrines de sanctuarisation agressive, de chantage. Pour autant, cette conception soulève un problème évident d'interprétation des intentions d'un État : ce que nous estimons agressif et offensif peut être vu comme défensif par l'autre.

L'objectif de prévention de la guerre et de maintien de la paix recouvre, lui, une version plus générale et absolue de la dissuasion : elle n'agit pas pour protéger un État, une collectivité dont le Prince est responsable, mais l'humanité même d'une guerre totale entre puissances majeures. L'arme nucléaire devient alors une arme paradoxale d'interdiction de la guerre, y compris des guerres limitées et conventionnelles, par crainte de l'impossibilité de maîtriser l'escalade. Cette cause ne peut être que juste. Mais elle pose le problème de l'intention de la menace : si elle n'est pas un bluff pur, et elle ne peut pas l'être pour être crédible et efficace, alors l'intention de la menace est de répondre à une agression par une frappe de représailles qui soit disproportionnée pour l'adversaire au regard des bénéfices attendus de son agression initiale.

C'est là qu'intervient dans le raisonnement la théorie du double effet. L'ancien officiel britannique Michael Quinlan a consacré beaucoup d'efforts à justifier sur des bases éthiques la dissuasion nucléaire : non pas des armes nucléaires en elles-mêmes, mais de la politique de dissuasion. La doctrine du double effet est une thèse de philosophie morale qui vise à expliquer dans quelles circonstances il est permis de commettre une action ayant à la fois de bonnes et de mauvaises conséquences. Elle soutient qu'il est parfois justifié de produire une conséquence mauvaise si elle est un effet secondaire de l'action, et non pas intentionnellement recherchée. Ainsi, l'action de se défendre peut entraîner un double effet : l'un est la conservation de sa propre vie, l'autre la mort de l'agresseur. Une telle action sera licite si l'on ne vise qu'à protéger sa vie, puisqu'il est naturel à un être de se maintenir dans l'existence autant qu'il le peut. Cependant un acte accompli dans une bonne intention peut devenir mauvais quand il n'est pas proportionné à sa fin. Si donc, pour se défendre, on exerce une violence plus grande qu'il ne faut, l'action sera illicite. Cette thèse est au fondement des principes juridiques du droit de la guerre développés depuis la Seconde Guerre mondiale dans les Conventions de Genève.

Michael Quinlan a cherché à l'appliquer à la dissuasion nucléaire. Sa faiblesse, qui lui est souvent opposée, tient à l'absence même de sens commun dans la proportion qu'il faudrait dès lors établir entre la menace d'emploi d'une arme nucléaire et ses effets incidents. Cette pensée, profondément marquée par l'époque de la guerre froide, représente un effort philosophique original, mais contesté, pour justifier moralement la dissuasion nucléaire.

On parle souvent dans la littérature du paradoxe de l'intention dissuasive, qui a pour objectif de ne pas réaliser ce qu'elle a l'intention de faire. Est-il moralement acceptable d'avoir l'intention d'agir lorsque son action viserait la mort de milliers d'innocents ? Est-il moral d'avoir l'intention de faire quelque chose d'immoral ? Cette question, qui cherche à différencier la menace (l'intention) et l'emploi (le passage à l'acte), est au cœur d'une grande partie des études américaines des années 1980 sur l'éthique nucléaire. Les travaux de Grégory Kavka, par exemple, cherchent à atténuer ce paradoxe : en dissuasion, il pourrait être bon d'avoir l'intention d'une action, même si cette action est mauvaise, si elle permet d'éviter la réalisation d'un mal. Si la juste cause est la légitime défense ou l'interdiction de la guerre, l'intention dissuasive peut alors avoir trois objectifs.

Faut-il considérer que seul le bluff serait susceptible de remplir le critère de l'intention droite ? Autrement dit, faudrait-il que l'intention intime du président soit de ne jamais ordonner de représailles nucléaires ? L'ambiguïté, l'incertitude joueraient chez l'adversaire leur fonction dissuasive, l'intention serait par essence morale.

Faut-il considérer plutôt que la valeur dissuasive de la menace provient nécessairement des dégâts et dommages faits aux civils, même s'ils ne constituent pas la cible directe des représailles ? Auquel cas il devient plus difficile d'appliquer la théorie du double effet car l'effet dissuasif provient des dégâts collatéraux.

L'intention dissuasive peut enfin consister non dans le châtiment, selon une logique rétributive, mais dans le rétablissement de la dissuasion en visant les forces adverses ou les éléments ayant le plus de valeur aux yeux du décideur de l'agression pour lui faire stopper son agression. Le double effet peut alors fonctionner.

Dans un tel débat sur l'intention de la frappe nucléaire, et non seulement de la menace, on pousse cependant toute la stratégie nucléaire vers l'emploi : la tension entre stratégie et morale, enfermée dans les catégories et critères de la guerre juste, atteint ici son apogée. Le critère de la bonne intention ne fait pas voler en éclats l'application à la dissuasion des théories de la guerre juste, mais il tend les dilemmes et les paradoxes préexistants à leur extrême.

Le principe de proportionnalité veut que les représailles militaires dans un conflit ne provoquent pas des dommages parmi les civils qui soient excessifs par rapport à l'avantage militaire attendu. La dissuasion nucléaire postule de façon classique que la menace de représailles de l'État agressé serait disproportionnée pour l'agresseur au regard du bénéfice que ce dernier attend de son action initiale : cette disproportion le dissuade d'agir. Il ne s'agit donc pas des mêmes concepts de proportionnalité, ni des mêmes termes de comparaison.

Si des armes nucléaires aux usages plus discriminés, plus proportionnés donc à l'avantage militaire attendu devaient être privilégiées pour des raisons morales, comment dès lors résoudre ce dilemme qu'elles deviendraient plus propres à l'emploi ? Quel jugement moral porter sur ces évolutions qui aboutiraient à banaliser et abaisser le seuil de leur emploi ? C'est pourquoi ces principes de limitation de la guerre nucléaire ont été peu étudiés en France, peu encline à envisager l'échec de sa politique de dissuasion. Pourtant, ces principes pèsent, ou devraient peser, sur la définition des politiques de ciblage et de planification, ainsi que sur la définition des spécifications techniques des armes nucléaires elles-mêmes.

Peut-on identifier dès lors des doctrines nucléaires plus acceptables au regard des critères de la guerre juste et quelles seraient les maximes tirées de l'éthique de la guerre ?

L'arme nucléaire ne vaut d'abord que dans un contexte strict de légitime défense. Le monde est fondé sur la souveraineté des États, qui garantissent le libre exercice de la volonté des peuples et peuvent prendre les mesures nécessaires pour assurer leur survie. Cette légitime défense doit être à la fois une cause juste – elle doit suivre effectivement une attaque initiale, et relever d'une bonne intention –, elle doit poursuivre de bonne foi et sans duplicité l'objectif de faire cesser l'agression et non cacher d'autres motivations.

Cette juste cause de la légitime défense doit avoir une relation particulière avec des objectifs plus généraux de politique étrangère, ce que Joe Nye appelle « une cause juste mais limitée ». Elle ne peut pas être la couverture d'une volonté agressive de transformation de l'ordre mondial. C'est là une façon de condamner certaines doctrines, où l'intention de la menace n'est pas la préservation de la survie de l'État mais la promotion de ses intérêts et la remise en cause du *statu quo*.

Mais ce droit à la légitime défense, si juste soit la cause et droite l'intention, n'autorise pas tout et doit prendre en compte les droits de l'individu, principe normatif fondamental dans nos démocraties. Le premier principe relève d'un refus du ciblage antidémographique : l'efficacité dissuasive ne peut pas, si l'on veut rendre la dissuasion acceptable moralement dans le cadre fixé par la guerre juste, reposer sur la menace directe de mort d'une partie de la population civile d'un État agresseur. Il ne saurait s'agir ici d'une seule dimension de vengeance ou de châtiment, surtout si la punition devait être collective. La menace de représailles nucléaires doit donc viser l'avenir, le rétablissement de la dissuasion et l'arrêt de l'agression. L'emploi effectif de l'arme nucléaire devrait être proportionné à ce seul objectif.

La nature radicale des décisions à prendre dans le domaine nucléaire militaire nécessite enfin de fonder avec soin la légitimité de l'autorité décisionnaire. Un objectif se fait jour, favoriser au maximum la délibération collective et rationnelle : avec le Parlement, au sein même d'une administration, entre plusieurs ministères, plusieurs corps constitués, entre tous les citoyens. Il devient alors nécessaire de favoriser la publicité des décisions et de la délibération lorsque c'est possible, faciliter la constitution d'un espace public de la dissuasion nucléaire, et assumer un réel devoir d'explication honnête et régulière.

Pour une théorie morale de la dissuasion nucléaire

Le débat moral relatif aux armes nucléaires trouve l'essentiel de ses concepts dans les théories de la guerre juste. Or cette approche est loin de recouvrir la totalité des problèmes moraux que posent les armes nucléaires, car sa démarche vise à caractériser ce que seraient les effets d'un affrontement nucléaire.

Ce caractère analytique est en réalité la signature d'une contradiction : en voulant appliquer à une arme de dissuasion les concepts d'une éthique de la guerre, le risque est grand de manquer son objet. Ils ne sont en effet pas pleinement pertinents pour qui veut distinguer sur le plan moral la menace et l'emploi. Les partisans de la dissuasion, en recherchant une acceptabilité morale des armes nucléaires selon les critères de la guerre juste, courent le risque de participer à un abaissement du seuil. De façon symétrique, en se focalisant sur l'image apocalyptique d'un conflit nucléaire, les partisans de l'abolition s'interdisent de saisir la dissuasion dans la totalité de ses aspects qui suppose de penser la morale dans sa relation à la politique et à l'histoire. La difficulté tient à ce que la dissuasion est prise dans une double antinomie morale.

En elle-même, sa rationalité tient au fait qu'elle contient la violence, aux deux sens du terme, c'est-à-dire qu'elle est cette stratégie (raison, langage et force à la fois) qui intériorise une violence sans comparaison possible pour la limiter, c'est-à-dire pour en interdire l'emploi. Les armes nucléaires sont depuis 1945 l'incarnation de la démesure. La dissuasion est une stratégie de limitation de cette démesure. La dissuasion nucléaire intériorise la violence pour travailler à sa négation.

Ce constat ouvre sur une seconde antinomie en rapportant la dissuasion au bien politique suprême que représente la paix. C'est sans doute la tension fondamentale qui oppose partisans de l'abolition et partisans de la dissuasion. La paix peut s'entendre de deux manières : de façon négative, c'est l'absence de conflit ; au sens plein, c'est une coopération réelle, qui est une idée régulatrice ou une idée de la raison, au sens kantien. Le désarmement complet et un monde libéré des armes nucléaires relèvent d'une telle notion. Il ne s'agit pas d'une utopie mais du principe normatif à partir duquel ordonner nos actions dans l'Histoire. Elle ne démontre pas la nécessité inéluctable d'un progrès historique, elle oblige à agir pour le faire advenir.

Mais, puisque la dissuasion implique une relation d'hostilité minimale, elle limite les aspects coopératifs de la paix et rend le processus de désarmement incertain. C'est ce sur quoi insistent les partisans du désarmement immédiat en pointant une contradiction normative entre les garanties qu'apporte la dissuasion et la perspective historique du désarmement. La rationalité dissuasive ne suffit pas à la paix au sens plein du terme. La rationalité dissuasive fonde un ordre politique où l'accord des parties ne repose pas sur une convergence morale, sur l'identification commune d'un bien mais sur la menace réciproque de la violence qui conduit à sa suspension.

C'est ce qui fait l'instabilité de cette relation parce qu'elle ne dépasse pas le rapport de force, elle s'y installe et fait émerger en son sein une régulation de la violence qui suppose son maintien, à l'état de possible. C'est le caractère biface de la dissuasion : à la fois rapport de force, course aux armements et à la mort, d'une part, et neutralisation réciproque de l'autre, contrôle, accords, d'autre part. On ne sort pas de l'ordre de la force pour entrer dans un ordre moral. C'est de l'intérieur même du rapport de force qu'une relation nouvelle émerge, celle d'une dissuasion réciproque. Peut-on alors reconstruire une théorie morale de la dissuasion sur d'autres bases ?

L'entrée dans l'âge atomique est un événement ontologique où l'humanité se révèle à elle-même comme liberté. Cette prise de conscience d'une responsabilité absolue de l'Homme sur son destin est précoce, dès Hiroshima. Sartre écrit dans le premier numéro des *Temps modernes* : « Il fallait bien qu'un jour l'humanité fût mise en possession de sa mort. [...] Chaque matin, nous serons à la veille de la fin des temps. [...] L'humanité tout entière, si elle continue de vivre, ce ne sera pas simplement parce qu'elle est née mais parce qu'elle aura décidé de prolonger sa vie. » L'arme nucléaire est un opérateur d'universalisation : le monde et l'humanité sont doués d'une consistance propre, parce que, par l'intermédiaire de la bombe atomique, ils peuvent se rapporter à leur disparition. L'arme nucléaire réalise l'homme, elle opère une transformation métaphysique de l'homme qui dispose désormais des moyens de sa fin, de la liberté absolue de sa vie et de sa mort. Désormais l'humanité fait l'expérience de sa finitude. C'est la dernière blessure narcissique dans l'histoire de notre modernité.

André Glucksmann, en 1983, dans *La Force du vertige,* va plus loin encore et écrit en parlant à la place d'une fusée : « Une fusée est une arme de vérité. [...] La dissuasion n'invente pas l'inhumanité, elle la manifeste en la sommant d'exister manifestement. [...] Je ne suis ni bonne ni mauvaise, on peut mésuser de moi, je suis vraie. C'est une qualité rare. » L'arme nucléaire révèle la face cachée de la guerre entre les hommes, sa vraie dimension, elle dévoile en montrant de quelles extrémités d'inhumanité sont capables les hommes livrés à leurs passions.

L'arme nucléaire est ensuite conscience de l'unité de l'humanité face à la menace. À cette prise de conscience de la nature de la guerre et de l'homme, s'ajoute très vite le sentiment que les enjeux ne concernent plus l'individu ou même une communauté politique constituée, mais l'humanité, qui fait là l'expérience de son unité. Russell et Einstein écrivent dans un manifeste qui porte leur nom en juillet 1955 qu'il faut désormais se « considérer exclusivement comme les membres d'une espèce biologique qui a derrière elle une histoire exceptionnelle et dont aucun d'entre nous ne peut souhaiter la disparition. [...] Tous les hommes sont également en danger ». Karl Jaspers radicalise cette analyse en 1958 dans *La Bombe atomique et l'Avenir de l'homme* : « Ou bien l'humanité disparaîtra corps et biens, ou l'homme se transformera dans sa condition politique et morale. » Si paradoxal que cela puisse paraître, peut-être l'entrée dans l'âge atomique marque-t-elle l'entrée de l'homme, par la face négative, dans une histoire universelle, c'est-à-dire une histoire où l'humanité peut et doit se poser comme un sujet responsable de son avenir.

Peut-on désinventer l'arme nucléaire ? Cette question hante les premiers penseurs de l'après-1945. Le troisième temps du raisonnement consiste à se demander si l'homme peut revenir en arrière dans son histoire, défaire cette rupture anthropologique. Il faut ici revenir aux premiers critiques de l'arme, largement oubliés. Russell et Einstein écrivent à propos du désarmement nucléaire : « C'est là un espoir illusoire. Quels que soient les accords sur la non-utilisation de la bombe H qui auraient été conclus en temps de paix, ils ne seraient plus considérés comme contraignants en temps de guerre, et les deux protagonistes s'empresseraient de fabriquer des bombes H dès le début des hostilités ; en effet, si l'un d'eux était seul à fabriquer des bombes et que l'autre s'en abstenait, la victoire irait nécessairement au premier. » Karl Jaspers ira plus loin en soulignant que « mettre en vigueur sans plus attendre les principes de l'état de paix juridique sans restriction serait pour celui qui le ferait de façon unilatérale commettre un acte de suicide ». Et, pour revenir aux fondamentaux de la philosophie politique, Hobbes dans le *Léviathan* : « Mais, si les autres hommes ne veulent pas se dessaisir de leur droit aussi bien que lui-même, nul homme n'a de raison de se dépouiller du sien, car ce serait là s'exposer à la violence (ce à quoi nul n'est tenu) plutôt que disposer de la paix. » Le désarmement unilatéral devient alors équivalent au risque, pour une communauté politique, de s'exposer nue à la violence des autres, plutôt que d'être en chemin vers la paix. Dans la guerre totale, toute convention préalable saute, le premier à construire l'arme absolue gagne, et le risque est grand dans cette approche que seuls les dictateurs aient l'arme. Raymond Aron appelait au cœur de la guerre froide à regarder les conséquences de l'adoption d'un pacifisme radical à l'ère nucléaire.

Mais faut-il renoncer à toute finalité morale de l'action des hommes ? Constater que, à l'âge nucléaire, cette humanité qui a désormais les moyens de sa destruction ne saura pas trouver les chemins d'un dépassement de cette fausse paix, qui n'est qu'une imperfection morale ? Les premiers philosophes de la nouvelle ère nucléaire posent une exigence bien plus ambitieuse que les critiques contemporains de la dissuasion : ils en appellent à une véritable transformation de l'homme et de l'organisation politique de l'humanité.

Albert Camus souligne dans *Combat* en août 1945 que désormais « il va falloir choisir [...] entre le suicide collectif ou l'utilisation intelligente des conquêtes scientifiques. [...] Plaider plus énergétiquement encore en faveur d'une véritable société internationale ». Russell et Einstein, encore eux, lancent cet appel pressant : « L'abolition de la guerre exigera des limitations déplaisantes de la souveraineté nationale. [...] Nous invitons instamment les gouvernements du monde à comprendre et à admettre publiquement qu'ils ne sauraient atteindre leurs objectifs par une guerre mondiale et nous leur demandons instamment, en conséquence, de s'employer à régler par des moyens pacifiques tous leurs différends. » Karl Jaspers transforme cet appel en une exigence philosophique de conversion : « Il faut que la raison pénètre parmi les peuples, pour qu'elle devienne efficace et durable. On ne peut par conséquent éluder la "démocratie". [...] Si la raison doit parvenir par la paix mondiale à éliminer les bombes atomiques, ce ne sera que par la démocratie en tant que forme de vie politique. » Nous ne sommes plus si loin d'un retour aux conditions posées par Kant pour l'établissement d'une paix perpétuelle dans son premier article définitif : « La constitution civile de chaque État doit être républicaine. »

Dès les premiers temps de l'arme nucléaire, celle-ci est perçue comme impliquant deux exigences : une réforme morale de l'humanité, une transformation de l'organisation des relations internationales, seule à même de canaliser cette invention. L'arme devient un appel pressant, par ce qu'elle dévoile de nos capacités de destruction, à réaliser notre condition d'être de raison, libre et moral. Cette transformation morale de l'homme est un préalable au désarmement universel : l'arme nucléaire, celle qui de façon ultime le dévoile comme être raisonnable et moral, le force à ce choix radical, entre l'anéantissement et la création d'une société internationale.

Établir donc la paix mondiale par le droit et non par la terreur, passer de la coexistence armée à la coopération et à la communauté. Tel est l'appel adressé à l'homme depuis son entrée dans l'âge nucléaire. Cette exigence est celle posée par l'Église catholique. Idéal régulateur, il a pourtant été réalisé à échelle réduite en Europe : celle-ci a, pour ses membres, non pas supprimé les différends, mais canalisé la violence dans des procédures et des interdépendances consenties, transformé les affrontements militaires en mécanismes de délibération collective fondée sur la forme républicaine de nos constitutions, au sens kantien du terme. Et c'est là probablement le point le plus difficile de ce raisonnement philosophique : il postule l'impératif de la forme républicaine des gouvernements, d'une démocratie généralisée. Il implique qu'une vie internationale accomplie ne suppose pas seulement une approche formaliste en termes de procédure de délibération collective, de vote et de décision mais aussi une dimension substantielle, impliquant des principes et des finalités historiques partagées.

Cette approche insère l'arme nucléaire dans une vision morale de l'homme, de sa finalité historique et des relations internationales. Revenons là à la philosophie et à la définition ontologique du bien et du mal. On peut dire en effet, avec les critiques radicaux de l'arme nucléaire, que celle-ci doit être perçue comme une imperfection, un défaut par rapport à ce qui devrait être, selon la formule de saint Thomas d'Aquin : le mal est une privation, une chose privée d'un bien, une imperfection, une déficience ontologique. La morale ne saurait s'abstraire des circonstances historiques : en situation d'existence de l'arme nucléaire, la dissuasion est un moindre mal par rapport à une doctrine d'emploi. La négativité propre des armes nucléaires encadrées par des stratégies de dissuasion est même productrice d'un certain bien, la limitation historique de la violence.

Ne peut-on dès lors aller jusqu'à dire que la dissuasion peut être à la fois un bien politique, puisqu'elle vise pour une communauté politique à la conservation de son Être ; un bien stratégique, puisqu'elle instaure un équilibre précaire et instable de sécurité, en tension avec le Bien absolu que serait la coopération, mais qu'elle est une meilleure stratégie dans un monde nucléarisé que toute autre ; et surtout un bien historique, puisque la dissuasion concourt à la diminution historique de la violence militaire, même de façon paradoxale ? La paix nucléaire est une paix armée car elle se caractérise par une situation privée d'un mal : c'est le paradoxe souligné par Aron, la possibilité d'une menace illimitée restreint la menace effective de destruction.

Mais le mal ne fait pas sens seul, il est pris dans un couple dialectique avec un bien, de telle sorte que la situation privative propre à notre monde nucléaire est celle d'une époque de l'histoire humaine qui aspire à la recherche d'un véritable bien historique, qui pose l'exigence de la paix non comme une simple inhibition de la violence mais comme un état de concorde entre les États, c'est-à-dire l'horizon cosmopolitique que nous ont légué les Lumières. Cette conception suppose une forme de finalité du devenir historique, qui requiert une action volontaire, un effort, celui de la liberté humaine. Quelle conséquence faut-il en tirer sur la conduite des hommes dans cette phase transitoire de leur devenir historique ?

Première exigence : la dissuasion comme outil de limitation de la violence historique. Hegel a posé quelques principes qui peuvent ici nous guider : impératif de conversion de la violence en langage, création d'une situation instable et précaire de spiritualisation de la violence, exigence de retenue des volontés… Raymond Aron dans sa préface au livre du général Gallois *Stratégie de l'âge nucléaire,* en 1960, le traduisait en termes plus stratégiques : « Le jour où se serait établie une sorte d'égalité en fait d'armes de destruction massive, la crainte de représailles pourrait inciter les combattants à la modération. […] La paix naissant de la peur ? Ce ne serait pas la première ni la pire des ruses de la Raison. »

Des termes proches de ce qu'écrivait Karl Jaspers : « Car, comme dans une guerre mondiale à la vie à la mort, la bombe atomique menace à un moment quelconque d'entrer en jeu, aucune grande puissance n'osera plus commencer la guerre […]. La menace totale engendre le salut total […]. Il n'est jamais de paix dans la coexistence, mais seulement dans la coopération.

« Mais, pour souffler un instant, on se résigne à la coexistence afin de repousser du moins l'échéance de la guerre. »

Deuxième exigence : un objectif limité fixé à la dissuasion. Pour que cet objectif transitoire de limitation paradoxale de la violence soit réalisé sans mettre en péril l'idéal qui doit *in fine* le dépasser, il devient indispensable de circonscrire son rôle aux circonstances les plus extrêmes. Karl Jaspers encore posait une exigence très élevée : « En face de la bombe atomique, considérée tout simplement comme le problème de l'existence de l'humanité, il n'y a qu'un seul autre problème qui ait la même valeur : le danger de la domination totalitaire, […] avec sa structure terroriste qui abolit toute liberté et toute dignité humaine. Là on perd l'existence, ici on perd l'existence digne d'être vécue. » La menace totalitaire, au sens du nazisme ou du communisme soviétique, n'est plus mais cette exigence invite à limiter le rôle de la dissuasion à la préservation par une communauté politique constituée, dirait Kant, d'hommes, de citoyens et de sujets de son existence digne d'être vécue, et donc libre. Cela réduit singulièrement la nature des menaces auxquelles s'adresse la dissuasion.

Troisième exigence : une conscience permanente du caractère transitoire de cet état historique. André Glucksmann rappelait le caractère profondément transitoire et imparfait de la dissuasion à l'âge nucléaire : « La dissuasion est l'entente de ceux qui ne s'entendent pas. [...] Si chacun était philosophe, la seconde justice gouvernerait sans partage : "Nous ne nous observerions pas les uns les autres pour empêcher l'injustice, mais chacun s'observerait soi-même dans la crainte qu'admettant l'injustice en son âme, il ne cohabitât avec le plus grand des maux." Néanmoins, l'hypothèse que tous sont philosophes est la moins philosophique qui soit. » Ce qui nous renvoie à la définition de la justice par Glaucon dans *La République* de Platon : « Telles seraient tout à la fois la genèse et l'essence de la justice, qui est à mi-chemin entre ce qui est le mieux – commettre l'injustice sans être châtié – et le pire – subir l'injustice sans être capable de s'en venger. » La dissuasion est donc bien cette définition « à mi-chemin » de la justice, dans l'attente d'une unification du monde sous un même système de normes morales.

Quatrième exigence : l'autorité légitime, la démocratie et la délibération. Sartre, dans une vision très marxiste de l'histoire humaine faite par les peuples contre les gouvernements, a posé l'une des critiques les plus radicales de l'effet produit par les armes nucléaires sur l'organisation des États et donc sur leur devenir historique : « La guerre décolle de l'humanité, elle n'est plus freinée par les masses qui en souffraient [...]. Puisqu'elle peut être lancée sans le contrôle du peuple, elle représente entre les mains de quelques hommes un pouvoir arbitraire [...]. La bombe atomique est une arme contre l'Histoire. » C'est là une version absolue de la critique du critère d'autorité légitime, combinée à une certaine philosophie de l'histoire.

Il n'est point besoin de la partager pour souligner le soin qui doit être apporté, dans cet état transitoire, à la tension entre délibération collective et décision individuelle, entre débat public et préservation du secret. Cette exigence est d'autant plus importante que parmi les conditions de réalisation de la concorde et de la paix perpétuelle figure la forme républicaine des États. Il ne faudrait pas que la dissuasion empêche cette ambition historique[2].

Traduisons cette série d'exigences philosophiques en principes de stratégie nucléaire. Raymond Aron soulignait, toujours dans *Penser la guerre, Clausewitz*, que « la raison des stratèges nucléaires est, par essence, immorale puisqu'elle accepte ou décide conditionnellement un acte pervers, l'extermination de milliers d'êtres humains [...] ; les théologiens n'ont pas réussi à surmonter l'antinomie. [...] Toutes les subtilités de la stratégie nucléaire ne résolvent pas le paradoxe, elles l'atténuent ». Notre situation nucléaire est donc aporétique : on peut contenir l'immoralité, l'atténuer, mais pas résoudre complètement ce paradoxe sur lequel repose la dissuasion. On pourrait dès lors fonder une théorie morale de la dissuasion nucléaire sur quelques principes.

L'arme nucléaire ne saurait être qu'une arme d'empêchement de la guerre majeure entre grandes puissances. Elle doit être limitée dans sa diffusion et dans sa finalité stratégique. Si arme nucléaire il doit y avoir, elle ne peut être que de dissuasion. La menace d'emploi de l'arme ne saurait être acceptée que dans des circonstances extrêmes de légitime défense, face à une menace extrême : il s'agit de préserver ce bien essentiel à la condition humaine qu'est la possibilité pour une communauté politique de vivre une vie libre et digne. La dissuasion doit donc être liée à la survie de la communauté politique, dans son existence physique ou dans son refus de l'asservissement qui serait la fin de son existence morale et républicaine. La dissuasion doit s'inscrire dans un effort nécessaire et impératif de limitation de la course aux armements, c'est-à-dire dans un refus de la dérive vers l'hégémonie, la victoire. Il s'agit ici, pour être conforme à l'idée régulatrice qui guide tout notre projet historique et politique, de poursuivre la domestication de la violence par le droit. Traduit en termes stratégiques, cela suppose de toujours chercher à conclure des accords juridiquement contraignants de maîtrise des armements et de désarmement progressif, multilatéral et négocié. Enfin, cette acceptation conditionnelle et transitoire de la dissuasion doit faire l'objet d'un encadrement par les principes de la guerre juste : l'autorité légitime, la proportionnalité, la distinction, l'intention droite et la juste cause. Cet encadrement répond à ce que l'on pourrait appeler un impératif catégorique nucléaire : ne fais rien aujourd'hui en matière d'arme nucléaire qui éloignerait la réalisation de la paix entre les nations, la transformation de l'homme comme être libre et moral et la possibilité pour une communauté politique de participer à cet avenir.

C'est donc bien là un idéal régulateur : le principe à partir duquel un État doit régler ses actions pour faire advenir un certain état du monde conforme à la raison. Dans l'ordre historique, la paix perpétuelle a cette fonction. Elle ne se décrète pas, elle ne se déclame pas. Elle est le principe à partir duquel les multiples progrès du droit prennent le sens d'un progrès historique. Elle ne signifie pas un passage immédiat de la conflictualité historique, rendue extrême à l'âge nucléaire, au règne de la morale, mais un lent travail historique opéré par la médiation du droit.

« Une propension remarquable et regrettable » Benjamin Constant

« On a en général parmi nous une propension remarquable à jeter loin de soi tout ce qui entraîne le plus petit inconvénient, sans examiner si cette renonciation précipitée n'entraîne pas un inconvénient durable. Un jugement qui paraît défectueux est-il prononcé par des jurés ? On demande la suppression des jurés. Un libelle circule-t-il ? On demande la suppression de la liberté de la presse. Une proposition hasardée est-elle émise à la tribune ? On demande la suppression de toute discussion ou proposition publique. Il est certain que ce système, bien exécuté, atteindrait son but. S'il n'y avait pas de jurés, les jurés ne se tromperaient pas. S'il n'y avait pas de livres, il n'y aurait pas de libelles. S'il n'y avait pas de tribune, on ne serait pas exposé à s'égarer à la tribune. Mais on pourrait perfectionner encore cette théorie. Les tribunaux, quelle que fût leur forme, ont parfois condamné des innocents, on pourrait supprimer les tribunaux. Les armées ont souvent commis de très grands désordres, on pourrait supprimer les armées. La religion a causé la Saint-Barthélemy, on pourrait supprimer la religion. Chacune de ces suppressions nous délivrerait des inconvénients que la chose entraîne ; il n'y a que deux difficultés : c'est que dans plusieurs cas la suppression est impossible, et que, dans ceux où elle est possible, la privation qui en résulte est un mal qui l'emporte sur le bien. On peut supprimer les jurés ; mais on renonce à la sauvegarde la plus assurée de l'innocence. On peut supprimer les discussions publiques ; mais on ôte aux nations leurs organes [...]. Il faut prendre garde de se faire illusion sur l'effet des lois. En les proposant, on suppose qu'elles seront obéies, et l'on appelle factieux ceux qui ont le malheur de prévoir la désobéissance. On les accuse d'une intention : ils ne disent qu'un fait, et on est tout surpris quand le fait se réalise[3]. »

Dilemmes du désarmement nucléaire du point de vue de l'éthique de responsabilité*

Mélanie Rosselet

Introduction

Le développement de l'arme nucléaire a provoqué dès l'origine un mouvement moral et philosophique réclamant sa « désinvention » ou son élimination. En France, Frédéric Joliot-Curie a ainsi été l'initiateur, en 1950, de l'appel de Stockholm, par lequel les signataires « exigeaient l'interdiction absolue de l'arme atomique, arme d'épouvante et d'extermination massive des populations » et « l'établissement d'un contrôle international rigoureux pour [en] assurer l'application ». Frédéric Joliot, prix Nobel de physique pour ses découvertes sur la radioactivité artificielle, a été l'un des pionniers des applications

* Traduction de l'article publié dans Brad Roberts (dir.), *Morality and Nuclear Weapons : Practitioner Perspectives*, Center for Global Security Research and CEA, Occasional Paper, juillet 2023.

militaires du nucléaire[4]. Après la Seconde Guerre mondiale, il fut aussi haut commissaire du Commissariat à l'énergie atomique, avant que ses convictions communistes et pacifistes ne rendent la poursuite de son mandat insoutenable.

Pour autant, l'aspiration à un monde sans armes nucléaires s'est immédiatement heurtée à des obstacles insurmontables. Les vifs débats actuels au sujet de la mise en œuvre de l'article VI du TNP et sur la pertinence de l'approche promue par le Traité d'interdiction des armes nucléaires (TIAN) en sont encore l'illustration. Si l'arme nucléaire ne fait pas consensus, le désarmement nucléaire et ses modalités non plus.

Des considérations morales sont au cœur de ce débat. Toutes les formes et processus de désarmement nucléaire sont-ils éthiquement et moralement équivalents ? Peut-on ériger le désarmement nucléaire en un impératif politique immédiat et inconditionnel, sans prendre en considération le contexte stratégique et les modalités de sa mise en œuvre ? Est-il juste et efficace de concentrer l'action politique sur l'objectif de désarmement sans en déterminer les moyens, ou sans autre considération pour les dilemmes éthiques et stratégiques qui se posent à un État qui souhaite aujourd'hui progresser de bonne foi vers le désarmement nucléaire ?

Pour explorer ces questions, ce chapitre examinera la perspective morale des défenseurs d'un désarmement inconditionnel, puis le cadre éthique et moral dans lequel agissent les praticiens confrontés au problème du désarmement nucléaire. Enfin, il esquissera quelques pistes visant à créer ou préserver un espace de dialogue et de rencontre entre des approches de plus en plus polarisées sur le désarmement nucléaire.

Contexte éthique

Toute réflexion sur l'éthique nécessite un retour aux fondamentaux. En se fondant sur des travaux passés[5], il semble utile de mobiliser l'approche de Max Weber. Dans *Politik als Beruf* ([*Le Savant et le Politique*] 1919), il distinguait deux maximes d'éthique « totalement différentes et irréductiblement opposées » : l'éthique de responsabilité et l'éthique de conviction. L'éthique de responsabilité relève de la téléologie. Elle se caractérise par son attention aux moyens et à leur efficacité dans l'atteinte du but et à leurs conséquences. Éclairée par Raymond Aron, « l'éthique de la responsabilité se définit non par l'indifférence aux valeurs morales mais par l'acceptation de la réalité, par la soumission aux exigences de l'action et, dans les cas extrêmes, par la subordination du salut de son âme au salut de la cité[6] ». L'éthique de conviction, elle, relève de l'axiologie. Elle se soucie de ne pas trahir une valeur ou de ne pas transgresser une norme. L'acteur agissant selon l'éthique de conviction n'a pas à se soucier des conséquences, dès lors que son intention est pure, et qu'il agit selon ses valeurs. Max Weber précise que « cela ne veut pas dire que l'éthique de conviction est identique à l'absence de responsabilité et l'éthique de responsabilité à l'absence de conviction. Il n'en est évidemment pas question [...]. L'éthique de la conviction et l'éthique de la responsabilité ne sont pas contradictoires mais elles se complètent l'une l'autre et constituent un homme qui peut prétendre à la "vocation politique"[7] ».

Perspective morale des défenseurs d'un désarmement inconditionnel

Sur le plan normatif, la matière du désarmement nucléaire est aujourd'hui régie par l'article VI du Traité de non-prolifération de 1968, quasi universel avec ses 191 États parties. Ce traité, fondé sur trois piliers (non-prolifération, désarmement, usages pacifiques de l'énergie atomique) est considéré comme la pierre angulaire de la sécurité collective. L'article VI, relatif au désarmement, dispose que « chacune des parties au traité s'engage à poursuivre de bonne foi des négociations sur des mesures efficaces relatives à la cessation de la course aux armements nucléaires à une date rapprochée et au désarmement nucléaire, et sur un traité de désarmement général et complet sous un contrôle international strict et efficace ».

La rédaction complexe de cet article montre qu'il est le résultat de compromis trouvés entre les différentes parties pour aborder les dilemmes soulevés par la question du désarmement. On relèvera notamment la nécessité de prévoir un processus global de négociation auquel participent tous les États parties – c'est-à-dire les cinq États dotés de l'arme nucléaire et tous les autres, non dotés de l'arme nucléaire – l'importance de la question de la vérification et du contrôle internationaux, le lien avec le désarmement général et complet, l'obligation de moyens (« poursuivre *de bonne foi* des négociations »). De nombreux progrès ont été réalisés en matière de désarmement nucléaire dans la période post-guerre froide, avec, pour ce qui concerne la France, un bilan sans équivalent sur trois aspects : démantèlement complet des sites d'essais nucléaires, démantèlement complet de la composante nucléaire sol-sol, démantèlement complet des installations de production de matière fissile pour les armes. Par rapport au pic de la guerre froide, les armements nucléaires mondiaux ont été sensiblement réduits. Cependant, un regain de tensions, l'effritement de l'architecture de sécurité, parmi d'autres facteurs, ont ralenti les progrès. Il s'agit notamment de l'annonce de la suspension par la Russie de l'application du traité New Start, son annonce du déploiement d'armes nucléaires sur le territoire biélorusse, l'échec du Traité sur les forces nucléaires à portée intermédiaire (traité FNI) et d'autres accords de contrôle des armements, la rhétorique nucléaire de la Russie en soutien à son invasion illégale de l'Ukraine et ses efforts systématiques pour saper l'ordre européen de sécurité.

Une approche autre que celle du TNP est aujourd'hui prônée par les promoteurs du Traité d'interdiction des armes nucléaires, entré en vigueur en janvier 2021 après sa ratification par 50 États, et auquel aucun État possesseur de l'arme nucléaire n'est partie. Cette conception peut être qualifiée d'approche inconditionnelle du désarmement nucléaire.

Par rapport à l'article VI du TNP, cette position se caractérise par une absolutisation et une décontextualisation de l'objectif de désarmement nucléaire, correspondant, sur le plan éthique, à la mise en œuvre de la conception wébérienne de l'éthique de la conviction. La dimension éthique est centrale ici : l'interdiction de l'arme nucléaire est un impératif moral que l'on pourrait qualifier de « catégorique » au sens kantien du terme.

Ce raisonnement repose sur un principe : en raison de leurs conséquences humanitaires catastrophiques, les armes nucléaires sont inacceptables en tout temps et en tout lieu. La campagne humanitaire se fonde sur les expériences antérieures d'interdiction des mines antipersonnel et des armes chimiques. Aucune distinction n'est faite entre utilisation et menace d'utilisation des armes nucléaires. Cette critique absolue de la dissuasion conteste donc toute possession d'arme nucléaire, quels que soient le possesseur (doté ou non au sens du TNP), la doctrine, les pratiques et les circonstances d'emploi, en contradiction avec le cadre légal actuel et l'avis consultatif donné en 1996 par la Cour internationale de justice[8].

La méthode consiste à se concentrer sur l'objectif d'interdiction, en procédant à une stigmatisation morale de l'arme nucléaire, en incitant à la mobilisation des sociétés civiles[9] aux fins d'obtenir des dirigeants l'abolition de l'arme nucléaire – à tout le moins tenter de créer une nouvelle « coutume » internationale d'interdiction. « À toutes les nations : choisissez la fin des armes nucléaires plutôt que celle de l'humanité[10] ! » « Effectivement, un déshonneur existe dans la dissuasion, contrairement à ce que prétend le chercheur britannique Lawrence Freedman, car ce système n'est pas un mécanisme de prévention de guerre », déclarait ainsi récemment le directeur d'ICAN France (International Campaign to Abolish Nuclear weapons) lors d'une audition à l'Assemblée nationale[11].

Cette vision rejette l'approche suivie jusqu'à présent d'une construction progressive et réaliste du désarmement nucléaire *via* le TNP et soutient même que les conditions sont aujourd'hui remplies pour un désarmement sûr. La question du chemin pour conduire à l'élimination est peu abordée. Celle des conséquences potentielles du désarmement nucléaire en termes de détérioration de la sécurité collective n'est jamais traitée.

Quel regard de praticien porter sur cette argumentation éthique, développée par les ONG à l'origine du mouvement sur les « conséquences humanitaires » avant d'être reprise par les promoteurs du TIAN ?

Perspectives du praticien

L'éthique de la responsabilité de Weber part des réalités et des dilemmes. Elle évalue les coûts et bénéfices d'une action donnée. Elle évalue les mérites respectifs d'une solution au regard de son alternative. Le contraste avec l'éthique de la conviction est bien illustré par les deux remarques suivantes :

Beatrice Fihn et Setsuko Thurlow, prononçant leur discours d'acceptation du prix Nobel de la paix à Oslo en 2017, à propos des obligations morales ultimes : « Notre réalité est la seule possible. L'alternative est impensable. L'histoire des armes nucléaires aura une fin, et c'est à nous de définir ce que sera cette fin : la fin des armes nucléaires, ou la fin de l'humanité, telle est l'alternative. La seule conduite rationnelle est de refuser de vivre dans des conditions telles que notre destruction mutuelle ne tient qu'à un caprice d'enfant. [...] J'en appelle à tous les citoyens du monde : soutenez-nous et exigez que votre gouvernement se range du côté du bien de l'humanité et signe ce traité. Nous n'aurons de cesse que tous les États nous aient rejoints, et pris le parti de la raison[12]. »

Le président Macron, dans son discours de février 2020 à l'École de guerre, évoquant l'éthique de la responsabilité : « L'objectif ultime d'élimination complète des armes nucléaires dans le cadre du désarmement général et complet figure dans le préambule du TNP. Mais dans la réalité de notre monde, les avancées vers cet objectif ne peuvent être que progressives, et fondées sur une perception réaliste du contexte stratégique. Faute de disposer d'une recette pour faire disparaître rapidement les armes nucléaires de notre monde, les promoteurs de l'abolition s'attaquent au fond à la légitimité de la dissuasion nucléaire et avant tout, disons-le, là où cela est le plus facile, c'est-à-dire dans nos démocraties européennes. Or j'estime que le choix n'est pas entre d'une part un absolu moral sans lien avec les réalités stratégiques, et d'autre part un retour cynique au seul rapport de forces sans le droit. […] Nous n'avons pas d'autre choix que de nous confronter à l'imperfection du monde et d'affronter, avec réalisme et honnêteté, les problèmes qu'il nous pose. Je ne peux ainsi donner à la France comme objectif moral le désarmement des démocraties face à des puissances voire des dictatures qui, elles, conserveraient ou développeraient leurs armes nucléaires. […] Le désarmement n'a en réalité de sens que s'il s'inscrit dans un processus historique de limitation de la violence[13]. »

La problématique du désarmement nucléaire sous l'angle de l'éthique de la responsabilité

Quelle analyse peut-on faire des arguments éthiques de l'approche inconditionnelle du désarmement portée par le TIAN ? Pour reprendre le discours wébérien, les militants antinucléaires « entretiennent la flamme » de l'idéal d'un monde sans armes nucléaires et plus sûr, qui est un horizon à terme partagé dans l'absolu. C'est cohérent du point de vue déontologique de l'éthique de la conviction. Du point de vue conséquentialiste et de l'éthique de la responsabilité en revanche, cette approche inconditionnelle du désarmement est moralement contestable.

Il convient d'examiner trois questions. Comment peut-on gérer de manière éthique les conséquences d'un désarmement inconditionnel et unilatéral ? Comment le désarmement inconditionnel s'articule-t-il avec le fait que les responsables politiques ont des obligations morales de protection de la communauté politique dans laquelle ils s'inscrivent ? Quelles conséquences inattendues, éthiquement contestables, une approche radicale du désarmement est-elle susceptible de produire ?

On l'a vu, les promoteurs du TIAN cherchent à se placer sur le terrain de l'éthique de la responsabilité en faisant le raisonnement suivant : l'apocalypse nucléaire est inéluctable, il faut donc supprimer les armes nucléaires. Il s'agit d'une préférence non explicitée pour un désarmement partiel (uniquement nucléaire) et au besoin unilatéral des démocraties, puisque c'est là que la pression s'exerce en priorité.

Les promoteurs du TIAN mettent en avant un calcul coûts-bénéfices : « L'ampleur des conséquences et des risques liés aux armes nucléaires doit être comparée avec l'avantage supposé de ces armes en matière de sécurité. Quelle est la répartition des probabilités entre la conviction que les armes nucléaires dissuadent et préviennent les guerres à grande échelle et la connaissance du fait que la dissuasion, y compris la dissuasion nucléaire, peut échouer et entraîner des conséquences humanitaires et autres mesurables[14] ? »

Le calcul coûts-bénéfices proposé par les promoteurs du TIAN mérite d'être examiné, mais il n'est pas convaincant.

En analyse de risques, un risque doit être traité si sa probabilité d'occurrence est faible mais ses conséquences (gains-pertes) majeures, ou si sa probabilité d'occurrence est importante même si ses conséquences sont modérées. De ce point de vue, il ne fait pas de doute que les conséquences d'un échec de la dissuasion seraient majeures. Néanmoins, les tenants du TIAN fondent leurs arguments sur une analyse biaisée des risques, refusant la logique même de la dissuasion et postulant son échec. La probabilité d'occurrence de ce risque est présentée par les promoteurs du TIAN comme proche de 1, c'est-à-dire comme présentant un caractère quasiment inéluctable. Ce faisant, les promoteurs du TIAN postulent comme réalité un événement dont le risque de survenance précisément diminue s'il est considéré comme possible. C'est toute la logique de la dissuasion, que de fonctionner à raison de l'actualisation immédiate, de la matérialisation des risques, qui sont rendus immédiatement clairs aux yeux du décideur politique, de sorte que la réalisation de ceux-ci devient moins probable.

Le TIAN interdit la pratique de la dissuasion nucléaire, qui devient uniquement une menace contre la sécurité de l'humanité[15], même en tant que mesure transitoire vers un désarmement complet et général. Or la logique de la dissuasion, si « délicate » qu'elle puisse être, a fonctionné et elle reste nécessaire pour empêcher la guerre majeure, ne serait-ce que comme stratégie provisoire. Si pour les militants « rien ne prouve que la dissuasion nucléaire a permis d'être en paix depuis 1945[16] », il est également difficile d'expliquer soixante-quinze ans de paix sur le continent européen depuis 1945 sans considérer la transformation qui a été induite par la dissuasion nucléaire, et son processus paradoxal d'inhibition de la violence par la crainte des dommages inacceptables encourus en cas d'agression. La dissuasion n'a pas empêché toutes les guerres et formes de violence (il s'agit du « paradoxe stabilité-instabilité »), ce qui n'était d'ailleurs pas son objet premier, mais elle continue à créer une voûte de violence maximale aux conflits actuels. Cette appréciation fait l'objet d'un débat mais elle ne peut être simplement écartée d'entrée de jeu, à moins de fausser le raisonnement.

A contrario, si les enjeux d'une guerre entre protagonistes nucléaires sont bien perçus par tous, l'exemple de la Première Guerre mondiale montre que, en l'absence de matérialisation des dangers, le risque de leur réalisation peut être plus fort. Christopher Clark conclut *Les Somnambules. Été 1914, comment l'Europe a marché vers la guerre* sur ces remarques : « Les protagonistes avaient-ils compris combien les enjeux étaient élevés ? [...] Tous savaient au fond d'eux-mêmes, mais en avaient-ils véritablement conscience ? Peut-être est-ce ici la différence majeure entre les années qui ont précédé 1914 et celles qui ont suivi 1945. Dans les années 1950 et 1960, les décideurs, tout comme les opinions publiques, comprenaient de manière viscérale ce que signifiait une guerre nucléaire. [...] Par conséquent, la plus grande course aux armements de l'Histoire n'a pas dégénéré en guerre nucléaire entre les superpuissances. Mais il n'en était pas ainsi avant 1914. Dans l'esprit de nombreux hommes d'État, l'espoir d'une guerre rapide et la crainte d'un conflit de longue durée semblaient, pour ainsi dire, se neutraliser, empêchant une meilleure appréhension des risques[17]. »

En l'absence de dissuasion, toutes choses égales par ailleurs, une guerre conventionnelle majeure devient beaucoup plus probable. C'est la raison pour laquelle le désarmement nucléaire n'est pas le seul paramètre de l'article VI (qui prévoit également le désarmement général et complet) et pour laquelle un ensemble de travaux a été conduit sur les conditions de création d'un environnement propice au désarmement nucléaire[18]. Le TIAN est unique en ceci qu'il supprime la conditionnalité du désarmement, une option qui doit être explicitée dans le calcul de risques : le risque de guerre conventionnelle serait plus élevé.

Interrogé sur ce point lors de l'audition parlementaire précitée, le représentant d'ICAN France expliquait ainsi : « La probabilité de faire une guerre conventionnelle après une guerre nucléaire est quasiment nulle. Le désarmement nucléaire ne signifie malheureusement pas pour autant la paix mondiale. Il y aura probablement toujours des guerres. Néanmoins, le monde se sentirait plus en sécurité sans ces armes nucléaires, et les éventuelles guerres ne seraient que conventionnelles, laissant la possibilité de construire un futur. »

La possibilité d'une faillite de la dissuasion existe mais cette probabilité est diminuée par l'existence même de la dissuasion, et n'est pas de 1 pour une communauté politique et dans un horizon politique prévisible (à l'échelle de la fin des temps, la probabilité augmente sans doute, mais, là aussi, la question est celle de l'horizon temporel considéré). En revanche, les risques d'une guerre conventionnelle majeure en l'absence de dissuasion nucléaire, dans le contexte international actuel, sont élevés (il faudrait démontrer qu'ils ne le sont pas ou quelle est l'alternative). Le choix s'exprime donc en partie comme une préférence pour un risque élevé et certain (guerre conventionnelle majeure) par rapport à un risque certain et improbable (échec de la dissuasion). En d'autres termes, les promoteurs du TIAN basent leur argument éthique sur une évaluation fautive des risques.

La deuxième partie de leur raisonnement est de dire que, étant donné la faillite inéluctable de la dissuasion, il faut un désarmement immédiat et inconditionnel. L'argument des promoteurs du TIAN s'arrête là, comme si l'alternative de l'élimination des armes nucléaires était une réalité à portée de main dont les dirigeants ne veulent simplement pas se saisir[19]. Or la question est alors la suivante : à qui cette injonction s'adresse-t-elle ? Qui doit prendre cette décision, et pour le bénéfice de qui ?

La réalisation de cette injonction et l'arbitrage entre les risques évoqués précédemment ne pourraient en réalité se faire que par le souverain d'une république universelle, dans un cadre proche de la paix perpétuelle de Kant. C'est une vision utopique respectable, mais qui ne correspond pas à la réalité des alternatives entre lesquelles doit arbitrer l'homme politique mettant en œuvre une éthique de la responsabilité. La logique du TIAN constitue une injonction à la prise en compte de la sécurité d'une humanité indéterminée et dans un horizon temporel infini.

À la lumière de l'approche de Max Weber, « l'État est cette communauté humaine qui, à l'intérieur d'un territoire déterminé [...] revendique pour elle-même et parvient à imposer le monopole de la violence physique légitime ». Deux choses sont à noter : premièrement, il est intéressant de voir que si la dissuasion peut être considérée comme l'outil suprême et de dernier recours d'exercice du monopole de la violence légitime, elle est par essence un moteur paradoxal, puisque la dissuasion est à la fois l'exercice de la violence légitime et la maîtrise de la violence par la manière dont on l'exerce. Deuxièmement, l'État doit protéger un territoire ou une population donnés.

Ainsi, tant qu'une communauté universelle et un gouvernement mondial ne seront pas en place, il sera toujours paradoxal, au nom de l'intérêt des États non dotés de l'arme nucléaire signataires du TIAN, de demander à des États dotés de prendre en compte leurs intérêts au détriment de leur propre sécurité, s'il n'est pas prouvé que la sécurité des États dotés ne serait pas diminuée. L'objectif est bien de parvenir à une sécurité non diminuée pour tous, et augmentée pour tous ; il est illusoire d'attendre un désarmement unilatéral qui conduirait à une diminution de la sécurité de certains États dotés – et non d'autres.

Par ailleurs, présenter la problématique comme une division entre États dotés et États non dotés est trompeuse. La question se pose également pour les États non dotés qui bénéficient de garanties de sécurité positives et négatives de la part des États dotés : toutes les formes de désarmement ne sont pas équivalentes pour eux non plus. Il se pourrait par exemple que le désarmement unilatéral d'un État accroisse le risque de guerre et de violence dans son environnement et *in fine* pour lui. L'éthique de la responsabilité s'applique à tous les États – il n'est pas possible de faire du désarmement la responsabilité des seuls États dotés.

L'expérience historique montre qu'il existe des formes de désarmement qui créent de l'instabilité, augmentent les risques de mauvais calcul des adversaires et *in fine* de guerre et de violence. Si le dilemme de sécurité et l'acquisition d'armes sont souvent mobilisés pour expliquer le déclenchement de la Première Guerre mondiale, l'exemple de l'entre-deux-guerres pointe dans une autre direction[20]. Il montre les conséquences des erreurs commises lors des négociations internationales sur le désarmement et la sécurité collective et de la grande frilosité des démocraties à se réarmer face à l'agressivité et à l'expansionnisme territorial de l'Allemagne. « Quand Hitler décide de remilitariser la Rhénanie, la France est impuissante à agir. Elle n'a pas l'outil qui lui aurait permis de tenir Hitler en respect », écrit l'historien Maurice Vaïsse[21]. Ainsi, alors que l'Allemagne viole progressivement les clauses du traité de Versailles qui assuraient son désarmement, la France tarde à se réarmer, en raison des difficultés financières et économiques, de l'instabilité politique mais aussi du profond pacifisme de la population et des dirigeants traumatisés par la Grande Guerre, souhaitant plus que tout éviter un nouveau et sanglant conflit avec l'Allemagne[22]. La France s'en remet au plan militaire à une stratégie de fortifications défensive, la ligne Maginot, tout en étant consciente qu'elle n'est pas en mesure de tenir tête seule face à l'Allemagne. Par la suite, le sentiment d'être en grave infériorité face à l'Allemagne expliquera pour beaucoup que les coups de force successifs de Hitler laissent la France sans réaction et qu'elle n'inverse pas le cours de la stratégie d'*appeasement* poursuivie avec la Grande-Bretagne jusqu'en mars 1939.

Dans une logique utilitariste, il est également intéressant de revenir sur l'argument de l'exemplarité. Les efforts sans précédent de désarmement nucléaire consentis par la France et d'autres dans les années 1990 n'ont pas eu l'effet vertueux attendu sur les autres : c'est au cours de cette décennie que se sont développées les crises de prolifération en Asie, en Extrême-Orient et au Proche-Orient, et au cours de la décennie suivante que la Russie et la Chine ont amorcé la trajectoire de modernisation et d'accroissement de leurs arsenaux qui perdure jusqu'à aujourd'hui.

S'agissant des États-Unis, peut-on penser que le désarmement unilatéral des États-Unis ne comporterait pas un risque d'affaiblissement des garanties de sécurité américaines et un risque de prolifération accru (c'est-à-dire l'inverse de l'objectif initialement recherché) ? Un désarmement unilatéral de la France aiderait-il l'Europe à mieux gérer la rhétorique nucléaire agressive et les ambitions de la Russie ? « Un désarmement nucléaire unilatéral équivaudrait pour un État doté comme le nôtre à s'exposer et à exposer ses partenaires à la violence et au chantage, ou à s'en remettre à d'autres pour assurer sa sécurité. Je refuse cette perspective », disait le président Macron dans son discours à l'École de guerre de février 2020. En l'absence d'alternative crédible, « le désarmement unilatéral devient alors équivalent au risque, pour une communauté politique, de s'exposer nue à la violence des autres, plutôt que d'être un chemin vers la paix[23] ».

Les promoteurs du TIAN se condamnent à rester dans le domaine de l'appel incantatoire et la pure éthique de conviction si cette logique ne s'articule pas avec la prise en compte de la réalité, dans laquelle le responsable politique a en charge la sécurité d'une communauté politique spécifique. Dès lors, le risque est que le TIAN se transforme dans les faits en injonction adressée aux seules démocraties, entraînant l'acceptation d'un risque de guerre accru et une diminution de la sécurité.

L'analyse des conséquences du développement du TIAN soulève de nombreuses questions éthiques

La question est ici de déterminer si l'existence du TIAN a des conséquences – voulues ou non – contraires à l'objectif recherché du désarmement général et complet (article VI) ou éthiquement contestables.

Une première critique vient de la méthode déployée par les promoteurs du TIAN, qui vise en quelque sorte à accroître les « coûts » de la dissuasion dans les démocraties par un effet de stigmatisation morale. Les défenseurs du TIAN promeuvent un « statut d'observateur » auprès notamment des pays européens membres de l'OTAN, mobilisent les banques européennes pour « dé-financer » l'arme nucléaire et militent, entre autres, auprès des municipalités[24]. Cette stratégie, reposant sur la mobilisation des sociétés civiles, est à l'évidence plus susceptible de porter ses fruits en France qu'en Corée du Nord. Combien de municipalités se sont jointes à l'appel en Corée du Nord, en Russie ou en Chine ? À quel point un mouvement populaire est-il susceptible d'infléchir une politique autoritaire ? Les démocraties sont les seules à être mises sous pression par le TIAN, tandis que les régimes autoritaires sont laissés de côté. C'est non seulement problématique sur le plan moral mais également dangereux. De là résulte le risque d'une érosion asymétrique de la légitimité de la dissuasion, qui pourrait conduire, à tort, les adversaires potentiels des démocraties à miser sur une moindre détermination de celles-ci à y recourir pour se défendre. Si tel n'est pas l'objectif des promoteurs du TIAN, le désarmement des démocraties face aux régimes autoritaires serait une conséquence fâcheuse. C'est une approche dangereuse qui accroît les risques de guerre nucléaire si elle conduit les adversaires des démocraties à mésestimer leur détermination.

Une seconde critique tient à la crainte d'un affaiblissement du Traité de non-prolifération et donc du cadre même dans lequel les États dotés voient la poursuite des efforts de désarmement nucléaire. Ce risque résulte d'une polarisation accrue entre une vision inconditionnelle et immédiate du désarmement et une vision prudente et progressive, dans un contexte stratégique détérioré. Alors qu'il y a urgence à construire un consensus, l'espace de discussion semble se rétrécir. Le TIAN risque par ailleurs de se constituer comme traité concurrent voire alternatif au TNP, alors qu'il est moins-disant par rapport au TNP en matière de non-prolifération (pas d'obligation d'adhérer au TNP, pas de protocole additionnel) et présente de nombreuses failles en matière de désarmement (pas d'obligation de ratifier le TICE, pas de régime de vérification, etc.). Les promoteurs du TIAN récusent cette idée et soulignent la complémentarité entre le TIAN et le TNP. Mais déjà certains chercheurs évoquent, de manière isolée, la perspective d'un retrait légitime du TNP, comme « instrument politique pour faire progresser le désarmement[25] ». Le représentant de Kiribati a pour la première fois lors de la conférence d'examen du TNP de 2022 évoqué cette perspective[26]. Il s'agit d'un sujet de vigilance extrême, car rien ne serait plus funeste pour l'ordre international et la possibilité même d'un désarmement et d'un monde plus sûr.

Une troisième critique vient du refus des promoteurs du TIAN de différencier les pratiques et doctrines de dissuasion. Le document final de la première conférence d'examen du TIAN, qui s'est tenue en juin 2022, dénonce toute forme de dissuasion et de menace d'emploi de l'arme nucléaire. Cependant, alors que la Russie emploie une rhétorique nucléaire irresponsable à l'appui de sa guerre d'agression en Ukraine, et qu'elle ne siège pas, le nom de la Russie ne figure pas dans le document final. Il est également frappant de constater que plusieurs des pays les plus activement engagés dans le TIAN (parmi lesquels l'Afrique du Sud) n'ont pas voté les résolutions de l'Assemblée générale des Nations unies condamnant l'agression russe en Ukraine[27]. Que peut-on en déduire quant à l'environnement de sécurité international auquel ces pays sont prêts à accepter dans un monde postnucléaire, si la violation de la norme la plus fondamentale (respect de la souveraineté territoriale) ne peut être condamnée ? Quel message incitatif est envoyé aux États nucléaires sur la confiance à venir dans un ordre international sans arme nucléaire mais où l'absence de règle est devenue la nouvelle règle ? Ne risque-t-on pas de substituer au risque d'emploi d'armes de destruction massive la réalité d'une injustice massive ?

Au terme de cette analyse, il apparaît que l'éthique de responsabilité proscrit une approche inconditionnelle et immédiate du désarmement nucléaire pour un État doté comme la France, par ailleurs membre permanent du Conseil de sécurité et qui a à ce titre des responsabilités particulières en matière de paix et de sécurité.

Vers une éthique du désarmement responsable

Il faut donc opposer à l'approche utopiste du TIAN un désarmement fondé sur une éthique de la responsabilité, fondé sur trois exigences politiques et morales.

Tout d'abord, la nécessité d'un désarmement négocié et multilatéral. Cela nécessite de faire porter plus nettement la discussion sur les conditions de création d'un environnement propice au désarmement nucléaire selon le principe de sécurité non diminuée pour tous, et de renouer avec l'agenda progressif du désarmement (entrée en vigueur du TICE ; interdiction de production de matière fissile pour les armes ; travaux sur la vérification ; travaux sur la réduction des risques stratégiques). D'une certaine manière, cela nécessite, dans le contexte actuel de dégradation de l'environnement stratégique, de réajuster l'objectif, par une attitude responsable et lucide de tous : il s'agit de préserver les instruments existants, au premier rang desquels le TNP, mais aussi le TICE, et d'éviter une nouvelle course aux armements. Il s'agit bien sûr d'éviter une rupture du tabou nucléaire, et de ce point de vue tous les appels à la retenue et les condamnations des comportements irresponsables, y compris en provenance de la communauté du TIAN, sont les bienvenus.

Cette discussion difficile mais nécessaire est occultée et freinée par la polarisation des débats sur le TIAN. Elle nécessite un effort d'écoute, plutôt que de stigmatisation, lorsque des intérêts de sécurité sont présentés. Cela vaut pour les États nucléaires comme pour les États non nucléaires, avec pour ces derniers un effort sans doute plus important à conduire, dans le contexte de la guerre en Ukraine, sur les garanties positives et négatives de sécurité accordées aux États non dotés. La discussion sera cependant compliquée tant que les promoteurs du TIAN se refuseront à reconnaître la validité de la dissuasion, ne serait-ce que comme mesure transitoire, tout en refusant de discriminer entre les différentes pratiques et doctrines des États dotés et possesseurs. Car la première étape, avant d'éliminer ces armes, sera de limiter les risques stratégiques, de condamner les pratiques offensives de la dissuasion et de s'assurer que les armes nucléaires que détiennent les États sont effectivement liées à une pratique responsable (en termes de transparence, doctrines, sûreté et sécurité, communication) et considérées comme des armes de dissuasion dont l'objectif est d'empêcher la guerre. Les notions de retenue nucléaire et de responsabilité sont ici centrales.

L'enjeu est donc, du point de vue de l'éthique des conséquences, de produire une forme, un cadre, un processus de désarmement qui contribue à la stabilité stratégique, comprise comme l'absence d'incitation à l'agression avec un niveau des forces le plus bas possible.

En second lieu, la nécessité d'un désarmement vérifiable. Il s'agit là d'une problématique majeure, très délicate techniquement et qui nécessite la poursuite des travaux. Le problème a été identifié précocément, par les premiers critiques de l'arme, Russell et Einstein, qui écrivaient à propos du désarmement nucléaire : « C'est là un espoir illusoire. Quels que soient les accords sur la non-utilisation de la bombe H qui auraient été conclus en temps de paix, ils ne seraient plus considérés comme contraignants en temps de guerre, et les deux protagonistes s'empresseraient de fabriquer des bombes H dès le début des hostilités[28]. » Au cœur de cette difficulté se trouve la question de la confiance.

En troisième lieu, la nécessité de penser un monde sans arme nucléaire qui soit un monde plus sûr pour tous. Un monde désarmé n'est pas un monde où le risque de guerre nucléaire n'existe plus, puisque l'arme nucléaire ne saurait être désinventée. L'enjeu est le suivant : éviter une guerre nucléaire, éviter un niveau de violence supérieur déclenché par des conflits conventionnels majeurs, éviter l'injustice qui résulterait de la soumission au plus fort, au plus agressif et plus armé.

Conclusion

Interrogé lors d'une audition parlementaire sur les alternatives qu'il pouvait envisager à la dissuasion nucléaire, le directeur d'ICAN France a récemment répondu : « Le travail de notre campagne n'est pas d'apporter une alternative à la bombe atomique[29]. » Cette position tout à fait compréhensible illustre également la différence de perspective dans laquelle se trouvent les militants et les décideurs. Du point de vue de l'éthique de la responsabilité wébérienne, la question est cependant précisément : quelle est l'alternative, et si elle n'existe pas, comment la construire patiemment ? Il s'agit d'une éthique de la responsabilité sans doute plus frustrante qu'une pure éthique de conviction, mais c'est la seule réaliste. À trop évoquer l'objectif, on risque de ne plus s'intéresser au chemin, ce qui est pourtant l'essentiel du travail à conduire en vue du désarmement.

CHAPITRE 3

La dissuasion est-elle une réponse adaptée de la part des régimes démocratiques ?

Sociétés démocratiques et armes nucléaires, trois modèles pour une relation en mutation constante

Marc Perrin de Brichambaut

Dans son introduction au premier livre de vulgarisation consacré à la stratégie nucléaire en France, *Le Grand Débat*, Raymond Aron[1] écrivait : « Il serait déraisonnable d'oublier que les guerres ont été, à travers les siècles, un phénomène endémique et que les instruments de combat, au même titre que les outils de travail, sont à la fois l'expression d'une société et un facteur qui en commande l'organisation. » L'instrument de combat que constituent les armes nucléaires a, pendant les soixante-quinze premières années de son existence, servi à la fois comme une forme d'expression des sociétés qui en disposaient, ou de celles qui leur étaient liées, et comme un facteur qui a modelé leurs postures de défense.

L'adoption de l'arme nucléaire dans chacun des États concernés et la définition de son rôle dans leurs relations inter-étatiques se sont inscrites dans le cadre des régimes politiques existant dans ces États et les ont en partie modelés. D'emblée l'ère atomique a été marquée par une situation asymétrique : les États-Unis, premiers possesseurs d'armes nucléaires, disposaient de solides institutions démocratiques alors que l'Union soviétique, deuxième État à acquérir ces armes, était un régime autoritaire. Les démocraties ont inséré les capacités, les doctrines et la culture liées aux armes nucléaires dans leurs traditions et admis un débat ouvert sur leur légitimité et leurs conditions d'utilisation. Alors que l'institution de la présidence américaine était renforcée par son autorité sur les armes nouvelles, Oppenheimer et Brodie ont pu contester l'appropriation exclusive de ces armes par quelques États[2]. Les États non dotés mais alliés des États-Unis ont également toléré un débat ouvert dans un cadre démocratique sur la dépendance à l'égard des armes nucléaires américaines. Du côté de l'URSS, cette question n'a été posée que dans le cadre de la propagande d'État.

Il est possible d'identifier trois modèles successifs autour desquels s'est structuré le rapport entre armes nucléaires et la vie des États démocratiques depuis 1945.

Le premier modèle est celui qui a prévalu tout au long de la situation de tension prolongée qu'a constitué la période de la guerre froide. Les armes nucléaires s'inscrivaient dans la rivalité entre deux blocs fortement polarisés et la défense de la démocratie était un élément essentiel de l'idéologie du bloc occidental. Pour les États-Unis confrontés à l'Union soviétique, la possession des armes nucléaires et les doctrines de la dissuasion dans leurs formes successives étaient des éléments incontestés du combat global pour les valeurs démocratiques qui faisaient l'objet d'un consensus politique fort. Pour les alliés des États-Unis, le débat sur les armes nucléaires et la dissuasion se déroulait nécessairement dans un contexte où ils avaient besoin de bénéficier de la garantie de sécurité américaine et de participer aux alliances nouées autour des États-Unis. Si les choix faits par ces États ont pu être contestés dans le cadre du débat démocratique, comme en témoignent les mouvements antinucléaires puissants en Grande-Bretagne et au Japon ou la contestation des euromissiles en Allemagne à la fin de la période, ils n'ont pas été remis en cause. La France fournit un exemple particulier de l'accession aux armes nucléaires qui a été présenté à la fois comme un élément clé de son identité et comme le pivot de sa sécurité avec un large soutien de son opinion publique. Certains pays émergents confrontés à des situations de sécurité difficiles ont pu faire le choix de l'arme nucléaire comme élément de leur sécurité avec le soutien de leur système démocratique, c'est le cas de l'Inde. Ainsi démocratie et armes nucléaires ont-elles trouvé une relation de soutien mutuel dans une phase de reconstruction et de prospérité où la paix entre puissances dotées a pu être préservée.

Le deuxième modèle est celui de l'effacement du fait nucléaire de la conscience collective des démocraties dans la période de l'après-guerre froide. Les opinions se sont accoutumées à la paix entre les grands acteurs de la politique internationale et ont bénéficié de la mondialisation économique et culturelle où les problèmes de sécurité proviennent surtout des États voyous ou du terrorisme. La question de la dissuasion nucléaire s'est estompée pour devenir le domaine d'une petite élite, gérant un ordre nucléaire international complexe mais relativement stable et maîtrisé, à l'écart des mouvements d'opinion. Si la licéité des armes nucléaires au regard du droit et de la coutume en matière humanitaire est déférée en 1996 par l'Assemblée générale des Nations unies à la Cour internationale de justice, c'est à l'initiative d'États non dotés, et la Cour s'est abstenue de porter une condamnation d'ensemble sur les mécanismes de la dissuasion.

Cette période a été le théâtre d'un déplacement de la question nucléaire : c'est le nucléaire civil qui en est le visage et fait l'objet d'un débat soutenu dans de nombreux pays, moins que sa dimension militaire. Cette dernière est surtout suivie par un ensemble d'organisations de la société civile et par des États engagés qui contestent les faiblesses de l'ordre nucléaire international et mettent en avant la possibilité d'un Traité d'interdiction des armes nucléaires qui complète les différents instruments de limitation des armements nucléaires mis en œuvre par les puissances dotées. La position plus engagée de certains groupes religieux comme l'Église catholique dans la dénonciation de ces armes est également à noter.

Pendant cette deuxième période, la dissuasion nucléaire, soutenue par les autres éléments de la politique de défense qui en évitent le contournement, est restée l'armature cachée des relations de sécurité entre les grands États dotés et de la sécurité de ceux qu'ils protègent. L'indifférence ou la contestation ne remettent pas en cause le caractère central du dispositif hérité de la guerre froide.

Le troisième temps de l'évolution est celui issu de la fragmentation et de la complexité croissante des sociétés mondialisées contemporaines. Ces évolutions reflètent des changements internes aux sociétés démocratiques qui ont pour effet de redéfinir leur posture en matière de défense. Les sociétés démocratiques connaissent des mutations significatives qui minent progressivement leurs rapports avec les éléments constitutifs de leur défense, au premier chef desquels les armes nucléaires.

L'individualisme devient un élément central des comportements contemporains, il diminue l'acceptation des disciplines collectives et efface les corps intermédiaires[3]. La participation générale aux réseaux d'information et aux réseaux sociaux démultiplie les influences auxquelles sont soumis les individus et brouillent les références nécessaires à une posture collective de défense. Ces réseaux offrent un terrain propice à la diffusion d'informations tendancieuses par des opérateurs convaincus de la dimension hybride des conflits nouveaux.

Les enjeux publics sont soumis à une judiciarisation croissante, qui porte sur les questions d'environnement et de droits humains mais pourrait toucher aussi au domaine des armements.

Dans ce contexte, la mouvance populiste connaît un essor nouveau dans les opinions, sous le couvert d'idées simples et d'émotions orchestrées, portées par des personnages charismatiques. Les conflits culturels prennent le pas sur les luttes sociales, polarisant l'espace public[4].

L'ensemble de ces facteurs crée un rapport nouveau au sein de ces sociétés aux questions de défense, y compris dans leur dimension nucléaire. La culture de la sécurité et la familiarité avec la réalité militaire reculent, laissant planer des doutes sur la résilience des démocraties et la capacité des nations à assumer les tensions propres à une posture de dissuasion. S'il est probable que la responsabilité éminente du chef d'État ne puisse pas lui être contestée en cas de crise aiguë, comme celle des missiles de Cuba, mettant potentiellement en jeu des armes nucléaires, de telles crises restent exceptionnelles. En cas de crise prolongée entre des puissances disposant de moyens nucléaires, à l'image de celle des euromissiles, l'acceptation d'une posture de dissuasion reposant sur les armes nucléaires dans la durée pourrait se révéler plus difficile à préserver du côté des démocraties que du côté des régimes autoritaires, qui disposent d'une emprise ferme sur leurs sociétés. Des tensions pourraient se manifester entre les États démocratiques nucléaires et leurs partenaires non dotés dont ils garantissent la sécurité.

L'effort budgétaire et institutionnel nécessaire pour préserver une posture de dissuasion globale entre en compétition avec bien d'autres priorités dans des sociétés démocratiques avancées où la familiarité avec la chose militaire s'est perdue avec l'avènement des armées de métier. Il n'est pas acquis que les États démocratiques disposent, le moment venu, des capacités matérielles et de la détermination nécessaires pour pouvoir adopter une posture de dissuasion crédible.

Également difficile pour les pays démocratiques pourrait se révéler la solidarité entre régions du monde en cas de confrontation intervenant sur un théâtre éloigné. Quels risques les Européens seront-ils prêts à assumer en cas de crise entre les États-Unis et la Chine sur Taïwan où la dissuasion nucléaire serait mise en jeu ?

Le conflit en Ukraine avec sa composante de menace nucléaire récurrente pourrait cependant avoir un effet de catalyseur sur les politiques de défense des États démocratiques en

Europe aussi bien que sur celle des États-Unis. Sa prolongation et les destructions et les victimes qu'il provoque sont de nature à déclencher une prise de conscience des risques que les démocraties courent par rapport aux régimes autoritaires et à raviver l'esprit de défense en leur sein. Les premiers tests concernant ces évolutions sont en train de se jouer en Allemagne et à l'occasion des prochaines échéances électorales aux États-Unis.

Les États-Unis sont confrontés à deux rivaux majeurs et à des incertitudes politiques internes récurrentes. Si la dissuasion élargie qu'ils accordent à leurs nombreux alliés venait à être remise en cause, la prolifération des armes de destruction massive pourrait reprendre, autant du fait d'États démocratiques que d'États non démocratiques.

Les régimes démocratiques contemporains sont donc contraints de réexaminer leurs rapports avec la dissuasion et sa composante nucléaire dans un contexte de tensions accrues entre puissances dotées. Comme cela est souvent le cas dans des sociétés pluralistes et dynamiques, cette refondation pourrait se dérouler par à-coups et de façon imprévisible. Elle se fera au fil des hasards et des nécessités de crises globales multiples.

En dernière analyse, la victoire pour les sociétés démocratiques dans les crises en cours et à venir sera d'être en mesure de persévérer dans leur être, de préserver leurs valeurs, leurs institutions et leur liberté d'action face aux régimes autoritaires qui vont tenter d'élargir le champ de leur influence et d'imposer leurs propres modèles. Elle se jouera autant sur leur front intérieur que dans le tumulte des affrontements planétaires.

La démocratie est-elle un concept utile pour réfléchir aux politiques nucléaires ?

George Perkovich

La « démocratie » n'est pas une construction ou un concept utile pour réfléchir aux armes nucléaires et aux politiques liées à ces armes. La présente contribution s'attache à démontrer pourquoi en abordant trois questions.

Premièrement, connaissez-vous deux personnes, *a fortiori* dans deux pays lointains, qui seraient d'accord pour définir ce qui fait d'un État une démocratie ? Est-ce un pays dans lequel les dirigeants sont élus par des procédures électorales libres et équitables ? C'est un critère important, mais pour un Américain aujourd'hui, il y a un débat intense pour savoir si les élections sont libres et équitables. Il y a eu une insurrection armée contre le Capitole le 6 janvier 2021. Il y a des efforts concertés et bien financés pour rendre difficile le vote des minorités. Il y a d'autres critères pour la démocratie. Les démocraties sont des systèmes dans lesquels les candidats aux élections ont une culture commune de respect de la nécessité de faire des compromis avec leurs adversaires. Depuis 1948 et la Déclaration des droits de l'homme des Nations unies, les démocraties sont censées respecter les droits de l'homme, la liberté religieuse, etc. Plutôt que d'énumérer ces principes, il est plutôt possible de se demander comment l'Inde, avec le pouvoir et les efforts du BJP et du RSS, peut être considérée comme une démocratie. Et comment se classe le Parti républicain sous Donald Trump.

Deuxième question : en supposant que la plupart des gens soient d'accord sur ce qui rend un pays démocratique, qu'entendons-nous alors par « débat démocratique » ou « contrôle de la politique des armes nucléaires » ? Dans chacun des neuf États dotés d'armes nucléaires, dont cinq sont des démocraties, la décision d'utiliser ou non des armes nucléaires peut être prise par un seul dirigeant, peut-être dans certains de ces États avec le consentement nécessaire d'une seconde personne. Il n'y a pratiquement aucun contrôle sur ce décideur ni contrepoids. Est-ce vraiment démocratique ? Les politiques actuelles en matière d'armes nucléaires concernant le ciblage des armes ou les circonstances de leur utilisation sont très secrètes. Dans au moins plusieurs États dotés de l'arme nucléaire, ces plans sont élaborés par des institutions militaires qui peuvent ou non informer pleinement leurs dirigeants politiques du contenu et des implications des plans de ciblage et des plans opérationnels.

Les États-Unis ont probablement été les plus transparents à ce sujet, grâce à la déclassification de documents et à des entretiens avec d'anciens responsables. Il existe de nombreux exemples de présidents américains ou de leurs conseillers désignés qui ont été choqués lorsque, après de nombreuses pressions et cajoleries, les « gardiens de l'arsenal » leur ont laissé voir les plans de guerre. Il est vrai que, dans le cadre des vertus de la démocratie, ces présidents et leurs conseillers ont cherché et parfois réussi à modifier les plans, voire à réduire les prétendues exigences en matière de nombre d'armes nucléaires. Mais il ressort des conversations personnelles avec les initiés que c'est là un processus exceptionnellement difficile, même pour le président le plus capable et le plus informé. La plupart d'entre eux abandonnent tout simplement. Si les détails de la politique nucléaire sont hautement secrets, que signifierait un débat démocratique ? Il y a tout au plus une petite poignée de membres du Congrès américain qui peuvent mener une conversation informée sur les arsenaux des États-Unis et d'autres pays, sur la théorie et la pratique de la dissuasion, sur le ciblage et les conséquences probables de divers scénarios, sur les considérations juridiques internationales, sur les options de contrôle des armements. Certainement pas plus de 5 %. Quel est le pourcentage de parlementaires très bien informés en France, au Royaume-Uni, en Inde ? Israël est une démocratie qui possède des armes nucléaires, mais les responsables ne sont pas autorisés à le reconnaître ou à en discuter publiquement. Ce n'est pas nécessairement une mauvaise chose. Au demeurant, le débat démocratique sur la politique nucléaire n'a pas beaucoup de sens.

Si les parlementaires ne sont généralement pas préparés à un débat informé et sérieux sur la politique nucléaire, qu'en est-il des citoyens ? Sont-ils susceptibles d'être mieux informés ?

Probablement pas. Scott Sagan et d'autres universitaires experts en opinion publique ont réalisé des enquêtes aux États-Unis et les résultats sont plutôt déconcertants. « Le résultat le plus choquant de notre étude, a déclaré Scott Sagan après un sondage réalisé en 2017, est que 60 % des Américains approuveraient le fait de tuer 2 millions de civils iraniens pour empêcher une invasion de l'Iran qui pourrait tuer 20 000 soldats américains. » Les citoyens américains ainsi que de nombreux élus ne connaissent ni n'adhèrent instinctivement aux lois des conflits armés que le gouvernement américain s'est engagé à suivre dans sa politique nucléaire.

Troisième question : si la clé de la « révolution nucléaire » est le besoin de rationalité et de retenue dans l'utilisation de la force, y compris l'escalade en cas d'échec de la dissuasion, pourquoi devrions-nous penser que les démocraties feront preuve de plus de retenue que les non-démocraties ? Les théories de la dissuasion nucléaire reposent sur le modèle de « l'acteur rationnel unitaire ». En d'autres termes, nous imaginons que les décisions sont prises par un seul acteur plutôt que par un groupe moins prévisible, divisé et conflictuel. Nous imaginons que cet acteur unique est rationnel dans le sens où il désire préserver la vie et le bien-être du plus grand nombre de ses concitoyens, où il rassemble autant d'informations que possible sur les intérêts et les forces en jeu dans une situation, puis détermine les actions les plus susceptibles de dissuader l'adversaire d'agresser ou, si cela a échoué, de le dissuader d'escalader davantage ou de le vaincre physiquement pour éviter cette escalade.

Pourtant, les deux parties de cette construction théorique – unité et rationalité – sont peut-être moins courantes que ne le supposent les théoriciens de la dissuasion. Par définition, les démocraties ne sont pas très unitaires. Ce problème est résolu dans une certaine mesure en donnant le pouvoir d'utiliser des armes nucléaires à une seule personne – dans le cas des États-Unis, le président. Cette unité est efficace et peut-être bonne pour la dissuasion étant donné la nécessité potentielle de lancer une attaque pour assurer la survie de ses forces de dissuasion. Mais elle n'est pas démocratique.

En ce qui concerne l'hypothèse de rationalité, les démocraties sont-elles plus susceptibles de produire des chefs d'État rationnels que les non-démocraties ? Est-il nécessaire de présenter Donald Trump ? Son propre Secrétaire d'État, Rex Tillerson, l'a qualifié de « putain de crétin » (*fucking moron*) ; il est moins su qu'il a eu ce mot après un briefing au Pentagone sur la politique des armes nucléaires. Richard Nixon, dans ses derniers jours au pouvoir, était si alarmiste que son secrétaire à la Défense prévoyait de contourner la chaîne de commandement nucléaire. La France a été plus chanceuse à cet égard.

Si la dissuasion et la protection contre la destruction mutuelle assurée exigent de la retenue, la politique démocratique – surtout à l'ère des médias sociaux – l'encourage-t-elle ? La réponse à cette question pourrait dépendre de la question de savoir s'il est plus facile de pousser les électeurs à diaboliser un pays ennemi, puis de diaboliser un président ou un Premier ministre pour sa faiblesse face aux menaces de cet ennemi démoniaque, ou s'il est plus facile de convaincre les électeurs que le compromis ou la diplomatie patiente est le meilleur moyen de faire face à un pays menaçant comme la Chine ou l'Iran. Cela dépend vraisemblablement de nombreuses circonstances et d'autres chercheurs pourront comparer le nombre de fois où les États-Unis, le Royaume-Uni et la France ont eu recours à la force à l'étranger depuis qu'ils ont acquis des armes nucléaires, par rapport à la Russie, à la Chine et à la Corée du Nord.

Le secret est vital pour permettre aux dirigeants politiques de n'importe quel système de faire des compromis très difficiles ou de prendre des mesures qui donnent l'impression de renoncer à quelque chose. De nombreux facteurs, dont la chance, ont permis à la crise des missiles de Cuba de se terminer de manière pacifique. Mais une condition nécessaire était la volonté du président Kennedy de retirer les missiles américains à charge nucléaire de la Turquie en contrepartie partielle de l'accord de Khrouchtchev de retirer les missiles et les armes de Cuba. Toutefois Kennedy a insisté pour que sa concession soit secrète. Les Soviétiques ont accepté et ont gardé le secret pendant longtemps. Est-il possible d'imaginer un tel secret aujourd'hui dans une négociation avec la Russie et l'Ukraine pour mettre fin à la guerre là-bas ? Le secret et l'absence de débat politique ont été d'ailleurs la clé de la seule décision d'un pays d'abandonner les armes nucléaires – l'Afrique du Sud – et des décisions de la majorité des autres pays qui ont abandonné pacifiquement des programmes secrets d'armes nucléaires qui n'avaient pas encore abouti à des armes.

Enfin, la Chine a longtemps eu une politique d'armement nucléaire marquée par une exceptionnelle retenue. Jusqu'à il y a quelques années, le nombre d'armes qu'elle possédait était toujours bien inférieur à ce que les agences de renseignement américaines attendaient ou prévoyaient. Les dirigeants chinois ont insisté sur une politique de non-emploi en premier de l'armement nucléaire et leur position de force en est le reflet. Ils n'ont pas émis de menaces nucléaires comme l'ont fait d'autres États. Même si cette retenue est en train de changer, le cas de la Chine suggère qu'il n'y a pas grand intérêt à supposer que les démocraties sont en quelque sorte des gestionnaires plus sûrs des armes nucléaires.

En conclusion, la question de la nature du régime est sans objet. Des pays dotés de systèmes politiques différents et concurrents possèdent aujourd'hui des armes nucléaires. Ils ne sont pas près de renoncer à ces armes. Même si l'Occident pensait que les démocraties dotées d'armes nucléaires étaient plus sûres – les démocraties sont incapables de transformer des non-démocraties en démocraties et, pire encore, lorsqu'elles tentent de le faire, les résultats sont mauvais.

La seule grande exception a été la Seconde Guerre mondiale. Mais ce serait commettre une énorme erreur que de penser que cela est ou devrait être la norme et que cela peut se répéter. Ce qui s'est passé en Allemagne et au Japon après 1945 était une exception et l'existence d'armes nucléaires dans les États adverses contribue à garantir que le changement de régime par la guerre totale ne se répète pas. Il est permis d'espérer que la Russie devienne une démocratie fonctionnelle, tout comme la Chine, la Corée du Nord et le Pakistan – sans parler des États-Unis et de l'Inde –, mais tenter de faire pression dans ce sens ne fera que renforcer la détermination des dirigeants de ces pays à édifier des arsenaux nucléaires plus importants et plus efficaces.

Existe-t-il une pratique démocratique de la dissuasion ?

Brad Roberts

Telle qu'elle est conçue en France, la pratique de la dissuasion équivaut à la pratique de la dissuasion nucléaire. Aux États-Unis, nous avons un concept subtilement différent. Nous assimilons la pratique de la dissuasion aux efforts visant à influencer le calcul d'un adversaire sur les avantages, les coûts et les risques potentiels de différents plans d'action, y compris l'inaction. Il s'agit d'une stratégie séculaire, bien antérieure à la révolution nucléaire. C'est ainsi que « dissuasion » s'entend dans la présente contribution.

En tant que praticiennes de la dissuasion, les démocraties ont de nombreux atouts. En cas de crise, elles se concentrent et se mobilisent intensément. Si elles sont agressées d'une manière ou d'une autre, elles se mettent en colère. Dans les compétitions à long terme, elles peuvent mobiliser d'énormes ressources. Et en cas de besoin, elles peuvent produire des dirigeants sages et énergiques. Pendant la guerre froide, ces forces se sont combinées pour permettre le succès d'une campagne à long terme visant à dissuader l'agression soviétique et à préserver la stabilité nucléaire.

Mais l'Histoire nous apprend que la dissuasion a connu des échecs catastrophiques. Les échecs des années 1930 à dissuader l'agression de l'Allemagne nazie et du Japon impérial sont les plus marquants. Quelles sont donc les faiblesses de la démocratie au regard de la dissuasion ? Et quelle est sa pertinence aujourd'hui ?

Il y a deux siècles, Alexis de Tocqueville a formulé deux arguments clés pour répondre à cette question. Dans sa célèbre étude sur la démocratie en Amérique, Tocqueville avance l'argument suivant : c'est surtout dans la conduite de leurs relations extérieures que les démocraties paraissent décidément inférieures aux autres ; la politique étrangère n'exige pratiquement aucune des qualités propres à une démocratie ; une démocratie ne peut que très difficilement régler les détails d'une entreprise importante, persévérer dans un dessein déterminé, et en poursuivre l'exécution en dépit de sérieux obstacles. Elle ne peut en attendre les conséquences avec patience. Il fait également valoir que la démocratie paraît mieux adaptée à la conduite de la société en temps de paix, ou à « un effort soudain d'une vigueur remarquable », qu'à l'endurance prolongée des grandes tempêtes qui font l'essentiel de l'existence politique des nations. La raison en est selon lui très évidente : l'enthousiasme pousse les hommes à s'exposer aux dangers et aux privations ; mais sans réflexion, ils ne les supporteront pas longtemps… C'est cette claire perception de l'avenir qui fait souvent défaut dans les démocraties. Le peuple est plus enclin à ressentir qu'à raisonner.

L'impact toxique de ces attributs de la démocratie était évident dans les années 1920 et 1930, comme l'a bien décrit l'historien britannique Edward H. Carr dans son étude sur la crise de vingt ans (l'érosion et l'effondrement final de l'ordre mondial construit après la Première Guerre mondiale). Comme lui et d'autres l'ont décrit, Hitler et Mussolini avaient observé les démocraties de près. Qu'avaient-ils vu ? L'emprise de l'idéalisme sur leurs politiques étrangères, leurs aspirations au désarmement, leurs réticences à se réarmer, leurs divisions internes, leur engagement hésitant envers le traité de Versailles et leur lutte pour ressusciter leurs économies meurtries. Ils en avaient conclu que les démocraties n'avaient pas la volonté politique de défendre leurs intérêts et que, si elles étaient attaquées, elles capituleraient rapidement. Ainsi, malgré les capacités militaires supérieures de leurs adversaires, ils attaquèrent. La dissuasion échoua.

En Asie, l'histoire est à peu près la même. L'élite dirigeante japonaise avait observé l'emprise des antimilitaristes et des isolationnistes sur la politique du Congrès américain, le manque de détermination à défendre le système du traité de Versailles et la difficulté à offrir une réponse cohérente à l'ascension militaire du Japon. Ils conclurent eux aussi que les démocraties n'avaient pas la volonté de défendre leurs intérêts et frappèrent donc non seulement Pearl Harbor mais aussi les colonies britanniques de la région.

L'échec de la dissuasion de l'attaque de la flotte du Pacifique à Pearl Harbor surprit particulièrement les États-Unis.

L'explication de cette surprise par Thomas Schelling ajoute quelque chose d'utile à notre compréhension des conséquences dangereuses des faiblesses de la démocratie en tant que facteur de dissuasion. Dans une analyse écrite en 1958, Schelling argumente comme suit :

> « Si l'on pense à l'ensemble du gouvernement américain et à son *establishment* militaire et diplomatique très étendu, il n'est pas vrai que nous avons été pris au dépourvu au moment de Pearl Harbor. Rarement un gouvernement n'a été aussi prévoyant. Nous nous sommes simplement trompés. Et ce n'est pas notre posture en matière de renseignement qui a été la plus fautive, mais notre analyse stratégique. Nous étions tellement occupés à réfléchir à certains mouvements japonais "évidents" que nous avons négligé de nous protéger contre le choix qu'ils ont réellement fait. Il serait rassurant de croire que Pearl Harbor n'était qu'une gaffe colossale et extraordinaire. Ce qui est inquiétant, c'est qu'il s'agissait d'une gaffe tout à fait ordinaire. En fait, le terme "bévue" est trop spécifique ; notre stupéfiante impréparation à Pearl Harbor n'était ni un "phénomène du dimanche matin", ni un "phénomène hawaïen". Il s'agissait simplement de l'incapacité dramatique d'un gouvernement remarquablement bien informé à prévoir le prochain mouvement de l'ennemi dans une crise de la guerre froide… Nous avions commis la terrible erreur […] d'oublier qu'une bonne dissuasion peut faire une superbe cible. »

Une « gaffe » ordinaire commise par un « gouvernement dans l'expectative » conduisit à un échec catastrophique de la dissuasion. Bien sûr, l'Histoire montre que les dirigeants des puissances de l'Axe se sont trompés sur la volonté des démocraties de se défendre. Mais nous avons payé un prix terrible en sang et en dollars pour cet échec.

L'observation de Tocqueville selon laquelle les démocraties sont enclines à « des efforts soudains d'une vigueur remarquable » s'est avérée être pertinente pour la réflexion américaine sur la dissuasion nucléaire telle qu'elle a pris forme au début de la guerre froide. En réfléchissant à sa célèbre échelle d'escalade, Herman Kahn a encouragé les lecteurs à ne pas prendre trop au sérieux l'apparence de rationalité que son modèle conceptuel d'escalade véhicule. Il a ensuite décrit le peuple américain comme étant mû par une certaine vision morale du bien et du mal dans le monde et a averti que, lorsqu'il serait finalement poussé à attaquer, le peuple américain serait prêt à utiliser « une force extravagante pour expulser un mal détesté ». Après Pearl Harbor et le 11 Septembre (les attentats de 2001 sur le sol américain), les États-Unis se sont lancés dans des guerres visant la défaite totale, la reddition inconditionnelle et la suppression du régime.

Bien entendu, il est également possible que les démocraties ne soient pas poussées à attaquer. Les démocraties aussi peuvent calculer les avantages, les coûts et les risques de différents plans d'action et parfois conclure que les coûts et les risques d'une réponse forte à une attaque l'emportent sur ses avantages. Après l'attaque terroriste de 1983 contre des bâtiments militaires au Liban qui a fait 241 morts parmi les militaires américains (ainsi que 58 parmi les militaires français), le président Reagan a simplement rapatrié les survivants. Cela implique qu'il existe un point sur l'échelle de l'escalade de nos ennemis auquel ils pourraient infliger suffisamment de dommages aux États-Unis pour les renvoyer chez eux, mais pas au point de les motiver à attaquer avec une force extravagante. S'ils sont convaincus d'avoir trouvé ce point, la dissuasion échouera.

En fait, les experts et les dirigeants militaires russes ont consacré beaucoup de temps et d'efforts à essayer de trouver ce point. Leurs stratégies d'escalade dans la guerre régionale reposent sur l'idée qu'ils peuvent calibrer le dosage des dommages militaires et de la douleur psychologique afin de « dégriser mais pas faire enrager » les États-Unis et leurs alliés. Par « dégrisement », ils entendent nous persuader de reconnaître que l'intérêt de la Russie dans la question en litige est plus vital que le nôtre.

Compte tenu des forces et des faiblesses des démocraties en matière de dissuasion, nos adversaires sont confrontés à un ennemi imprévisible mais dangereux. Cette imprévisibilité peut soutenir notre objectif de dissuasion en rendant impossible pour une personne envisageant une agression contre les États-Unis ou leurs alliés de calculer ses risques. Mais elle peut aussi conduire à des erreurs de calcul du type de ceux qui ont déclenché une guerre mondiale.

Il faut espérer que le président Poutine s'inquiète de cette imprévisibilité des démocraties. Il ne fait guère de doute qu'il considère les démocraties qui l'entourent comme faibles, vulnérables et facilement divisibles. Il ne fait aucun doute que son agression contre l'Ukraine résulte en partie de son jugement selon lequel il ne serait pas amené à payer un prix substantiel pour cette agression. Ce jugement s'est forgé au cours d'une décennie de faibles réponses occidentales à son agression contre la Géorgie, à sa violation du traité FNI, à son ingérence dans nos affaires politiques intérieures, à ses assassinats extraterritoriaux ciblés, à son annexion de la Crimée soutenue par l'armée, à son soutien militaire au régime criminel en Syrie et à l'utilisation illicite d'armes chimiques, entre autres crimes. Nous pouvons espérer que son calcul de dissuasion a été tourné à notre avantage par la détermination de l'Alliance atlantique à aider l'Ukraine à se défendre et par les actions claires de l'Alliance pour améliorer sa préparation à se défendre si la Russie étend la guerre à des attaques contre un ou plusieurs membres de l'Alliance. Il faut également penser que le président Xi Jinping surveille de près la situation, de même que les membres de sa Commission militaire centrale, ainsi que les dirigeants de Pyongyang, de Téhéran et d'ailleurs.

Les remèdes de Thérèse Delpech aux faiblesses de la pratique démocratique de la dissuasion étaient simples. Selon elle, la qualité des dirigeants sera déterminante pour produire le bon contexte politique et moral en cas de crise. Ils doivent reconnaître leur responsabilité dans l'utilisation du pouvoir collectif des démocraties pour façonner le monde pour le mieux. La base de la puissance (*hardpower*) doit être en place. La classe intellectuelle doit apporter les idées nécessaires au discours politique. Ces idées avaient du sens lorsqu'elle les a exposées pour la première fois dans les années 1990, alors qu'une coalition de volontaires tentait de dissuader et de contenir Saddam Hussein et d'empêcher une nouvelle vague de prolifération nucléaire. Elles ont encore plus de sens aujourd'hui, dans un monde où ce qu'elle appelle les

« pirates stratégiques » se sont multipliés et où les dirigeants révisionnistes de Moscou et de Pékin ont pris confiance dans leur capacité à prendre des risques nucléaires pour faire reculer les cadres de sécurité régionale dirigés par les États-Unis.

Sur la dissuasion élargie

Andreas Lutsch

Une dissuasion française traitée à la marge et une dissuasion américaine omniprésente – telle était, en substance, la vision contrastée que Thérèse Delpech faisait transparaître dans les analyses stratégiques qu'elle avait publiées lorsqu'elle était directrice des affaires stratégiques au Commissariat à l'énergie atomique (CEA)[5]. D'aucuns seraient tentés de suggérer une imprégnation différente de pensée stratégique : la ferveur accordée à l'indépendance de la composante française vis-à-vis de l'architecture trilatérale occidentale de la dissuasion stratégique ; l'éternelle défiance des forces nucléaires françaises vis-à-vis de la protection nucléaire américaine ; et les notions historiques de *grandeur* de la politique et de la stratégie de défense nationale française. De fait, on retrouve dans ses travaux, qui radiographiaient la dissuasion élargie des États-Unis, un argument expliquant précisément la raison pour laquelle la « dissuasion nucléaire française et britannique » représente une « valeur ajoutée » en termes de dissuasion[6]. Cette vision contrastée est en fait davantage le reflet d'une pensée stratégique française à l'ère nucléaire[7] que ce que l'on serait tenté de suggérer. Il est donc particulièrement intrigant et instructif d'étudier l'éclairage qu'offre le travail remarquable de Thérèse Delpech sur la dissuasion élargie. Tel est l'objet principal de ce *précis*. À la fin, ces arguments seront mis en perspective par une brève réflexion sur l'importance de la dissuasion nucléaire pour la survie des démocraties libérales.

L'étude de ces arguments nécessite d'apprécier à sa juste valeur la méthodologie analytique particulière, sinon singulière, des travaux de Thérèse Delpech, caractérisés par la concision, la rigueur de la structure et de l'argumentation, la clarté de pensée, l'intensité et la passion du style. Sa ferme intention était apparemment de s'opposer à la « propension humaine à s'illusionner[8] ». Le lecteur est exposé à une forme de réalisme à la fois courageuse, endurcie (ou désillusionnée) *et* humainement charitable, qui révèle l'ambivalence fondamentale de l'ère moderne. Cette ambivalence procède du caractère inévitable des logiques politiques du pouvoir, de « la combinaison fatidique des nouvelles technologies et du nihilisme aigu[9] », de la présence permanente des « instruments diaboliques » des armes nucléaires, dont la « seule et unique utilisation » justifiée est celle de « dissuader[10] », et le problème déconcertant que des explosions de violence catastrophiques sont possibles[11]. Un autre élément est la conviction selon laquelle les idées ont un impact fondamental sur la réalité. « Dans le domaine nucléaire, le combat est avant tout une épreuve intellectuelle.

La partie qui cesse de réfléchir a perdu d'avance[12]. » « La stratégie nucléaire est *cosa mentale*[13]. » Une notion cruciale est que les concepts basés sur des idées sont essentiels pour structurer le « cadre intellectuel », comprendre le passé nucléaire et anticiper les « choses à venir en matière nucléaire[14] ». Il importe que ces concepts demeurent étroitement liés à la réalité, en l'occurrence aux expériences historiques. La réflexion stylisée (comme la théorie des jeux), qui fait peu de cas de « la dimension humaine[15] » et des cadrages culturels du processus décisionnel[16], est « d'une pertinence contestable à l'aune du monde réel[17] ». Enfin, il est affirmé que tirer des leçons de l'expérience historique est possible et indispensable, car il n'est pas vrai que « le passé n'est que peu éclairant[18] ». Dans un monde qui a changé et qui continue de changer, « l'expérience de la guerre froide est extrêmement riche d'enseignements et mérite de nouveau que l'on s'y intéresse[19] ». Cette démarche peut constituer « une bonne défense contre la pensée dérivative[20] ». Les sociétés libres des démocraties libérales en ont besoin : « À l'instar de Peter Pan, les membres de ces sociétés éprouvent les plus grandes difficultés à devenir adultes : leur mémoire est courte et ils n'aiment pas entendre parler des leçons de l'Histoire[21] », et tout particulièrement du « risque toujours probable d'un retour à l'ensauvagement[22] ».

Cette rigueur analytique et méthodologique dans le traitement de sujets sécuritaires difficiles du point de vue de la politique, de la morale et du diagnostic corrobore la qualité des arguments sur la dissuasion élargie qui se vérifient dans les travaux de Thérèse Delpech. Penchons-nous ici brièvement sur cinq de ces arguments intemporels.

L'histoire de la dissuasion élargie des États-Unis en Europe et en Asie orientale était une success story *remarquable, « la dissuasion élargie sera nécessaire » au XXIe siècle, « et est très plébiscitée[23] »*

La dissuasion élargie continue de faire partie intégrante des ordres sécuritaires régionaux régis par les États-Unis en Europe et en Asie orientale. Cette dissuasion opérationnalise les intérêts géostratégiques solidement enracinés des États-Unis en disposant d'« alliés fiables tout autour du bloc soviétique[24] » – et aujourd'hui de la Russie, de la Chine et de la Corée du Nord. Mais la dissuasion élargie n'est pas l'instrument d'un « empire américain », car les États-Unis « n'ont pas d'institutions impériales, et encore moins d'ambitions impériales, contrairement aux puissances européennes des siècles derniers[25] ». De plus, la dissuasion élargie reste limitée à la protection des pays et populations du bloc de l'Ouest. Face aux autocraties et aux dictatures, cette posture reflétait une préférence catégorique pour « la stabilité », « l'ordre » et, en fin de compte, « l'injustice au désordre[26] ». La circonstance selon laquelle « le monde était clairement divisé » expliquait pourquoi « la dissuasion nucléaire fonctionnait[27] ». La dernière fois que la dissuasion nucléaire élargie des États-Unis a été mise à rude épreuve remonte à la seconde crise de Berlin, et tout particulièrement aux années 1961 et 1962. Lors de la crise des missiles à Cuba, l'Union soviétique cherchait à acquérir une « meilleure posture » dans la perspective d'une nouvelle « confrontation possible à propos de Berlin[28] ». La crise des missiles à Cuba s'est achevée sur « une victoire claire des États-Unis[29] », dans la mesure où ces derniers ont réussi à conserver ce qu'il restait de la position occidentale à Berlin. « Washington a gagné une forte crédibilité en démontrant son engagement à risquer une guerre nucléaire pour Berlin[30]. » L'ordre sécuritaire euro-atlantique est ainsi demeuré intact. Ces événements majeurs du début des années 1960 ont contribué à créer les conditions qui conforteraient plus tard le sentiment que la guerre froide aboutirait à la dislocation du bloc soviétique, à la libération de l'Europe centrale et orientale et à la réunification de l'Allemagne.

Les crises représentent des tests réels pour la dissuasion élargie

Les analystes doivent examiner attentivement les causes, les dimensions et les dynamiques des crises qui impliquent des puissances nucléaires, mais aussi les conditions de stabilisation de ces crises. Or « le facteur nucléaire des crises internationales [...] est généralement sous-estimé, y compris par la communauté d'experts[31] ». En même temps, les analystes ne doivent pas perdre de vue le problème que des défaillances potentiellement évitables dans la dissuasion peuvent précéder une crise. Compte tenu de la multipolarité nucléaire, « une violence croissante mondiale et l'absence de règles reconnues[32] » ne sont pas inévitables. Dans l'« ère prochaine de la piraterie stratégique » au XXIe siècle[33], des conflits internationaux impliquant la Chine, la Russie, les États-Unis et leurs alliés seront donc possibles à différents degrés, tout comme le seront les poudrières géopolitiques où la dissuasion élargie américaine sera en jeu.

« La dissuasion est une entreprise très difficile[34] *», en particulier dans une crise*

Intellectuellement, il serait inexcusable de banaliser cet argument, tandis que politiquement, il serait irresponsable de ne pas le considérer, de le négliger ou d'être complaisant à son égard. Or « beaucoup agissent et parlent comme si le maintien d'une dissuasion effective avait cessé d'être une responsabilité politique majeure[35] ». La dissuasion élargie est bien plus difficile à exercer que la dissuasion centrale, en raison de critères qui ont toujours été complexes et qui continueront de l'être, souvent au-delà de ce que même l'esprit le plus éclairé peut imaginer. Au moins deux facteurs sont prépondérants : l'attitude des dirigeants politiques et la compréhension de l'adversaire. La manière dont les dirigeants politiques se comportent dans une crise est, selon l'analyse de Thérèse Delpech, le facteur « le plus important[36] » : « Leur assurance et leur détermination comptent plus que le nombre de missiles et de têtes nucléaires[37]. » Ces dirigeants doivent avoir les reins solides, un mental à toute épreuve et une puissante clairvoyance pour faire de la dissuasion élargie une arme efficace dans les situations d'extrême tension. Le poids de cette responsabilité politique peut être existentiel. Pour tout dirigeant, maintenir ses engagements de dissuasion élargie vis-à-vis des autres pays constitue un fardeau aliénant et éprouvant pour les nerfs. À cet égard, Thérèse Delpech citait l'ancien Secrétaire d'État américain John F. Dulles : « Notre survie dépend de notre aptitude à répondre aux urgences. Puissions-nous toujours posséder cette aptitude. » Et de poser la question : « La possédons-nous encore[38] ? » Compte tenu des limites cognitives de la rationalité humaine, des passions et des erreurs possibles de perception, de compréhension et de calcul, la stabilité peut être très difficile à maintenir, en particulier dans une crise. Il n'existe pas d'issue à la situation structurelle où « le malentendu fait [...] toujours partie de l'équation[39] », « tandis que l'erreur de perception entre des adversaires nucléaires potentiels est attisée par la défiance[40]. » « L'Histoire a montré que, lors d'une crise, les antagonistes interprètent souvent mal l'intention de l'autre[41]. » Il est donc vital de bien connaître son adversaire : « Une bonne raison de travailler sur la dissuasion nucléaire est d'*inciter à l'élaboration d'un important effort de renseignement*[42] » pour mieux appréhender les aspirants nucléaires, les puissances nucléaires et les « conceptions culturelles de la rationalité[43] ».

La manière dont l'incertitude influe sur la dissuasion demeure contestée

Est-ce que l'incertitude « renforce ou affaiblit la dissuasion[44] » ? Le doute persiste quant à la manière dont le calibrage concret des engagements influe sur la dissuasion, dans un spectre allant de l'opacité à la rigidité. Sur cette question, Thérèse Delpech enjoignait de « faire un choix[45] ». Plus proche de Herman Kahn que de Thomas Schelling, elle partait du principe que « des actions ou menaces manifestes, lorsqu'elles sont crédibles, ont plus de chance de réussir que l'incertitude[46] ». « Dans un monde où les imprévus stratégiques sont en passe de devenir la norme, plutôt que l'exception, l'incertitude pourrait s'avérer plus perturbante pour l'Occident que pour ses adversaires potentiels[47]. »

Offrir des garanties aux alliés non nucléaires dans les relations de dissuasion élargie est astreignant

Les « calculs stratégiques » des alliés non nucléaires doivent être sérieusement pris en compte[48]. Ces derniers considèrent des engagements crédibles en matière de dissuasion élargie comme une condition préalable indispensable à leur statut d'État non nucléaire[49]. Ces engagements impliquent « capacités et résolution ». La tâche la plus difficile est de générer une résolution crédible. Or la résolution implique que « les intentions soient crédibles[50] ». « Les alliés des États-Unis n'obtiennent cette garantie que s'ils comprennent clairement les capacités et intentions du protecteur américain[51]. » De plus, Thérèse Delpech soulignait que des intentions crédibles exigent du protecteur la « réputation d'agir » et que de cette réputation « dépend de l'inclination des autres pays à lui faire confiance[52] ». Cela traduit une « foi solide, mais pas incontestée », en l'« interdépendance » de tout engagement des États-Unis[53].

Dissuasion et démocratie : mise en perspective des arguments de Thérèse Delpech

Les arguments tirés des analyses de Thérèse Delpech font valoir que, historiquement, les relations de dissuasion nucléaire élargie ont non seulement prévalu entre les démocraties libérales, mais ont également été cruciales pour la survie même de la démocratie libérale dans plusieurs pays alliés des États-Unis. Ce qui nous pousse à nous interroger ici sur le rapport entre démocratie libérale et dissuasion nucléaire.

Une influente école de pensée théorique en matière de relations internationales tend à affirmer que le type de régime politique d'un État, c'est-à-dire son système et son mode de gouvernance, n'est pas pertinent, et que la dissuasion mutuelle entre États hostiles, indépendamment de leur forme de gouvernement, est « profondément stable » lorsque chaque partie contrôle un « système d'arme stratégique […] invulnérable[54] », quelle que soit sa taille. Autrement dit, qu'un État doté de l'arme nucléaire soit une démocratie ou n'en soit pas vraiment une n'a ici que peu d'importance. De même, la notion d'associer le noble concept d'agir en « puissance nucléaire responsable » à la démocratie libérale dans le système politique d'un État est quasiment sans fondement, sauf pour le nationalisme hypocrite ou l'auto-encensement ethnoculturel que cela reflète. Malgré la force d'argumentation suggestive d'une perspective de ce type, elle ne va pas sans poser d'importants problèmes.

À commencer par le fait que, d'un point de vue général, les théories concernant les relations internationales, si utiles soient-elles pour réduire l'incertitude, peuvent nous aveugler sur la réalité que les affaires internationales ont toujours été si complexes et surprenantes que, dans la plupart des cas, elles dépassent l'aptitude humaine à les comprendre ou les expliquer de façon adéquate – en particulier avec des théories simples. Mais intéressons-nous à une question contrefactuelle particulièrement éclairante dans ce contexte : si, début 1944, Staline ou Hitler avaient contrôlé l'arme nucléaire, c'est-à-dire si l'Union soviétique stalinienne ou l'Allemagne hitlérienne avaient eu le monopole du feu nucléaire, en auraient-elles fait l'usage pour dominer l'Europe et la Grande-Bretagne et forcer les États-Unis à laisser faire, de peur de voir leurs propres villes menacées par une attaque nucléaire ? Compte tenu du fait que l'attitude hégémonique d'un régime dictatorial est généralement considérée comme sans pitié dans l'opinion publique, il est à peu près certain que beaucoup auraient tendance à répondre que Staline ou Hitler auraient effectivement exploité leur monopole nucléaire dans la plus grande mesure possible. En toute bonne logique, ce monopole aurait également servi à dissuader les États hostiles d'acquérir et de produire l'arme nucléaire, en premier lieu les États-Unis. Autrement dit, Staline ou Hitler auraient très certainement cherché à imposer leur monopole atomique.

Vu sous cet angle, il convient de bien réaliser ce que les États-Unis n'ont *pas* fait entre 1945 et 1949, après avoir délivré le feu nucléaire pour contraindre le Japon à capituler. C'est pourtant durant cette période que la rivalité globale avec l'Union soviétique est devenue très forte et que l'expression « guerre froide » est apparue. Même si elle se limitait au début à une lutte d'influence politique et à la confrontation des services de renseignement, cette guerre en était vraiment une[55].

L'Union soviétique était sur le point de se doter de ses propres armes nucléaires, qu'elle a testées pour la première fois en 1949, et la guerre de Corée un an plus tard allait montrer que cette « guerre froide » pouvait rapidement dégénérer en conflit armé. Mais malgré le risque croissant d'une confrontation directe entre l'Union soviétique et les États-Unis, ces derniers se sont bien abstenus de brandir la menace atomique à l'encontre de Moscou. Les raisons qui les auraient poussés à le faire ne sont d'ailleurs pas évidentes. Cependant, comme un spécialiste de la question l'a fait remarquer, « la démocratie » était « une variable causale majeure » : « [...] l'incapacité même à menacer d'une guerre préventive avant 1949 devait s'expliquer davantage par des valeurs morales absolues que par des calculs rationnels au sein du gouvernement américain[56] ». En d'autres termes, le fait que les États-Unis soient une démocratie libérale a fait toute la différence.

De plus, il importe de rappeler ce que les États-Unis ont fait entre 1945 et 1949. Dans les années qui ont suivi les attaques d'Hiroshima et de Nagasaki, ainsi qu'après 1949, le principal objectif des États-Unis vis-à-vis de leurs forces nucléaires était la dissuasion, qui allait également devenir une composante fondamentale de la stratégie américaine de *containment* de l'Union soviétique et du communisme à travers le monde : « La détermination et l'aptitude de l'Amérique à tenir un si grand rôle sur l'échiquier international, et tout particulièrement sur le continent eurasiatique, reflétaient la confiance absolue que lui conférait sa possession exclusive de l'arme nucléaire[57]. » Autrement dit, au lendemain du second conflit mondial, l'atome a permis aux États-Unis d'asseoir leur pouvoir et leur influence sur les pays du monde libre, en les affranchissant des risques d'empiétement, de pressions et de menaces exercés par des régimes considérant la démocratie comme une menace pour leur propre existence.

On peut ajouter que la protection que les États-Unis ont depuis été capables et désireux d'apporter aux pays tiers *via* la dissuasion nucléaire élargie a également été une condition pour la démocratisation du monde. Après tout, forts de ce dispositif sécuritaire, le Japon et l'Allemagne de l'Ouest sont devenus des démocraties libérales stables et alliées des États-Unis et d'autres pays occidentaux, et l'Allemagne a même pu se réunifier en 1989-1990. D'un point de vue historique, le réalignement politique géostratégique et domestique durable du Japon et de l'Allemagne aura été l'un des dénouements les plus remarquables qu'une grande puissance ait permis de réaliser. De même, après la Seconde Guerre mondiale, les démocraties d'Europe et d'Asie orientale ont pris conscience qu'elles pouvaient finalement faire confiance au parapluie nucléaire américain pour sauvegarder leur sécurité, leur liberté et leur prospérité économique, y compris face à de grandes puissances révisionnistes et nucléaires comme l'Union soviétique, la Russie et la Chine, qui ont cherché à défier, briser et remplacer l'ordre sécuritaire régional établi par les États-Unis. De fait, comme le faisait remarquer Thérèse Delpech, les États-Unis ont même été capables, durant la guerre froide, de protéger les trois secteurs occidentaux de la ville divisée de Berlin, ce qui aurait été difficilement concevable sans dissuasion nucléaire. Ce constat est partagé par un éminent expert américain, qui notait « un lien particulièrement fort [...] entre la dissuasion américaine et la stabilité politique de l'Allemagne de l'Ouest » : la protection nucléaire américaine a été essentielle pour permettre à la République fédérale d'Allemagne de renoncer à l'arme nucléaire, sachant que « toute démarche de ce pays pour s'en doter aurait compromis la stabilité politique en Europe, en raison des craintes qu'elle aurait suscitées dans tous les autres États européens[58] ». Tout cela fait écho aux premiers arguments tirés des travaux de Thérèse Delpech : le régime de protection nucléaire que les États-Unis ont fourni à leurs alliés en Europe et en Asie a été un succès historique remarquable, en particulier pour la survie et la prospérité de la démocratie libérale dans ces régions géopolitiquement critiques.

CHAPITRE 4

Enjeux et limites du débat démocratique sur la dissuasion

Un nécessaire espace public de la dissuasion

Philippe Errera

Thérèse Delpech avait pour habitude de ne pas esquiver les questions les plus difficiles et d'y répondre de la manière la plus directe possible. Je m'efforcerai donc d'appliquer ces deux principes, pour savoir si la dissuasion nucléaire est adaptée à la défense des démocraties. Quatre axes se dessinent.

Les tensions entre démocratie et dissuasion

Au premier abord, la relation entre dissuasion nucléaire et démocratie est une relation de tension poussée à l'extrême. À tel point que nous pourrions presque considérer que les éléments consubstantiels de la démocratie et de la dissuasion sont incompatibles.

On pense d'abord à la tension entre la responsabilité à l'égard de l'ensemble de la collectivité et le caractère nécessairement solitaire de la décision. On pense ensuite à la tension entre le besoin de cohésion de la communauté nationale derrière le décideur, qui suppose un certain degré de concertation, et le besoin de maintien du secret : bien sûr, le secret sur certaines modalités d'exercice de la dissuasion, mais surtout, de manière plus essentielle, le secret concernant la définition précise des intérêts vitaux. Ce qui rejoint le point précédent : seul celui qui est investi du pouvoir politique suprême peut prendre la décision politique ultime – et il ne peut le faire que seul. Puisque la soumettre au débat politique préalable et à la décision collective serait incompatible avec la crédibilité de la dissuasion, *a fortiori* si cela devait être fait au moment de la crise.

« L'espace public de la dissuasion »

Et pourtant, ces tensions ne sont pas nécessairement des contradictions. Un exercice efficace de la dissuasion est possible en démocratie, à certaines conditions. La condition essentielle est de veiller à ce qu'on pourrait appeler un « espace public de la dissuasion[1] ».

Parce que la question qui revient toujours est celle de la crédibilité de la dissuasion qui, en démocratie, est inséparable de la question de sa *légitimité,* et donc de sa légitimation par le peuple. Ainsi, le peuple non seulement *peut*, mais *doit* participer à la légitimation de la dissuasion, qui peut être vue à certains égards comme une politique publique, certes exorbitante du droit commun, mais une politique publique néanmoins.

Nous nous focalisons trop souvent sur la seule décision de déclencher le feu nucléaire, ou plus exactement, dans la doctrine française, sur la détermination du fait que les intérêts vitaux sont engagés. Bien sûr, il faut que l'autorité politique qui a la charge de cette responsabilité immense bénéficie d'une légitimité politique. En France, c'est grâce au suffrage universel direct. Notons d'ailleurs que ce n'est pas le cas chez les deux autres alliés occidentaux nucléaires que sont les États-Unis et le Royaume-Uni.

Cependant, se focaliser uniquement sur cette décision-là, qui est celle où la tension est la plus forte entre démocratie et dissuasion, c'est oublier qu'un outil de dissuasion crédible dans la durée est le résultat d'une chaîne de décisions qui reposent toutes sur des légitimations de nature différente. Toutes ces légitimations sont en lien avec la nature démocratique du régime politique, qu'il s'agisse du financement du programme ou qu'il s'agisse des décisions de détermination de la doctrine, pour ne prendre que ces deux-là.

Tout cela ne va pas de soi. C'est pour cela que la réponse est « oui, *à condition que* ». Parce que, en démocratie, ce qu'on pourrait appeler le critère de l'autorité légitime, au sens de la doctrine de la guerre juste, suppose qu'un espace public ait été constitué sur les sujets liés à la dissuasion et que cet espace permette des débats informés, raisonnés et rationnels sur les éléments constitutifs de la dissuasion qui confortent leur légitimité, grâce à des choix assumés par l'autorité politique, après un examen nécessairement exigeant.

Donc oui, la dissuasion nucléaire peut être adaptée à la défense des démocraties. Mais nous pouvons aller plus loin : aujourd'hui, grâce aux menaces existentielles qui pèsent sur nos démocraties européennes, la dissuasion nucléaire peut non seulement retrouver un sens particulier, mais elle peut également trouver un soutien renouvelé.

Renforcement de la cohésion entre démocraties

Après la fin de la guerre froide, et plus particulièrement à la fin des années 2000, on a vu l'aspiration à un monde libre d'armes nucléaires de Barack Obama, le lancement du mouvement Global Zero, le lancement du mouvement sur les conséquences humanitaires de l'arme nucléaire qui a posé les bases de la renaissance du mouvement abolitionniste. Tout cela était rendu possible, au moins pour partie, par la fin de la menace idéologique contre les démocraties occidentales que représentait la fin de la guerre froide. La menace nucléaire était destinée à nous protéger de la menace totalitaire. Il s'agissait de deux menaces absolues au sens où elles étaient toutes les deux existentielles. Le raisonnement, fallacieux mais de plus en plus prégnant, voulait que, puisque la menace totalitaire sur les démocraties n'existait plus après la chute du Mur, la menace nucléaire n'avait plus lieu d'être.

Aujourd'hui, la menace qui pèse sur l'Europe de la part de la Russie n'est pas une menace totalitaire comme l'était celle de l'URSS – mais c'est de nouveau une menace militaire, explicitée dans les écrits et dans les discours publics de Vladimir Poutine avant même son invasion de l'Ukraine. C'est également une menace contre le tissu de nos démocraties émanant de la Russie, notamment grâce aux outils dirigés contre nos sociétés en termes d'ingérence, en particulier dans le champ informationnel.

L'invasion de l'Ukraine, d'une certaine façon, matérialise cette menace par l'ampleur des crimes commis, qui sont ceux d'une guerre d'anéantissement. Il suffit de voir le ciblage systématique des centres de population et des infrastructures critiques, énergétiques notamment, qui s'ajoute à toute la rhétorique négationniste, au sens de la négation d'une nation. Ainsi, autant par ce que représente à nos yeux l'Ukraine que par la décision que nous avons prise de lui accorder le statut de candidat à l'Union européenne, nous avons incarné et renforcé le sentiment que l'Ukraine se bat pour la défense des valeurs qui sont les nôtres et pour une identité qui est une identité européenne.

Ainsi, du fait de cette menace qui nous rappelle ce qui est en jeu pour nous, l'importance de pouvoir défendre nos *propres* intérêts vitaux prend une nouvelle actualité, même si nous devions considérer que ces intérêts vitaux ne sont pas en jeu en Ukraine. Notre réaction à cette guerre d'agression a ainsi permis de tester et de renforcer cette autre qualité collective qui est essentielle pour l'exercice de la dissuasion en démocratie, qui est la volonté.

Il était en effet tentant de tabler sur l'absence de volonté, sur l'indifférence, sur la lassitude, sur la division des démocraties – c'est-à-dire sur les divisions des démocraties européennes entre elles et en leur sein. Et Vladimir Poutine a cédé assez naturellement à cette tentation. Il a cru pouvoir compter sur une asymétrie des enjeux et des volontés qui lui permettrait de nous intimider et d'obtenir par la menace que nous cessions notre soutien à l'Ukraine après le début de l'invasion, ou que nous cessions notre politique d'isolement économique et diplomatique de Moscou par les huit vagues de sanctions adoptées à la date de 2022 par l'Union européenne. Il s'est trompé. Et il a même contribué à cette erreur, notamment par l'ampleur de ses crimes.

Leçons pour la dissuasion et la sécurité européenne de la guerre d'Ukraine

Quatrième point, de manière plus spécifique sur l'Ukraine : qu'est-ce que la guerre en Ukraine nous dit de la dissuasion et du fait nucléaire ?

Premièrement, elle nous a appris que la fonction première de la dissuasion nucléaire, qui est d'empêcher la guerre majeure entre États dotés, a joué. Et rien ne nous amène à penser qu'elle ne continuerait pas de jouer. Il y a différentes manières de souligner cette réalité qui ne se situent pas toutes dans le registre public, mais je pense qu'il faut commencer par cette donnée de base.

Deuxièmement, avant même la première évocation du fait nucléaire par Vladimir Poutine, cette guerre avait déjà une dimension nucléaire, ne serait-ce que par la violation du mémorandum de Budapest de 1994 et par l'ombre portée par le nucléaire sur l'ensemble de cette tentative de la Russie depuis 2014 et la Crimée. Le lecteur pourra à ce propos lire la remarquable tribune de Mélanie Rosselet[2] du début du mois de février dernier, donc trois semaines avant l'invasion. Tout ce qu'on a vu depuis n'a fait que renforcer cette situation.

Troisièmement, s'il est important de ne pas sous-estimer le risque d'emploi de l'arme nucléaire dans ce conflit, il est au moins aussi important – voire davantage – de ne pas le surestimer et de ne pas faire le jeu de Vladimir Poutine en servant de chambre d'écho à ses mises en garde nucléaires.

Aujourd'hui, nous voyons chez certains, en Europe ou ailleurs, une combinaison de lectures trop rapides des références nucléaires de Vladimir Poutine, d'une part, et de conclusions erronées qui en sont tirées quant à l'attitude à avoir à l'égard de la dissuasion nucléaire en général. Parce que si la conclusion tirée de cette situation est que la menace d'emploi de l'arme nucléaire justifie d'accélérer le mouvement de désarmement nucléaire et de délégitimation de la dissuasion nucléaire (ce qui est une tentation de certains en Europe), nous serions triplement perdants.

Perdants d'abord en validant le comportement de Poutine et en le poussant à répéter de telles menaces, la prochaine fois contre notre propre territoire et nos intérêts vitaux. Perdants ensuite en affaiblissant nous-mêmes notre propre sécurité, parce que nous affaiblirions notre posture de défense et de dissuasion, au moment même où l'une des menaces les plus graves pèse sur l'Europe depuis la fin de la guerre froide. La capacité des trois États dotés de l'Alliance à assurer et à contribuer de manière décisive à sa défense collective repose en effet sur leurs capacités nucléaires respectives. Et ce faisant, nous risquerions d'être finalement perdants en accélérant le mouvement de délégitimation de l'arme nucléaire chez nos partenaires européens. Cela aurait par ailleurs un impact sur la dissuasion élargie américaine. Cela n'est pas un sujet pour la France, mais la France ne peut faire abstraction de ce qui se passerait chez ses alliés et partenaires européens. Ce serait là une autre manière dont les théâtres asiatique et européen se rejoignent à travers cet affaiblissement de la dissuasion élargie.

Nous avons donc une responsabilité partagée et un intérêt partagé à lutter contre cette confusion.

Pour conclure, il convient de revenir sur la notion d'un espace public de la dissuasion nucléaire comme condition nécessaire de la crédibilité et de la viabilité d'une posture de dissuasion robuste en démocratie.

Ce qui était si singulier et précieux chez Thérèse Delpech était que toute son œuvre (ses articles, ses ouvrages) mais aussi toute son action (les débats qu'elle a nourris, les études qu'elle a rendues possibles, les étudiants qu'elle a formés…), tout son être tendait vers un objectif simple : nourrir un débat raisonné d'acteurs informés et responsables. Cela était inséparable de sa conviction profonde de philosophe qu'il était essentiel de penser en faisant preuve de la même exigence vis-à-vis des autres que vis-à-vis d'elle-même – de penser en général et de penser la dissuasion en particulier. La dissuasion non pas comme un concept abstrait, mais comme cet extrême qui contient la violence de la manière la plus radicale.

Cette compréhension intime des ressorts de la violence et cette obsession de la barbarie et du retour de la barbarie (ou de l'ensauvagement) étaient donc inséparables. Pour Thérèse Delpech, la dissuasion nucléaire constituait le dernier rempart contre un déchaînement de violence dont nous aurions été les victimes directes et qui était inséparable pour elle d'un engagement humaniste au sens le plus profond du terme.

La meilleure manière de continuer à honorer sa mémoire et à lui rendre une part infime de ce qu'elle nous a donné comme homme, comme femme, comme citoyen, et pour ce qui me concerne comme diplomate, est de nourrir cet espace de pensée avec la même exigence que celle qui était la sienne.

Quelles conditions au débat démocratique ?

Tiphaine de Champchesnel

S'intéresser à la notion de débat démocratique au cours d'une réflexion plus générale sur l'articulation entre démocratie(s) et dissuasion est essentiel, en raison, d'une part, de l'importance de la dimension dialectique pour la démocratie et, d'autre part, de la nécessité d'analyser plus en détail ce que nous appréhendons presque toujours sous l'angle du rapport à la prise de décision.

La présente contribution vise à mettre en lumière un volet important du débat démocratique qui peut être désigné par le terme de « discussion », c'est-à-dire un échange d'idées. Au contraire de la délibération qui est conçue comme une étape du processus décisionnel, la discussion y est moins étroitement reliée.

Pour que cette discussion puisse se tenir, plusieurs conditions sont requises. Nous évoquerons ici principalement :

le volontariat et l'engagement d'acteurs dans la discussion, l'existence d'espaces publics et éventuellement d'autres types d'espaces permettant la conduite de cette discussion, un niveau d'information suffisant, une circulation des connaissances et la place de la contestation.

La participation à la discussion

Tout d'abord, cet exercice requiert l'engagement de plusieurs participants. Il demande que des volontaires cherchent à y prendre part. Il faut non seulement que des acteurs soient intéressés par le sujet traité mais aussi qu'ils trouvent un intérêt à participer à une discussion sur ce sujet. Cela n'est pas à négliger car il n'est pas certain que tous ceux qui se sentent concernés par le sujet décident d'en parler dans un espace public et de donner leur avis. D'ailleurs, sur ce point, deux hypothèses peuvent être considérées pour expliquer que la discussion ne prenne pas davantage d'ampleur en France.

La première hypothèse est celle d'une forme de découragement (qui n'est pas sans rappeler le principe de la dissuasion par déni[3]). Celui-ci serait favorisé par une idée largement diffusée de l'impossibilité d'un débat sur la dissuasion et de l'existence d'un dogme incontestable. Ainsi, ce découragement se produirait plus facilement du côté de la contestation antinucléaire[4], même s'il peut toucher aussi d'autres catégories de positionnements par rapport à la stratégie de dissuasion, le simple questionnement ou encore le soutien à la politique en vigueur. Il pourrait aussi provenir d'une croyance conduisant à penser la dissuasion comme un sujet inaccessible du fait d'une complexité technique et surtout d'un niveau de confidentialité des informations qui empêcherait la connaissance.

Plusieurs grands sujets de société intègrent cette difficulté technique d'accès à la connaissance, par exemple celui du changement climatique et de la transition énergétique. Les mêmes interrogations se posent ainsi de manière transverse sur les conditions de la participation aux débats. Les discussions doivent-elles être réservées aux experts[5] ? Est-il possible et comment impliquer le public dans le débat ?

Quant au secret, dans quelle mesure est-il un obstacle au débat ? Comment d'autres secteurs abordent-ils ces difficultés ? D'autres États ont-ils développé des pratiques intéressantes qui pourraient être importées en France ? Toutes ces interrogations pourraient être considérées pour approfondir la question de l'articulation entre démocratie et dissuasion.

La seconde hypothèse concernant l'intérêt à participer au débat est celle d'une déclinaison du problème du passager clandestin, décrit dans la littérature sur les mobilisations collectives comme une explication de la difficulté pour un acteur de s'engager[6]. Cela se produit quand l'individu estime tirer avantage de la situation sans avoir besoin de contribuer lui-même. Dans le cas de la dissuasion nucléaire, cela pourrait expliquer que les soutiens au *statu quo* ne se manifestent que très rarement dans cette discussion. Quel intérêt à prendre position en faveur de ce qui semble acquis et peu contesté ?

Espaces de discussion et circulation des connaissances

En France, une critique récurrente émane notamment d'acteurs opposés à la dissuasion qui dénoncent une insuffisance ou même une absence de débat sur le sujet. Il s'agit de l'expression d'une insatisfaction et, en même temps, d'un argument dans la discussion, de l'expression d'un point de vue et d'une contestation, preuve que cette dernière se tient. Toutefois, cette critique vise peut-être moins ce que nous désignons ici par discussion que ce qui se trouve plutôt du côté de la délibération.

Si l'insatisfaction des opposants est connue, la préoccupation de ceux qui travaillent au sein des administrations en charge de la politique nucléaire n'est pas aussi connue. Elle a pourtant présidé à la naissance de plusieurs initiatives ces dernières années, partant de l'idée que la réflexion sur les questions nucléaires devait être encouragée. À cette fin, la circulation de l'information et l'ouverture d'espaces de discussion devaient être favorisées. Quelques signes de cette dynamique peuvent être mentionnés dont la publication d'ouvrages, y compris par des militaires[7], l'organisation de colloques et d'autres projets destinés à offrir de l'information pour permettre d'ouvrir le débat et de renouveler la pensée stratégique.

L'une de ces initiatives est le Réseau nucléaire et stratégie-Nouvelle génération (RNS-NG) mis en œuvre par deux *think tanks* qui sélectionnent chaque année une trentaine de jeunes professionnels et étudiants auxquels ils proposent des activités leur permettant d'approfondir leurs connaissances et de nourrir leur réflexion sur l'ensemble des thématiques liées aux armes nucléaires[8]. Le RNS-NG fait partie des projets également destinés à favoriser la recherche académique et la création d'expertises, comme le fait par ailleurs le Centre interdisciplinaire sur les enjeux stratégiques (CIENS[9]) en ouvrant des enseignements permettant de replacer la dissuasion dans une réflexion plus générale, notamment historique, philosophique et stratégique.

Ce panorama non exhaustif met tout autant en lumière la richesse que la fragilité de ce fonctionnement qui repose en grande partie sur la volonté des promoteurs de cette discussion. Une forme d'institutionnalisation représente alors une garantie du maintien de la dynamique. D'autres espaces de discussion pourraient certainement être imaginés ou recréés[10].

La place de la contestation

Pour terminer cette revue de quelques conditions essentielles de la discussion sur la dissuasion, nous reviendrons sur la contestation. En France, les ONG qui portent la cause de l'abolition nucléaire sont certes moins nombreuses qu'au Royaume-Uni, par exemple, mais elles sont actives[11]. Certains de leurs membres multiplient les occasions d'intervenir dans le débat public et les créent en publiant des tribunes dans la presse et des ouvrages[12], en organisant des colloques ouverts au public[13].

Dans une démocratie, la contestation doit pouvoir s'exprimer. Elle doit avoir sa place, elle doit être entendue. Pour autant, le débat ne peut se réduire à opposer les arguments antinucléaires à la politique en vigueur sans risquer d'être stérile. Il peut être utile de proposer ce type de confrontation entre points de vue opposés mais cela n'est pas suffisant. Une difficulté vient du fait que les arguments ont du mal à se répondre quand ils se situent dans des registres différents. C'est le cas par exemple quand les promoteurs de l'interdiction de l'arme nucléaire fondent leur argumentaire sur l'idée que l'emploi de l'arme nucléaire pourrait provoquer des conséquences catastrophiques en s'affranchissant des préoccupations de sécurité internationale et d'équilibres stratégiques qui sont à l'inverse les priorités de la réflexion des tenants de la dissuasion.

La création d'espaces de discussions thématiques transverses est certainement à privilégier. À cet égard, un colloque destiné à explorer l'articulation entre démocratie(s) et dissuasion constitue une approche extrêmement stimulante. La contestation constitue d'ailleurs une entrée intéressante pour examiner ce lien. En effet, s'il est admis que la contestation doit être possible en démocratie et si la dissuasion doit fonctionner dans un régime démocratique, alors il faut qu'elle soit capable de fonctionner malgré la contestation.

Cette interrogation est liée à l'importance du facteur politique pour la crédibilité de la dissuasion, en particulier sur le plan de la légitimité de la dissuasion et de l'autorité en charge de la décision. Ainsi, la dissuasion pourrait-elle manquer de crédibilité politique aux yeux de l'agresseur potentiel faisant le constat de l'existence d'une contestation ? Autrement dit, est-ce que l'existence d'une contestation pourrait le conduire à douter de la détermination du décideur ? La détermination du décideur – et surtout la perception de celle-ci par les autres acteurs – est cruciale. D'ailleurs, soutenir la contestation pourrait être dans l'intérêt d'un État cherchant à affaiblir son adversaire.

Pour que la dissuasion fonctionne, l'agresseur potentiel doit prendre au sérieux la possibilité de l'emploi de l'arme nucléaire. Est-ce que le seul fait qu'il existe une contestation nuit à ce mécanisme ? Sans doute non si elle reste limitée, comme c'est le cas à présent en France. Mais si une opposition à la dissuasion prenait tant d'ampleur qu'elle en devienne majoritaire ? Un premier niveau de réponse concerne les institutions et le fonctionnement de la démocratie. La résolution d'une telle situation contradictoire passerait certainement par les urnes, au moment de l'élection présidentielle. Le second niveau de réponse est intrinsèquement lié à la logique de la dissuasion, qui ne demande pas que l'agresseur potentiel soit certain de craindre une riposte nucléaire, mais seulement qu'il considère que celle-ci soit probable. Un certain niveau de contestation ne porte donc pas atteinte à la crédibilité de la dissuasion. Autrement dit, il n'est pas nécessaire que la dissuasion nucléaire soit portée par un consensus absolu pour qu'elle soit crédible. Tant que la stratégie de défense repose sur la dissuasion nucléaire, le fait qu'une opposition se manifeste et même que la contestation se renforce peut conduire un agresseur à s'interroger sur les conséquences de celle-ci sur la détermination du chef de l'État à recourir à l'arme nucléaire. Toutefois, cela reste alors une interrogation qui pèse dans le calcul de l'agresseur du rapport entre le bénéfice qu'il entend tirer de son action et les conséquences possibles de celle-ci (riposte nucléaire).

La conclusion de ces quelques remarques insistera sur la nécessité de maintenir les efforts destinés à ouvrir des espaces de discussion, à diffuser des informations et plus généralement à favoriser une appropriation du sujet au-delà des cercles d'experts.

Les paradoxes du débat sur la dissuasion

NICOLE GNESOTTO

En France, le président de la République peut dire « la dissuasion, c'est moi », d'où le fait qu'il existe en effet un paradoxe presque philosophique, en tout cas structurel, entre la démocratie d'un côté et la dissuasion nucléaire de l'autre. Il s'agira ici de plaider pour davantage de débat démocratique sur la dissuasion.

Trois paradoxes

Le premier paradoxe concerne la forme même du débat : en regardant l'histoire de la dissuasion nucléaire depuis les années 1960, il est possible de s'apercevoir que nos débats démocratiques sont des débats extrémistes, c'est-à-dire qu'ils oscillent entre d'un côté le silence absolu et la passivité totale, de l'autre l'opposition radicale et la manifestation de masse dans les rues. Deux grands exemples illustrent ce constat : la bombe à neutrons en 1978 et surtout l'affaire des euromissiles en 1983-1986 en Allemagne et partout en Europe, sauf en France. Autrement dit, quand il y a débat en démocratie, il se concentre aux deux extrêmes de la chaîne de discussion politique normale. Cela n'est pas sain. Il n'est pas normal de passer du silence total à une manifestation de 3 millions de citoyens dans la rue.

Deuxième paradoxe, celui que l'on peut appeler le « paradoxe ukrainien ». Depuis le début de l'invasion russe en Ukraine, la possibilité d'emploi d'une arme nucléaire tactique s'est totalement banalisée dans les discours de Vladimir Poutine, celui des experts invités dans les médias, comme dans le discours des journalistes. À tel point que le président de la République a cru bon de rappeler à l'ordre tous les commentateurs en disant, dans son allocution du 12 octobre : « Il y a une règle simple : on a une doctrine, elle est claire : la dissuasion fonctionne mais, moins on en parle, moins on agite la menace, plus on est crédible[14]. » Or, ce qui est frappant dans ce paradoxe, c'est que la banalisation médiatique d'un usage possible de l'arme nucléaire ne suscite qu'un silence total chez les militants antinucléaires et plus largement de la part des citoyens des pays européens. On aurait pu penser que plus le risque de guerre nucléaire augmente, plus la foule, plus les citoyens se mobiliseraient contre. On aurait pu penser, notamment en Allemagne, qu'il y ait de nouveau un mouvement pacifiste antinucléaire très fort. Or il y a bien eu deux députés en juillet 2022 qui se sont opposés à l'installation d'armes nucléaires américaines sur des F-18. Mais sinon, l'apathie démocratique est à son maximum.

Ce « paradoxe ukrainien » peut s'expliquer de deux façons. Soit les gens ne croient pas possible un échange nucléaire en Europe, ce qui est une façon de dire qu'ils ont parfaitement intégré la philosophie de la dissuasion nucléaire qui est une arme de non-emploi, en principe. Soit on se retrouve dans la répétition des leçons tirées de la crise des euromissiles, autrement dit qu'en démocratie on ne proteste que contre son camp, en particulier contre les États-Unis : l'idée qu'il serait utile de dénoncer l'ennemi qui ferait usage des armes nucléaires ne mobilise personne. On pourrait s'attendre tous les jours à ce que les rues européennes protestent contre une possible utilisation de l'arme nucléaire russe en Ukraine, voire contre l'invasion tout court. Ça n'est pas vraiment le cas.

Le troisième paradoxe est un paradoxe français. Depuis quelques mois, plusieurs sondages ont été effectués en France sur la dissuasion nucléaire[15]. Il s'en dégage deux constats. Une majorité de Français (entre 67 et 70 %) veut que la France s'engage dans le désarmement nucléaire et pense que l'arme nucléaire met en péril la sécurité du monde. Par comparaison, selon un sondage Ifop de 2017, 67 % des Français pensaient que la dissuasion nucléaire était un point fort de nos armées. Certes, les sondages peuvent se contredire, et certaines autres enquêtes montrent à l'inverse que la majorité approuve la possession par la France de l'arme nucléaire. Il convient de se remémorer un article de Pierre Hassner, écrit il y a longtemps, après la querelle des euromissiles : il avait publié dans la revue *Esprit* un article intitulé « Un chef-d'œuvre en péril, le consensus français sur la défense[16] ». Je crains qu'aujourd'hui on soit dans le même cas. Pour d'autres raisons que celles des années 1980, il est à craindre que faute de débat démocratique le consensus français autour de la dissuasion nucléaire se rompe.

Pour davantage de débat démocratique sur la dissuasion

Il ne s'agit certes pas de tirer au sort des échantillons de citoyens, de les mettre au Conseil économique, social et environnemental, de les faire débattre avec des experts, etc. Loin de la nouvelle mode de débat citoyen, il y a, devant la nouvelle donne stratégique, des arguments qui devraient amener nos autorités politiques, que ce soit en France ou dans d'autres pays, à davantage de débat sur la dissuasion. Le premier argument est traditionnel : dans les démocraties, le débat citoyen augmente la crédibilité des politiques publiques et donc la crédibilité du pouvoir du président de la République. C'est évidemment le cas concernant la dissuasion nucléaire, bien que cet argument n'ait jamais été retenu en France. Les présidents de la République se sont toujours méfiés des débats sur la dissuasion. J'ai été membre de la Commission du Livre blanc français sur la défense et la sécurité, en 2013-2014. Or dans sa lettre de mission Jean-Marie Guéhenno, qui présidait la Commission sur le Livre blanc, avait reçu une instruction très claire de l'Élysée. C'était : « Débattre de tout en deçà de la dissuasion. » Il existe bien d'autres exemples de ce type, lors du Livre blanc de 2008 par exemple, ou dans les débats parlementaires qui reçoivent souvent une fin de non-recevoir. Il semble toutefois qu'aujourd'hui, alors que l'on parle de plus en plus du lien armée-nation, alors que le ministre des Armées parle de mobiliser davantage les réservistes français, il sera difficile de consolider un véritable consensus national en excluant du débat la dissuasion nucléaire.

Le deuxième argument concerne l'« amoralité » de l'arme nucléaire – le « mal absolu » – dans une démocratie. Thérèse Delpech elle-même remarquait que faire reposer son existence sur la vulnérabilité même de sa société est le paradoxe fondamental de la dissuasion. On peut évidemment couper court au débat en arguant du fait que l'objectif de la stratégie militaire n'est pas d'être morale mais d'être efficace dans la protection de la nation. Toutefois, devant les évolutions sociétales qui détricotent les liens collectifs, devant l'hyperindividualisme, la perte de l'intérêt général, la crise de la notion de service public, etc., il est important d'essayer de redonner un sens à cette contradiction fondamentale et de la remettre dans le débat politique national.

Les deux autres arguments sont davantage d'actualité. En premier lieu, il est permis de penser que la guerre en Ukraine est un échec de la dissuasion nucléaire. Jusqu'à maintenant, la dissuasion nucléaire avait empêché toute guerre en Europe. Aujourd'hui, un État nucléaire attaque un État non nucléaire en violation de tous les traités qu'il avait signés, notamment le TNP et notamment le mémorandum de Budapest. L'échec de la dissuasion se manifeste par le fait que la Russie a osé, en deçà du nucléaire, attaquer un pays européen sans crainte de représailles militaires. Le fait que l'Ukraine ne soit pas membre de l'OTAN est un argument juridique, important certes, mais pas déterminant. En second lieu, non seulement la dissuasion nucléaire a échoué, mais elle a été contournée. D'une certaine façon, Thérèse Delpech avait déjà bien raison en 2003, mais elle s'est trompée d'agresseur. Je crois qu'elle a été une des premières à parler de « sanctuarisation agressive » par la dissuasion. À l'époque, cependant, elle pensait à l'Irak de Saddam Hussein. Aujourd'hui, c'est Vladimir Poutine qui fait de la sanctuarisation agressive, comme tentent de le faire certains pays du Sud. Comme disait Henry Kissinger : « Il n'y a pas de précédent pour penser aujourd'hui ce qui se passe en Ukraine », ce qui constitue un argument supplémentaire pour débattre davantage.

Le dernier argument concerne le lien entre dissuasion conventionnelle et dissuasion nucléaire. Le débat stratégique évolue, en tout cas dans ce pays et aux États-Unis, dans un sens plutôt inquiétant. La nouvelle pensée stratégique atlantique ressasse en effet la nécessité d'aller vers davantage de dissuasion conventionnelle et de se préparer à une guerre de haute intensité. C'est ce que disent notre chef d'état-major des armées et tous les responsables politiques et militaires avec lui. Comme si, en insistant sur « comme si », on était arrivé à une évolution stratégique dans laquelle le nucléaire ne dissuade plus que le nucléaire. Si c'est le cas, il s'agirait d'une révolution majeure dans notre doctrine, qu'il faut expliquer, assumer, discuter : il y a urgence à susciter le débat sur ce couplage entre dissuasion conventionnelle et dissuasion nucléaire.

Quel débat ? Encore une fois, les formules de débat citoyen participatif ne sont pas à favoriser. Il n'est même pas certain qu'il faille avoir un débat aujourd'hui au sein de notre

Parlement, en tout cas dans l'état où il est aujourd'hui. Il faudrait plutôt lancer un exercice global de réflexion stratégique, pas seulement une loi de programmation militaire, mais un vrai Livre blanc avec une vraie commission qui soit transpartisane, qui soit transgénérationnelle, qui soit un peu sur les modèles d'autrefois, avec non seulement des experts du nucléaire, mais aussi des représentants de l'Assemblée nationale et de la société civile. Jusqu'à ce jour, le maximum de débat que l'on connaissait en France, dans des cercles très étroits, était un débat sur la deuxième composante : avec la guerre en Ukraine, on n'en est plus là. Un débat de fond sur la valeur stratégique de la dissuasion nucléaire aujourd'hui est devenu un impératif national.

Le Parlement et le débat sur la dissuasion

Thomas Gassilloud

S'exprimer en tant que député sur le thème complexe des relations entre la démocratie, ses déclinaisons concrètes et les enjeux de dissuasion ne va pas de soi, tant les pratiques institutionnelles et les projections mentales font de la dissuasion l'arme du seul président de la République. Pourtant, la dissuasion n'est pleinement l'arme du président que si le débat démocratique s'y intéresse et la légitime.

Alors que la Russie mène une guerre illégitime contre l'Ukraine et que la rhétorique nucléaire a été mise en avant de façon inconséquente par certains responsables russes, le thème « démocratie(s) et dissuasion » est une opportunité pour exposer ma vision des enjeux de la dissuasion française à l'aune des exigences démocratiques et des menaces qui planent sur la sécurité collective de l'Europe.

Trois éléments me semblent devoir être mis en valeur. D'abord, le fait que la dissuasion nucléaire est bien, en France, la fille de la démocratie, aujourd'hui comme hier. Ensuite, la conviction que, pour garantir la préservation de notre souveraineté démocratique, il faut convaincre nos concitoyens que la dissuasion y contribue. Enfin, qu'il y a là un chantier d'ampleur dont la Commission de la défense nationale et des forces armées de l'Assemblée nationale a raison de se saisir.

Une dissuasion pour préserver notre vie démocratique

Il ne faut jamais oublier que la dissuasion nucléaire française est issue du désastre de 1940 et de l'échec de la IIIe République à s'opposer à des dictatures révisionnistes combattant la démocratie par le fait accompli et l'attaque brusquée.

C'est au fond de l'abîme que s'est forgée l'injonction « plus jamais ça » dont, dès octobre 1945, l'une des traductions concrètes fut de confier au nouveau Commissariat à l'énergie atomique la mission de poursuivre des recherches en vue de l'utilisation de l'énergie atomique, non seulement dans le domaine scientifique et industriel, mais aussi dans celui de la défense nationale. Qu'une démocratie ne subisse plus la désinhibition d'États totalitaires, tel est le résumé que l'on peut faire de l'une des intuitions majeures de la IVe République naissante. Un colloque organisé en 2017 par la FRS et le CEA, continué en 2018 par l'ouvrage *Résistance et Dissuasion*, en a admirablement rendu compte[17]. Voici la matrice : une dissuasion au service d'une France libre et démocratique.

Ce qui était vrai alors l'est encore aujourd'hui. La vie de nos démocraties dépend toujours de rapports de force dont certains, les plus dangereux, sont utilisés comme leviers par des puissances autoritaires révisionnistes qui s'attaquent à nos valeurs avant même de viser nos intérêts.

En agressant l'Ukraine, la Russie a engagé en Europe un conflit à l'ombre de ses forces nucléaires, contre une démocratie, certes imparfaite, mais qui avait souverainement renoncé à son arsenal nucléaire hérité de l'URSS, forte de garanties de sécurité apportées notamment par la Russie elle-même.

La guerre en Ukraine rappelle des vérités un temps négligées : la dissuasion nucléaire est à ce jour le seul cantonnement par le haut d'une montée aux extrêmes généralisée semblable aux guerres totales du XXe siècle. Y renoncer, au sens où les promoteurs du Traité d'interdiction des armes nucléaires (TIAN) l'envisagent, ce serait aujourd'hui donner « un chèque en blanc » à des autocrates contre des démocraties, car contrairement à ce qu'ils pensent, le TIAN fragilise les États démocratiques en faisant peser sur eux seuls des risques politiques dont s'affranchissent les puissances autoritaires désinhibées ; en d'autres termes, ce serait accélérer le délitement du monde.

De cet incomplet aperçu historique, deux idées se dégagent. D'une part, les démocraties sont fragiles face à « l'ensauvagement » des relations internationales observables à nos portes. D'autre part, aujourd'hui, comme hier, le destin des démocraties est lié à leur capacité à ne pas rompre dans un rapport de force qu'un État autoritaire voudrait leur imposer, qu'il s'agisse d'un État doté ou d'un État qui cherche à l'être en violation du droit international.

L'un des trésors de notre démocratie réside dans notre capacité, légitimée par l'élection au suffrage universel direct du président de la République, à dissuader un agresseur de s'en prendre à nos intérêts vitaux.

L'impérieuse nécessité d'une adhésion de nos concitoyens

Mais la force véritable d'une dissuasion en démocratie réside dans le consentement des citoyens à ses principes et à ses coûts.

Il n'y a pas de défense militaire crédible qui ne s'appuie sur l'adhésion et l'engagement des citoyens. Thucydide et Clausewitz ne disaient pas autre chose lorsque l'un citait le caractère des citoyens comme rempart des cités, l'autre l'importance des équilibres de la « *remarquable trinité* ».

C'est vrai aussi lorsqu'un État est doté de l'arme nucléaire. Il faut que le principe de la dissuasion soit expliqué, compris et accepté et que son coût soit consenti de façon éclairée. La fin du service national, les espérances de concorde mondiale et l'éloignement apparent des risques existentiels pesant sur la France ont déshabitué nos concitoyens de la « grammaire de la guerre » et de son corollaire nucléaire. Un nouvel effort d'explication est nécessaire.

Cela est d'autant plus important que les espoirs d'un monde pacifié ont aussi incité de puissants lobbies à promouvoir l'abolition des armes nucléaires et à encourager des activités de *lawfare* contre ceux qui les produisent. Cet activisme cherche à affaiblir le consentement à notre garantie ultime de sécurité et à fragiliser les écosystèmes industriels et financiers nécessaires à son développement. Proliférant sur des sentiments généreux, il n'est pas rare que ces démarches convergent d'ailleurs avec les intérêts de nos compétiteurs qui voient dans ces débats l'opportunité d'affaiblir notre capacité collective à assumer les vertigineuses conséquences de la dissuasion. À affaiblir ainsi notre « ultime rempart » et sa légitimité politique.

La défense de notre modèle démocratique exige de s'y opposer. Le débat sur la dissuasion nucléaire ne doit ainsi être préempté ni par les États autoritaires, ni par les activistes méconnaissant gravement les intérêts de défense et inconscients de l'impasse dans laquelle leur militantisme pourrait nous mener.

L'Assemblée a un rôle important à jouer pour y parvenir. Les travaux de la Commission de la défense nationale et des forces armées ont l'ambition d'y contribuer.

L'Assemblée nationale creuset du consentement démocratique à la dissuasion

L'examen de la Loi de programmation militaire (LPM) 2024-2030 a été l'occasion d'un nouvel effort pédagogique pour rehausser la compréhension démocratique des enjeux et des besoins de la dissuasion nucléaire française. La Commission a ainsi conduit une série de travaux au premier semestre 2023, en amont de l'examen de la LPM.

Tout d'abord, en organisant en janvier et février un cycle d'auditions sous une forme inédite depuis 2014. En y convoquant tous les regards, y compris ceux des lobbyistes de la campagne internationale pour l'abolition des armes nucléaires, plus connue sous son acronyme anglais de l'ICAN, l'Assemblée nationale a aussi invité tous les groupes politiques à s'exprimer sur la dissuasion. Toutes les interventions ont été réunies dans un recueil publié en avril 2023 pour servir utilement au débat public[18].

Deux déplacements ont complété ces auditions, l'un à l'Île Longue pour rencontrer la Force océanique stratégique et l'autre au centre d'essais des Landes et au laser mégajoule. Ces visites ont donné lieu à Brest et à Biscarosse à deux débats publics rassemblant chaque fois près de 200 personnes : des députés de groupes politiques différents ont pu évoquer les enjeux de nos forces nucléaires et en discuter avec des citoyens de tous horizons, y compris des opposants déclarés à l'usage de toute énergie nucléaire.

J'ai la faiblesse de croire que ces activités ont été utiles à la discussion du projet de LPM 2024-2030. En commission et dans l'hémicycle, près de cinq heures de débats ont abordé spécifiquement les enjeux politiques, stratégiques et techniques de la dissuasion. Je retire des échanges que le consensus national en est sorti raffermi, comme Emmanuelle Maitre, chercheuse à la FRS, le concluait déjà à la sortie de notre cycle d'auditions, en soulignant qu'il montrait « avant tout que les profonds changements dans le paysage politique français ces dernières années, et en particulier la constitution de groupes parlementaires fournis composés de partis ayant parfois contesté la politique gouvernementale en matière de dissuasion, n'ont pas émoussé le soutien global du Parlement à la force nucléaire française[19] ».

Les rares opposants à la logique de la dissuasion ont peiné à exposer leurs solutions alternatives. Je retiens que Fabien Roussel, membre du groupe de la Gauche démocrate et républicaine, constatant que les conditions d'un désarmement multilatéral n'étaient pas réunies, acceptait « que le nucléaire reste la clé de voûte » de notre politique de défense. Je relève aussi que Cyrielle Châtelain, présidente du groupe écologiste à l'Assemblée, a proposé un amendement, d'ailleurs adopté, pour rappeler les engagements pris par la France en ratifiant le Traité sur la non-prolifération (TNP), confortant par là même le statut d'État doté de la France. Je note enfin que Bastien Lachaud, député du groupe de la France insoumise, a souhaité, très vite, rappeler que son groupe « ne [s'était] jamais opposé au vote du budget de la dissuasion et [n'avait] jamais remis en question ce principe ».

Ces débats, d'une rare longueur, montrent la maturité de notre démocratie « nucléaire », loin des caricatures, même si le consensus doit sans cesse être consolidé.

De tous ces travaux, la Commission de la défense tire une leçon simple : au côté de l'exécutif, elle a un rôle important pour nourrir un débat éclairé. Pour préserver « notre ultime rempart », nos concitoyens doivent être conscients des évolutions stratégiques et scientifiques qui modifient en permanence la dialectique du bouclier et de l'épée. Les avancées dans l'hypervélocité, les défenses antibalistiques ou les technologies quantiques offrent des atouts pour attaquer ou pour défendre ; elles nécessitent en retour une rénovation régulière de nos équipements et l'engagement financier qui l'accompagne. Cet effort est assumé aujourd'hui. Il doit l'être demain. Les 5,6 milliards d'euros consacrés à la dissuasion en 2023 et les 13 % des montants prévus dans la LPM 2024-2030 n'atteindront pleinement leurs objectifs que si nos concitoyens adhèrent aux raisons techniques, stratégiques et politiques qui guident ces choix.

La redevabilité qu'exige le Parlement vis-à-vis de ces investissements massifs que la France consent pour ses forces nucléaires n'est que la traduction du consentement démocratique à la dissuasion ; elle est aussi la condition de sa force.

Élargissons le spectre pour conclure. La guerre en Ukraine nous rappelle que le destin de chaque démocratie est lié à l'avenir des autres démocraties : la solidarité stratégique est devenue l'un de nos dénominateurs communs.

Cette solidarité explique l'attachement de nos principaux alliés à la dimension nucléaire de l'Alliance atlantique. Nous savons cependant que cette dernière ne peut être l'horizon indépassable de l'avenir européen, car les intérêts de l'Alliance et ceux de l'Union européenne ne se superposent pas exactement.

Alors que nos intérêts vitaux ont « une dimension européenne », cela renforce la conviction qu'il faut donner des prolongements à l'invitation du président de la République à développer avec nos voisins européens « un dialogue stratégique […] sur le rôle de la dissuasion nucléaire française dans notre sécurité collective[20] ». Le président Macron l'a rappelé le 9 novembre 2022.

Alors que les instruments de maîtrise des armements sont en crise et risquent de l'être encore pour longtemps, la dissuasion française a des services à rendre à l'Union européenne ; les citoyens européens doivent aussi en être conscients.

Il y a là un vaste chantier pour convaincre ceux qui partagent avec nous une communauté de destin que la dissuasion française contribue concrètement à la consolidation de leur vie démocratique. Le Parlement peut y aider.

Le consensus en France sur le nucléaire de défense et sa contestation*

Dominique Mongin

Évoquer la question du consensus en France sur le nucléaire de défense (et plus globalement sur la politique de défense) est dans un régime démocratique une nécessité si l'on veut s'assurer d'une adhésion des citoyens au système de défense qui les concerne au premier chef et assurer la cohésion nationale. C'est la raison pour laquelle s'interroger sur la réalité du consensus est une question légitime… une question, qui par définition, n'est jamais posée dans les régimes autoritaires ! D'ailleurs, on observe que la contestation de l'idée de consensus en matière de défense existe en France, preuve de la réalité du débat à son sujet. Il n'en reste pas moins vrai que, comme on cherchera à le montrer dans cette contribution, le consensus sur ces questions

* Cette contribution est publiée en avant-première d'un ouvrage de Dominique Mongin relatif à l'histoire politique de la dissuasion nucléaire française, à paraître aux éditions Odile Jacob à l'automne 2024.

est bien une réalité dans notre pays. Et le débat démocratique est indispensable si l'on veut préserver sur la durée l'adhésion des Français à leur système de défense.

Une interrogation légitime

Au milieu des années 1980 (donc en pleine crise des euromissiles), le politiste Pierre Lellouche écrivait que « le fameux "consensus" français, qui suscite l'envie des observateurs étrangers et dont se gargarisent nos hommes politiques de droite ou de gauche, n'est qu'une apparence. Car ce consensus n'est qu'un trompe-l'œil, une illusion confortable et rassurante, aussi rassurante que la bombe, qui – par définition n'est-ce pas ? – rend la guerre impossible puisque impensable. Mais une illusion qui dissimule en fait de profondes et périlleuses faiblesses dans l'opinion[21] ». Qu'en est-il dans les faits et sur la longue durée ?

D'abord, s'interroger sur l'existence ou non d'un consensus dans le domaine de la politique de défense, et plus précisément en matière de dissuasion nucléaire, est évidemment une question légitime et nécessaire, surtout lorsqu'elle vise à s'assurer qu'une majorité de Français soutient fondamentalement la politique et les moyens (humains, financiers et matériels) engagés au plus haut niveau de l'État pour assurer leur protection. C'est ce que le général de Gaulle avait très bien exprimé lorsqu'il déclarait lors de son célèbre discours à l'École militaire de novembre 1959 : « Un pays comme la France, s'il lui arrive de faire la guerre, il faut que ce soit sa guerre. Il faut que son effort soit son effort. S'il en était autrement, notre pays serait en contradiction avec tout ce qu'il est depuis ses origines, avec son rôle, avec l'estime qu'il a de lui-même, avec son âme. » Autant dire qu'une telle démarche ne peut réussir que s'il y a une profonde adhésion de ceux à qui elle est destinée. De Gaulle résumait cela lorsqu'il ajoutait qu'il était indispensable que la défense française « nous soit propre, que la France se défende par elle-même, pour elle-même et à sa façon[22] ». De son côté, le ministre de la Défense André Giraud, interrogé en 1987 (on est encore en pleine crise des euromissiles) au moment du débat parlementaire relatif au projet de nouvelle loi de programmation militaire (LPM), précisa en ces termes ce qu'il entendait par « consensus » en matière de défense : « C'est très important pour la nation si nous pouvons apparaître comme unis sur quelque chose d'essentiel. Quand on voit les réactions de l'étranger sur la position de la France sur les problèmes de défense, on est assez heureux de constater l'existence d'une certaine convergence[23]. »

Une question subsidiaire que l'on est en droit de poser est la suivante : pour ceux qui n'adhèrent pas à la démarche essentielle qui vient d'être rappelée, quelle est leur motivation exacte ? Ce peut, bien sûr, être l'opposition à une stratégie et/ou à des moyens jugés non adaptés, option tout à fait légitime dans un débat démocratique, mais à condition de proposer une solution alternative crédible. Toutefois, dans un autre registre, beaucoup moins légitime celui-là, ce peut être une approche systématique de remise en cause de ce qui fonde les valeurs d'une démocratie et la capacité de l'État à les défendre. Cette défiance systémique envers l'État (pourtant censé protéger les citoyens), cette « mise en abîme », loin d'être profitable à la défense de ces valeurs, fait dans certains cas – objectivement – le jeu de puissances adverses, bien déterminées à miner l'esprit de défense et la résilience d'une nation pour préserver son indépendance. Pour mémoire, et pour se limiter à cet exemple emblématique, c'est bien l'objectif recherché par Vladimir Poutine depuis sa prise de pouvoir en 1999, dont de nombreux « observateurs avisés » en Occident ont mis longtemps à découvrir le caractère bien peu démocratique… avant un changement de portage radical et un soutien marqué à l'Ukraine depuis le début de l'agression militaire russe en 2022. L'enjeu majeur autour du consensus en matière de défense se situe bien là, *a fortiori* lorsqu'il concerne l'adhésion d'une nation comme la France à reposer pleinement sur la dissuasion nucléaire pour protéger ses « intérêts vitaux ».

Certes, dans un premier temps, sous la Ve République la stratégie et les moyens de dissuasion nucléaire n'ont pas fait l'objet d'un consensus politique entre les deux principales formations politiques du moment (l'une majoritaire, l'autre dans l'opposition) jusqu'à l'alternance politique de mai 1981. Mais, à partir de cette date, l'action de François Mitterrand en tant que chef de l'État a été déterminante pour faire évoluer les lignes politiques[24], d'abord à l'aune de son plaidoyer en faveur de la dissuasion nucléaire en pleine tempête de la crise des euromissiles (1979-1987), puis dans le nouveau contexte stratégique ouvert par la fin de la guerre froide. Cet engagement prit tout son sens lors des deux premiers gouvernements de cohabitation[25] qu'il présida ; c'est ainsi qu'il a fallu attendre la première cohabitation (1986-1988) de la Ve République pour assister à la mise en œuvre – réelle et pratique – d'une politique *bipartisane* (pour reprendre un terme générique importé des

États-Unis d'Amérique) en matière de dissuasion nucléaire. Par ailleurs, si au début de la Ve République certains acteurs politiques clés de l'opposition parlementaire dénoncèrent – et ce pour des motifs stricts de politique intérieure – l'accès de la France au rang de puissance nucléaire (qualifiée alors de « bombinette »), la portée politique de cette hostilité au nucléaire de défense doit être relativisée, d'abord si l'on remet en perspective cette histoire avec le rôle des alternances politiques au cours de la IVe République dans le lancement de la politique nucléaire de défense française. Même si celle-ci fut lancée secrètement sous le gouvernement Pierre Mendès France (ci-après PMF) à partir de 1954, elle se fit dans la continuité du vote par le Parlement en 1952 du premier plan quinquennal de l'énergie atomique, qui non seulement ouvrait la possibilité d'une décision politique dans ce sens (qui aura donc lieu en 1954 sous le gouvernement de Pierre Mendès France), mais aussi en vertu d'un rejet massif d'un amendement déposé à l'Assemblée nationale par le Parti communiste français (PCF)… qui prétendait précisément interdire l'accès de la France à l'arme nucléaire[26].

La réalité de la contestation du consensus

Premier constat, il est arrivé à plusieurs reprises dans l'histoire de la dissuasion française que des partisans de l'arme nucléaire remettent eux-mêmes en cause son utilité, participant de la sorte à ébrécher ledit consensus… De manière très paradoxale, le premier à l'avoir fait fut PMF au cours des années 1960-1970, et cela pour de stricts motifs de politique intérieure (plaire à la frange pacifiste de l'électorat de gauche), en allant jusqu'à renier le rôle pourtant décisif qu'il avait exercé en décembre 1954 dans le lancement du programme nucléaire de défense français. C'est ainsi que pendant la campagne pour l'élection présidentielle en novembre 1965, PMF affirma que, lorsqu'il fut président du Conseil, il favorisa résolument les recherches atomiques dans le domaine civil, mais en avait alors exclu toute application militaire[27]. Il renouvela ce déni après une conférence de presse du président Pompidou en septembre 1973, en indiquant dans un communiqué qu'« aucune décision de fabrication, aucun crédit n'a été accordé sous ma responsabilité en vue de la création d'une force atomique française[28] ». L'argumentaire mis au point *a posteriori* par Pierre Mendès France était le suivant : il avait cherché à faire pression sur les puissances nucléaires pour qu'elles adoptent un moratoire sur leurs essais[29], avec l'idée que si cette renonciation n'était pas opérante en trois ans, la France serait prête à s'engager activement dans un programme nucléaire militaire. D'où les « précisions » qu'il apporta, là encore après les faits, en affirmant qu'il ne se sentait « absolument pas lié par la décision de décembre 1954 du point de vue militaire ; à supposer que mon gouvernement ait duré trois ans, ce qui était évidemment impossible sous la IVe République, je me serais senti absolument libre de décider ou non la bombe ». Et d'ajouter que la décision avait bien été prise avant les trois ans annoncés : « C'est Guy Mollet qui, en 1956, a donné le feu vert, car il avait besoin, pour ne pas dépendre seulement des voix communistes, de l'appui des députés gaullistes, lesquels étaient favorables à l'arme atomique[30]. » De la sorte, PMF a propagé un mythe, que l'on peut qualifier d'« anticonsensus », ou de déni *a posteriori* du consensus, tendant à faire croire que la gauche au pouvoir n'a eu aucun engagement de conviction en faveur de l'arme nucléaire, et donc en faveur de la dissuasion nucléaire, mais que les décisions prises auraient été strictement opportunistes... mythe qui a été récupéré et instrumentalisé à droite, Alain Peyrefitte affirmant que PMF avait bien décidé de « sauter le pas » en décembre 1954, mais que cette décision aurait été prise « sous hypnose » ! De surcroît, Alain Peyrefitte indiqua avoir vu le compte rendu de la réunion du 26 décembre 1954, qui avait bien pris « le tournant irréversible de l'armement atomique[31] ». Par conséquent, les volontés politiques et le caractère visionnaire de certains décideurs ne doivent pas être minimisés ; d'ailleurs, le processus décisionnel en la matière sous la IVe République a été bien documenté[32]. Il n'en reste pas moins vrai que, *de facto*, ces discours de déni n'ont rien fait à l'époque pour renforcer le consensus...

Plus récemment, d'anciennes hautes autorités dans le domaine de la défense ont – après avoir quitté leurs fonctions officielles – pris des positions en complète contradiction avec leurs responsabilités préalables. C'est le cas notamment de l'un des leaders du Parti socialiste (PS) : Michel Rocard. Lors du débat en 1977 relatif à l'avenir de la dissuasion nucléaire (qui avait agité le PS avant les élections législatives de l'année suivante), il avait été de ceux qui avaient milité pour que l'on maintienne l'outil de dissuasion « en l'état » (donc sans le moderniser), à la différence du courant majoritaire emporté par François Mitterrand qui prônait de le maintenir « en état », et donc son adaptation aux évolutions stratégiques et technologiques. Devenu Premier ministre, Michel Rocard annonça en août 1989, lors de son déplacement en Polynésie française, la réduction (pour des raisons budgétaires) du nombre d'essais nucléaires réalisés par la France, les faisant passer de 8 à 6 par an à partir de l'année suivante. Toutefois, lors de ce même voyage, il s'opposa à toute idée de référendum sur les essais nucléaires proposé par des représentants du territoire polynésien. Mais, après avoir quitté ses fonctions gouvernementales, Michel Rocard rejoindra le mouvement Global Zero, mouvement abolitionniste de l'arme nucléaire, fondé en 2007, notamment par Henry Kissinger. Parallèlement, dans le journal *Le Monde* il cosignera en octobre 2009 avec l'ancien Premier ministre Alain Juppé (qui fera rapidement volte-face) et les anciens ministres de la Défense Paul Quilès et Alain Richard une tribune en faveur de l'abolition de l'arme nucléaire[33]. Certes, cette tribune prit soin de reconnaître en préambule : « La dissuasion, associée à la suprématie stratégique des "deux grands" de l'époque, a joué un rôle de limitation des conflits armés pendant la guerre froide ; elle a conservé en partie cette fonction depuis lors », avant d'ajouter que « les seuls porteurs d'une contestation globale sont des acteurs non étatiques tentant de répandre leur fondamentalisme ». Toutefois, pour les signataires de cette tribune, publiée six mois après le discours de Prague du président américain Barack Obama (en faveur de l'abolition de l'arme nucléaire), la pertinence stratégique de la dissuasion connaissait des « angles morts », qu'ils jugeaient « de plus en plus larges ». Pour les signataires, il était urgent de contrer le mouvement de prolifération de l'arme nucléaire, en renonçant tout simplement (mais sans évoquer un désarmement unilatéral) à cette arme, et sans poser la question de la perspective réelle de la sécurité collective dans un monde dénucléarisé. Parmi les obstacles à cette initiative, les auteurs indiquaient, avec un certain manque de clairvoyance, avoir identifié « la méfiance [en Occident] devant le changement des dirigeants russes et chinois »...

Le problème rencontré avec ceux qui s'opposent au principe même de la construction d'un consensus sur la question de la dissuasion nucléaire, c'est souvent leur refus du dialogue et la porte fermée au débat. À la question qui lui était posée (« Comment expliquez-vous que l'on discute peu en France de la question de la guerre nucléaire ? »), le polytechnicien et philosophe Jean-Pierre Dupuy a définitivement tranché la question : « Dans les médias, dont beaucoup sont aux mains de dirigeants du complexe militaro-industriel, ceux qui s'expriment sur ce sujet travaillent, directement ou indirectement, pour la force de frappe française. Cela les conduit à minimiser le risque, à la différence des penseurs et des stratèges américains[34]. » Et le philosophe de reprendre, sans faire preuve de beaucoup de recul, le discours forgé par des chercheurs autoproclamés « indépendants » (mais en quoi le sont-ils et en quoi les autres ne le sont-ils pas ?) qui ont tout loisir, liberté et durée pour mener leurs « recherches » grâce à des fonds publics, tant nationaux qu'européens[35]... Il serait d'ailleurs intéressant de recenser la place de la diffusion « littéraire » des contempteurs de la dissuasion nucléaire dans les médias aujourd'hui (articles, livres, interviews, émissions, documentaires...) ; on verrait à coup sûr qu'ils occupent très largement le débat – voire qu'ils le monopolisent (voir *infra*) – dans une démarche de déconstruction[36], influencée largement par un certain modèle dominant dans les universités anglo-américaines, qu'il s'agit alors d'importer et d'adapter au cas français. Mais, à quel prix et dans quel but ?

La réalité du consensus

Dès sa prise de fonction en mai 1981, le président François Mitterrand a exercé un rôle décisif dans la construction du consensus en France sur la dissuasion nucléaire ; son rôle a été déterminant pour définir une approche commune européenne (et surtout franco-allemande) dans la crise des euromissiles, tout en défendant la spécificité de la dissuasion nucléaire française[37]. Et, paradoxalement, il a été établi que, loin d'amoindrir le consensus des Français au sujet de l'utilité pour la France d'être dotée de l'arme nucléaire, l'affaire du *Rainbow Warrior* (qui éclate au cours de l'été 1985) l'a en quelque sorte galvanisé et qu'elle constitue même un « révélateur des évolutions de l'opinion dans la construction du "consensus"[38] ». Il est d'ailleurs emblématique de voir l'expression « consensus » être mise en exergue dans un sondage commandé par le service de presse du ministère des Armées (le SIRPA) et rendu public en octobre 1985 qui fait état de la progression de l'adhésion des Français à la détention de l'arme nucléaire, les sondés la jugeant à plus de 67 % nécessaire à la défense de la France. Autre paradoxe, à droite de l'échiquier politique, où l'on est traditionnellement favorable à la dissuasion nucléaire (avec certes des réserves importantes entre les partisans de l'indépendance nationale et les partisans inconditionnels du camp atlantiste), une certaine ambiguïté a été entretenue depuis 1981 et jusqu'à la première cohabitation sur la notion de consensus : « Elle peut, dans la même discussion, à la fois le revendiquer et le contester, en fonction de l'orateur et de l'angle d'attaque politique choisi. Les débats de précampagne et de campagne électorales en 1985-1986 en témoignent », souligne l'historien Yannick Pincé[39].

Afin d'anticiper la mise en place possible d'un gouvernement de cohabitation (et sa participation en tant que ministre de la Défense), l'ancien ministre de l'Industrie André Giraud signa une tribune dans le quotidien *Le Monde* pour exprimer son point de vue ; cette tribune permet de mieux appréhender l'émergence d'une politique bipartisane dans le domaine de la défense, « cohabitation » et « consensus » faisant désormais bon ménage[40]. Une fois que cette politique bipartisane a été installée dans le paysage intérieur français, avec la mise en place du gouvernement de cohabitation en 1986, elle a instauré une importante dynamique et permis de renouveler le débat stratégique, de faire évoluer le discours officiel (notamment lors de la Révision de la posture de dissuasion nucléaire de 1998-2001), mais aussi la réflexion autour de la notion de « consensus ». Toutefois, de manière paradoxale, la formation du gouvernement Chirac en 1986 généra quelques craintes, comme celle du député socialiste et ancien ministre Jean-Pierre Chevènement[41], qui déclara que le consensus en matière de défense était selon lui désormais menacé. Parallèlement, au début de l'année 1987, le ministre de la Défense André Giraud se montra inquiet des initiatives soviétiques de « guerre médiatique[42] » à l'encontre de la France, et ce d'autant plus qu'il estimait que la classe politique avait tendance à s'éloigner du consensus sur les problèmes de défense, en particulier du fait de déclarations de l'aile gauche du Parti socialiste (Lionel Jospin en tête) opposée aux essais nucléaires[43]. À cette époque (en pleine guerre froide), l'hypothèse d'un glissement du consensus en matière de défense était un souci récurrent du ministre de la Défense. En effet, dans un sondage d'opinion consacré au comportement des Européens face à leur défense, on constatait à l'époque que c'est en France qu'il y avait le plus de « sans opinion », ces indécis étant qualifiés de « sous-produit du consensus » par André Giraud[44]. Toutefois, selon ce même sondage, 57 % des Français se prononçaient soit pour le développement, soit pour le maintien en l'état de l'armement nucléaire français, et 32 % des Français se déclaraient en faveur de son renoncement[45]. En avril 1987, dans le cadre des débats relatifs au projet de Loi de programmation militaire (LPM) 1987-1991, le groupe communiste posa une motion de renvoi en commission, au motif que l'Assemblée nationale « demeure très insuffisamment informée sur toutes les conséquences que l'on peut attendre de son application et qui sont, à notre avis, très préjudiciables aux intérêts de la France et de la paix ». Cette motion amena une réponse cinglante du président de la Commission de la défense nationale et des forces armées, François Fillon, qui rétorqua : « Jamais le Parlement, et en particulier la Commission de la défense, n'avait disposé d'autant d'informations à l'occasion de la discussion d'un projet de loi de programme militaire. Je m'en réjouis, même si je regrette l'usage tout à fait scandaleux que le journal *L'Humanité* a fait de ces informations voici quelques jours en publiant une étude sur le coût des grands programmes. Ce journal publiera-t-il un jour un dossier sur les dépenses d'armement comparées des grands pays, notamment de la France et de l'Union soviétique ? » Dans la pratique, le projet de LPM 1987-1991 – élaboré par un gouvernement de cohabitation – fut voté massivement par les parlementaires[46], rendant concrète et bien réelle cette notion de politique *bipartisane*.

Ce consensus fut confronté à d'importants débats stratégiques tout au long de la première cohabitation (divergences relatives au traité américano-soviétique sur les forces nucléaires intermédiaires, sur l'avenir des missiles sol-sol du plateau d'Albion, etc.), mais cela ne remit pas fondamentalement en cause la politique bipartisane instaurée en 1986. Certes, ce n'est pas ce que pensaient certains politistes à la fin de la guerre froide, qui, sans contester la réalité du consensus sur la défense en France, jugeaient celui-ci « en péril », en n'hésitant pas à singulariser le cas français qui serait devenu un « consensus négatif » (méfiance à l'égard de l'offensive médiatique soviétique en direction de l'Europe, de l'entente entre Moscou et Washington et des tendances à la dénucléarisation de l'Europe). Pour Pierre Hassner, puisqu'il s'agit en particulier de son analyse, le consensus ne pouvait survivre qu'à condition de se transformer (ce qu'il appelait le double défi du débat et de l'Europe), tout en reconnaissant que « plus qu'ailleurs, l'opinion française accepte la raison d'État et fait confiance à l'équilibre nucléaire pour garantir à la fois la paix et l'indépendance nationale[47]. »

Dans un autre registre, certains historiens estiment plus pertinent de découpler l'acceptation de l'arme nucléaire de la stratégie censée interagir avec elle ; de leur point de vue, s'il y a une acceptation « très nette » des forces nucléaires stratégiques (FNS) par l'opinion publique (comme ce fut le cas dès le milieu des années 1980), il ne faudrait cependant « pas aller jusqu'à parler d'un consensus complet : ce qui est accepté c'est l'arme et non la doctrine stratégique[48] ». On peut s'interroger sur le bien-fondé d'un tel distinguo qui laisse entendre que les personnes sondées auraient une parfaite maîtrise des enjeux stratégiques (le nucléaire ne dissuade-t-il que du nucléaire ? Doit-on prôner le « non-emploi en premier » ? etc.) qui seraient soumis au chef de l'État en cas de crise majeure susceptible de porter atteinte aux « intérêts vitaux » du pays. Il paraît plus juste de dire que l'adhésion des Français à la dissuasion nucléaire est globale, laissant aux décideurs politiques et aux experts civils et militaires le soin de la mettre en œuvre au quotidien. De plus, dans ce domaine, l'un des marqueurs de l'adhésion des Français aux orientations politiques retenues est le vote par le Parlement du budget annuel de la défense et de la loi de programmation militaire. Dans les enquêtes d'opinion[49] menées au cours des années 1990 et au début des années 2000, on constate que la fin de la guerre froide et la dislocation du pacte de Varsovie avaient éloigné pour les Français la perspective d'une nouvelle guerre mondiale (et donc d'un conflit interétatique de grande ampleur), cette crainte n'étant exprimée que par environ 30 % des sondés tout au long de cette période. Toutefois, l'irruption du terrorisme international de masse suscita de fortes appréhensions face à la menace d'attentats : préoccupation en pic en 1996 avec 67 % des sondés[50], avant de chuter à 37 % en 2000 et remonter à plus de 60 % à partir de 2002 (après les attentats du 11 septembre 2001 aux États-Unis d'Amérique), la menace terroriste ayant eu une nette tendance à se substituer dans le « ressenti » de l'opinion publique à la menace étatique.

Toutefois, celle-ci a été intégrée dans les enquêtes d'opinion face à l'émergence de nouvelles puissances régionales menaçant la paix dans le monde, que ce soit en particulier l'Irak ou l'Iran tout au long de la période, à des niveaux d'appréhension très évolutifs (jusqu'à 62 % pour l'Irak en 1992, et jusqu'à 58 % pour l'Iran en 2006). Le cas de l'Iran est emblématique car il correspond à la découverte et la publicité faite dans les médias à partir du début des années 2000 de la dimension militaire de son programme nucléaire. Il n'en reste pas moins que le phénomène terroriste, si odieux soit-il, et son instrumentalisation médiatique ont entraîné une certaine démobilisation dans l'opinion publique face à la menace étatique, qui apparaissait plus visible du temps de la guerre froide… alors même qu'elle n'a jamais réellement décru depuis, même si c'est dans des contextes stratégiques différents.

Toujours est-il que la question de la prolifération des armes nucléaires dans le monde a pris une nouvelle tournure et a suscité une prise de conscience plus forte au niveau international avec l'annonce des essais indiens et pakistanais en 1998 et du premier essai nucléaire nord-coréen en 2006, alors que les cinq États dotés (au titre du TNP) avaient arrêté leurs essais nucléaires et – pour le seul cas de la France – démantelé complètement tous ses sites d'expérimentations[51]. De manière symptomatique, dans le « baromètre Les Français et la Défense nationale » pour l'année 2005, la Corée du Nord avait progressé dans la liste des pays jugés à l'époque les plus menaçants (à hauteur de 20 % des personnes sondées)… alors que la Russie était « tombée » à 6 % (confirmant la démobilisation intellectuelle déjà évoquée face à la réalité de l'arsenal russe et du projet stratégique de son leader)[52]. Il est vrai que les menaces nucléaires proférées par la Russie (depuis l'agression militaire russe de l'Ukraine de 2014, puis celle depuis 2022) ont provoqué des chocs en retour[53].

Dans le contexte de l'enquête d'opinion de 2006 précitée, 53 % des sondés adhéraient à l'affirmation suivante[54] : « La France devrait menacer d'utiliser l'arme nucléaire uniquement si elle subit une attaque nucléaire », 25 % à l'affirmation « La France devrait menacer d'utiliser l'arme nucléaire dans les cas d'agression majeure, avec armes nucléaires ou non », et 18 % à l'affirmation « La France ne devrait jamais menacer d'utiliser l'arme nucléaire, même si elle subit une attaque nucléaire »[55]. De manière paradoxale, ces écarts se resserraient très fortement aux affirmations suivantes, d'une part : « La force nucléaire protège la France contre une agression éventuelle à cause des risques que prendrait le pays qui nous attaquerait » avec 51 % des sondés se montrant d'accord ; d'autre part avec l'affirmation : « En fait, la force nucléaire française ne sert à rien, car si on l'utilisait, on prendrait le risque d'être en retour rayé de la carte », qui recueillait 43 % d'adhérents[56]. On observe ici que la manière dont étaient posées les questions ne reflétait pas les enjeux réels que garantit une force nucléaire indépendante, à savoir la protection des « intérêts vitaux ». De surcroît, et par définition, une telle posture de défense ne peut pas faire l'objet de questions posées de manière manichéenne à un large public, qui *de facto*, en cas de crise majeure, ne serait pas confronté à de tels choix. C'est en effet au chef de l'État – élu démocratiquement – qu'il reviendrait de prendre la décision ultime, ayant acquis par ses fonctions la « grammaire de la dissuasion » indispensable pour gérer ce type de situation. Bien entendu, cela ne signifie pas pour autant que le « grand public » ne doit pas être consulté sur son adhésion ou non à la dissuasion nucléaire, mais là encore en mettant en avant des questions pertinentes. Quelle est par exemple la pertinence de la hiérarchie faite dans l'enquête d'opinion évoquée plus haut[57], indiquant que la possession par la France de l'arme nucléaire serait « le sixième point fort des armées » (avec une moyenne de 63 % sur quinze ans), après... les grandes écoles d'officiers, l'armée professionnelle, le niveau technique de l'armement, la valeur des officiers et la valeur des soldats ? Ce sont des éléments de registre très différent, qui n'ont aucune raison d'être mis « en concurrence » avec la dissuasion nucléaire, qui a une spécificité intrinsèque.

Une autre enquête d'opinion[58], plus récente (septembre 2019), a le mérite de ne pas tomber dans les biais qui viennent d'être évoqués ; elle est d'ailleurs spécifiquement dédiée à la perception de la dissuasion nucléaire par les Français. À l'affirmation : « Pour assurer sa défense, la France a besoin de la force de dissuasion nucléaire et des forces conventionnelles », 65 % des personnes interrogées répondent y adhérer[59]. Parallèlement, 10 % des personnes interrogées estiment qu'il faut réduire les capacités nucléaires, tandis que 63 % des sondés jugent crédibles les forces nucléaires françaises. Bien entendu, il serait très utile de disposer annuellement de ce type de sondage et de faire connaître leurs résultats.

La nécessité du débat démocratique pour construire un consensus en matière de défense nationale

Parler de la réalité de la contestation du consensus c'est aussi mettre en exergue la réalité du débat qui existe au sujet de la politique nucléaire de défense, contrairement à ce que prétendent de manière péremptoire les opposants (médiatiques) à la dissuasion nucléaire. Certes, au nom d'une doctrine intouchable, certaines formations politiques favorables à la dissuasion nucléaire ont pu, pendant la guerre froide, chercher à faire taire les voix discordantes, qui (de fait) ne faisaient qu'ouvrir une polémique (et non un débat) – mesure maladroite et contre-productive pour préserver le consensus... C'est ce que dénonçait Alain Bloch en 1987 lorsqu'il écrivait : « Ainsi, depuis la fin des années 1960, a-t-on figé la pensée du général de Gaulle en une sorte de dogme absurde, ne serait-ce qu'au regard du caractère pragmatique et mouvant de cette pensée, qu'illustrent tous les écrits militaires de l'homme du 18 Juin[60]. » À cet égard, la prise de position iconoclaste au cours de l'année 1983 (l'un des pics de la guerre froide) de Michel Pinton, secrétaire général du parti giscardien Union pour la démocratie française (UDF) dans une tribune publiée par *Le Monde* du 16 juin 1983 – intitulée : « Une nouvelle ligne Maginot[61] » – est emblématique. Et, preuve de l'existence réelle d'un débat en France, cet article est cité et résumé de nos jours sur le site gouvernemental *Vie publique* en ces termes : « Inefficacité de la stratégie officielle de la France (dissuasion et stratégie anti-cités) : le dispositif de combat soviétique est hors de portée des armes nucléaires de l'Alliance atlantique et pourrait détruire l'armée française et avant toute possibilité de riposte nucléaire – l'emploi de l'arme nucléaire stratégique serait impossible en raison des représailles, illusoire sécurité de la force nucléaire stratégique, qualifiée de "nouvelle ligne Maginot", et de la nation, de "sanctuaire national"[62]. » À la suite de cet article paru en 1983, le Premier ministre socialiste de l'époque, Pierre Mauroy, rendit public dès le lendemain de sa publication un communiqué dans lequel il apporta un contrepoint à Michel Pinton, en écrivant notamment : « Ce qui est grave dans sa démarche, c'est qu'il s'applique à mettre en doute les capacités de défense de la France, qu'il cherche à miner la cohérence de notre dissuasion et qu'il tente de dévaloriser la qualité de nos équipements. Ce qui me semble encore plus grave, c'est que le secrétaire général de l'UDF met ainsi en cause l'accord de l'ensemble des Français qui s'était réalisé sur les nécessités de notre défense et les moyens de l'assurer. » Michel Pinton fut en outre désavoué par ses collègues de l'UDF (ce qui l'amena très vite à renoncer à ses fonctions à la tête du parti), ainsi que par le parti chiraquien Rassemblement pour la République (RPR). De son côté, le ministre des Affaires étrangères Claude Cheysson avait réagi le jour même de la parution de l'article : « Si, comme le dit M. Pinton, il n'y a pas de crédibilité pour la dissuasion nucléaire française, alors est-ce qu'il faut nous placer sous le parapluie nucléaire américain, rentrer dans le système intégré américain ? C'est là une question qui doit être posée à l'ancien président de la République, puisque M. Pinton écrit [dans cet article] que M. Giscard d'Estaing, durant son septennat, a amorcé une modification de la sacro-sainte doctrine [de la dissuasion nucléaire française][63]. » Ici, de manière sous-jacente dans cette affaire, ce que l'on voit, ce n'est pas tant une remise en cause du consensus au sujet du rôle exercé par l'arme nucléaire en tant que moyen défensif ultime pour protéger les « intérêts vitaux » d'un pays comme la France que la question posée du caractère indépendant (comme l'avait voulu le général de Gaulle) de la force de dissuasion nucléaire française *versus* une force intégrée à l'OTAN, qui a eu des partisans à la fois sous la IVe République et pendant les deux premières décennies de la Ve République. Autant dire que le débat ne se pose plus en ces termes depuis la mise en place d'une politique bipartisane en matière de dissuasion nucléaire, et ce avec la première cohabitation en 1986.

L'article de Michel Pinton constitue bien un marqueur de la question du consensus et du débat relatif à la dissuasion nucléaire en France ; *de facto*, sa prise de position anticonformiste généra un large débat, abrité en grande partie par le quotidien *Le Monde*, qui donna la parole à la fois à des opposants (par exemple le général Jacques de Bollardière) et à des partisans de l'arme nucléaire. Parmi ceux-ci, il y eut la réplique de François de Rose (l'un des tout premiers diplomates à s'être intéressés en France à la dissuasion nucléaire), qui, tout en donnant quitus à Michel Pinton pour certains de ses propos (faiblesse d'une politique de défense qui ne reposerait que sur la dissuasion nucléaire, dogme dépassé de la dissuasion du faible au fort et du pouvoir égalisateur de l'atome, absence de défense civile…), tint à rappeler les enjeux stratégiques de la dissuasion nucléaire pour un pays comme la France : « Là où le secrétaire général de l'UDF paraît négliger l'une des fonctions essentielles de notre force nucléaire stratégique, c'est lorsqu'il lui reproche de ne pas nous donner de "garantie totale". Même au niveau des superpuissances, un tel absolu n'existe pas. Ce qui règne, c'est l'incertitude. Nul ne sait comment un être humain, américain, soviétique, français, britannique ou chinois, réagirait placé devant la responsabilité qu'aucun homme n'a jamais affrontée de déclencher une guerre nucléaire. » Et François de Rose d'ajouter : « Au stade du maniement de la crise, qui est celui où se jouerait notre sort, l'important est d'être à l'abri du chantage nucléaire. Nos moyens stratégiques nous en donneraient la possibilité en nous permettant de garder notre force d'âme face à un adversaire plus tenté de nous intimider que de passer aux actes[64]. » Cette réponse de François de Rose était très moderne et très novatrice, en posant des jalons qui sont devenus essentiels dans l'argumentaire officiel français en matière de dissuasion nucléaire depuis le début du XXIe siècle (concepts d'incertitude, de chantage, etc.). L'article controversé de Michel Pinton généra donc bien un débat en France (certes dans les cercles spécialisés), mais le problème c'est que ce débat se traduisit aussitôt par l'éviction politique de celui qui l'avait lancé… Quelques années plus tard, le débat stratégique généré par la réflexion du ministre de la Défense de la première cohabitation (1986-1988) a été très percutant dans un contexte de politique intérieure très particulier. En s'interrogeant notamment sur l'avenir de la composante sol-sol stratégique du plateau d'Albion, en s'opposant à l'accord américano-soviétique sur les forces nucléaires intermédiaires (qu'il qualifia alors de « Munich européen », en référence aux accords de Munich de 1938) ou en imaginant une plus grande flexibilité dans le déploiement des forces nucléaires françaises, André Giraud exprima une pensée assez iconoclaste, mais sans encourir le désaveu[65] de la classe politique comme l'avait connu Michel Pinton. On peut donc expliquer cela par la mise en place avec la première cohabitation d'une politique bipartisane en matière de défense, avec une plus grande place accordée au débat, cette politique reposant désormais sur des assises plus solides.

Pour l'opinion publique, le débat est souvent déclenché par un grave événement international, ce fut notamment le cas après l'invasion du Koweït par l'Irak en août 1990, à une époque où la guerre froide était en train de prendre fin et où émergeaient de nouveaux conflits régionaux aux dimensions mondiales. C'est dans ce contexte que la chaîne de télévision publique Antenne 2 organisa en octobre 1990 un débat intitulé : « L'arsenal de la Troisième Guerre mondiale » (*sic !*), dans le cadre d'une célèbre émission où les téléspectateurs avaient la parole. À l'une des questions posées (par un commerçant) : « Le terrorisme peut-il être considéré aujourd'hui comme une arme ? Ne craignez-vous pas que des groupes terroristes sachent maîtriser la fabrication d'armes chimiques, voire d'armes nucléaires ? », le politiste Pierre Lellouche répondit que ce que l'on pouvait craindre à l'avenir, c'était de voir « les États qui pratiquent le terrorisme » donner aux mouvements terroristes des systèmes d'armes de destruction massive, ajoutant peu après que « quand un pays fait exploser des avions d'UTA en plein ciel en Afrique[66], contre des personnes civiles complètement innocentes, on peut tout à fait imaginer que l'on passe la vitesse supérieure demain et qu'au lieu de faire sauter des avions, on fasse sauter un dépôt d'eau, par exemple dans une grande ville, en mettant un produit bactériologique[67] ». Le problème de fond est que ces débats « grand public » sont devenus aujourd'hui épisodiques à la télévision, suscités souvent par des actions médiatiques « surfant » sur les vagues antidissuasion, en vigueur (rappelons-le) uniquement au sein des régimes démocratiques.

À cet égard, on peut prendre comme « exemple » la manière dont le service public audiovisuel français (en y incluant la chaîne franco-allemande Arte) a tendance aujourd'hui à « débattre » de la question de la dissuasion nucléaire ; de manière générale, loin de rechercher l'adhésion des Français à la politique de défense (et donc de la dissuasion nucléaire) définie par le gouvernement – et votée par le Parlement –, on observe une nette tendance à aborder le sujet principalement sous un angle négatif, avec une focalisation sur la question des conséquences sanitaires des essais nucléaires (qui est bien évidemment un sujet majeur)[68], mais en la découplant complètement des raisons pour lesquelles ces essais ont été conduits, sur l'exercice de transparence réalisé par l'État (*via* notamment des ouvrages institutionnels, aussitôt suspectés de maquiller les faits !)... et sans tirer les leçons du démantèlement par la France de tous ses centres d'expérimentations (ce qu'aucune autre puissance nucléaire n'a fait jusque-là). De surcroît, certaines émissions de la télévision publique – sous prétexte d'indépendance (mais de quelle indépendance s'agit-il ?) – se croient autorisées à organiser des émissions sans débat contradictoire, où les opposants à la dissuasion nucléaire monopolisent la parole[69] et attaquent le « discours triomphaliste » de l'État, qu'il s'agit de bannir, sans autre forme de procès. Le « débat » est par conséquent détourné – de manière peu démocratique – pour en faire un instrument susceptible de fabriquer un consensus antidissuasion nucléaire. Il est par conséquent détourné à des fins idéologiques, en complète contradiction avec la politique de défense votée par le Parlement (après des débats en commissions parlementaires spécialisées et en séances plénières), où toutes les formations politiques peuvent librement s'exprimer, sans parler des autres lieux de débat sur le sujet qui existent désormais en France. Ce détournement du débat est d'autant plus pernicieux qu'il est opéré de manière péremptoire au nom du débat démocratique et qu'il prétend démontrer que le secret militaire (pourtant justifié lorsqu'il s'agit de défendre honnêtement la nation) est détourné par ceux qui s'en servent pour cacher des « secrets inavouables[70] », mettant de la sorte en accusation (ce qui sur le plan juridique pourrait relever de la diffamation) ceux qui sont en charge de la protection des intérêts vitaux du pays.

Dans un autre cas de figure, il arrive que le débat soit tout simplement confisqué, lorsque par exemple une autorité politique locale prend – sans aucun débat (et avec quelle légitimité ?) – un engagement de portée internationale (certes uniquement symbolique) en complète contradiction avec la politique de défense de son pays ; cela a été notamment le cas de la maire de Paris, Anne Hidalgo, lorsqu'elle a décidé en mai 2019 que la ville de Paris rejoignait l'Appel des villes de la campagne internationale pour abolir les armes nucléaires, et par conséquent adhérait au Traité d'interdiction des armes nucléaires (TIAN)[71]. Une telle prise de position opérée sans aucune concertation est largement passée « sous les radars » des médias français…

On le voit, la réalité de la contestation du consensus est bien une preuve de la réalité du débat en France au sujet de la dissuasion nucléaire, comment le nier ? Certes, dans le passé, comme on l'a vu, certaines hautes autorités civiles et militaires ont cherché à brider la réflexion stratégique au nom de la sauvegarde du consensus. Parallèlement, la réflexion sur les questions de défense et de sécurité au sein du monde universitaire a longtemps été marginalisée en France (contrairement à la tradition des *war studies* en Grande-Bretagne) et si un certain nombre de lieux de réflexion sur les questions stratégiques (et donc sur la dissuasion nucléaire) ont émergé dans notre pays depuis le milieu des années 1980[72], il reste encore beaucoup à faire pour permettre aux étudiants d'acquérir une réelle culture stratégique, sans tomber dans les travers d'études à portée idéologique (le plus souvent sous influence anglo-saxonne), où la dimension (défense) nationale est évacuée, car jugée suspecte par principe. Ces lieux de débat existent pourtant[73] ; ils cherchent à exposer les faits et susciter des débats… quitte à ce que ceux qui contestent le caractère dissuasif et opérant de l'arme nucléaire nient l'existence de ces lieux de débat, de peur de devoir reconnaître que leur propre réflexion est marginale… et qu'elle est loin de faire consensus !

Le cas des études sur les questions stratégiques à l'université

MÉLANIE ROSSELET

Raymond Aron donne entre 1962 et 1963 à l'Institut d'études politiques un cours d'« Introduction à la stratégie atomique », le premier du genre en France et dont sera issu l'ouvrage *Le Grand Débat*, publié en 1963. Au début de la première leçon, reproduite en introduction du livre, il explique les raisons et les difficultés de cette entreprise, qui me semblent résonner aujourd'hui encore :

> « Il est rare, depuis de longues années, que des professeurs consacrent leur temps et leur réflexion aux problèmes proprement militaires. Cette lacune, pour être traditionnelle, n'en est pas moins fâcheuse. [...] Probablement le manque de communication entre universitaires et officiers, les soupçons que des crises multiples leur ont inspirés les uns à l'égard des autres expliquent cette lacune de notre enseignement. Cette lacune est aujourd'hui à la fois plus visible et plus grave à cause des armes atomiques et thermonucléaires que l'on espère ne

jamais employer et que l'on brandit chaque jour. [...] Demain plus encore qu'aujourd'hui, vous, diplomates, inspecteurs des Finances ou conseillers d'État, vous aurez à dominer les problèmes que pose à notre pays et à l'humanité l'existence de ces armes monstrueuses. Ces problèmes constituent, aux États-Unis, l'objet d'une discipline quasi autonome, qui se répand dans les universités et les instituts de recherche. Quel que soit le jugement que vous portiez sur cette discipline et ses résultats, vous n'avez pas le droit de l'ignorer. »

Questionnons d'abord l'idée de *lacune* : existe-t-il aujourd'hui encore une *lacune* de l'enseignement et des études sur le nucléaire militaire en France ? Pourquoi un enseignement et des études à l'université sur le nucléaire et la stratégie sont-ils justifiés ?

Ensuite, est-il exact que la « lacune » dont parle Raymond Aron est essentiellement liée à la défiance réciproque entre universitaires et praticiens ? Quelles sont les autres difficultés et comment les surmonter, alors que l'intérêt pour réinvestir le champ des études nucléaires et stratégiques est présent ?

Un constat toujours en partie valable : une lacune sur les études stratégiques et nucléaires en France

La période de la guerre froide, de 1945 à 1991, a été marquée par la centralité du fait nucléaire dans les relations entre les grands acteurs, les politiques de défense et les réflexions stratégiques. En dépit du constat de Raymond Aron, le champ n'était en réalité pas délaissé à l'université. Les travaux de Raymond Aron lui-même ont contribué à ce que ces questions soient saisies par les universitaires. Sur le plan des études historiques, on peut également mentionner les travaux du GREFHAN, le Groupe d'études français d'histoire de l'armement nucléaire, qui a été créé en 1986.

Le GREFHAN, piloté par Jean-Baptiste Duroselle puis très vite par Maurice Vaïsse, avait comme objectif de promouvoir l'histoire de la dissuasion nucléaire, tant dans ses dimensions stratégiques et militaires que politiques et administratives. Ce groupe de travail était la branche française du Nuclear History Program (NHP), initiative universitaire quadripartite lancée au milieu des années 1980 par le professeur Ernst May (Université Harvard) et Uwe Nerlich (Stiftung Wissenchaft und Politik – SWP). La naissance du NHP « coïncida » avec un moment de tension importante entre l'Est et l'Ouest (la crise des euromissiles), en particulier à un moment où le courant pacifiste était fort en Allemagne fédérale. Toutefois, malgré la richesse de ces travaux, le NHP n'a pas survécu longtemps à la fin de la guerre froide, puisque ses travaux se sont terminés au milieu des années 1990. En tout cas, en France, le GREFHAN a permis l'émergence d'une jeune génération de chercheurs historiens sur le sujet, comme Frédéric Bozo ou Dominique Mongin, notamment.

Avec la fin de la guerre froide commence en effet une période de repli. L'enseignement et la recherche stratégique se détournent de cet objet. Comme le notent Jean-Vincent Holeindre et Jean-Baptiste Jeangène Vilmer en 2015 :

> « Cette tendance est observable mondialement et pas seulement en France : les études sur la sécurité (*security studies*) ou sur

> la paix (*peace studies*) ont supplanté les études stratégiques (*strategic studies*), qui étudient la conduite de la guerre et ses enjeux politiques. Aujourd'hui, on étudie moins les guerres interétatiques (celles-ci étant de plus en plus rares) que la sécurité des individus atteints par des menaces qui ne sont pas nécessairement militaires[74]. »

« Quel intellectuel contemporain majeur a appliqué son effort à l'arme nucléaire comme Raymond Aron en son temps ? », s'interroge Nicolas Roche[75] en 2017. De fait, en France, on serait en peine de citer d'autres noms de philosophes contemporains que ceux de Pierre Hassner et de Thérèse Delpech, décédée en 2012 et qui a consacré une partie importante de son œuvre à la dissuasion[76]. Dans le champ du nucléaire militaire, l'attention et la recherche se sont davantage tournées vers d'autres thèmes : la lutte contre la prolifération, le désarmement, les études sectorielles.

Le champ reste réduit aujourd'hui à l'université en France et peut être décrit schématiquement de la manière suivante :

Deux centres seulement sont dédiés spécifiquement au nucléaire militaire, d'un registre très différent. Le premier, le « programme d'étude des savoirs nucléaires » ou Nuclear Knowledges, a été fondé par Benoît Pelopidas au CERI de Sciences Po. Ce centre de recherche est le principal récipiendaire des fonds publics (en fait principalement européens *via* une ERC) en France. L'objectif affiché (voir le manifeste[77] publié en première page du Centre) est de permettre de « repenser les choix nucléaires ». Il s'agit à la fois de faire œuvre de déconstruction des catégories traditionnelles, comme « la dissuasion », « en évaluant le pouvoir aveuglant des catégories créées il y a plusieurs décennies et parfois encore considérées comme un lexique irremplaçable de l'ère nucléaire », et de mener un travail de mise en lumière des « vulnérabilités nucléaires ».

Le second est le Centre interdisciplinaire d'études sur le nucléaire et la stratégie, devenu Centre interdisciplinaire sur les enjeux stratégiques en septembre 2023, un pôle en cours de constitution à l'ENS. Ce centre pluridisciplinaire d'enseignement et de recherche fait l'objet d'un soutien public du CEA, de la DGRIS et désormais de l'ANSSI. Les objectifs des prochaines années pour le CIENS sont de contribuer à l'émergence d'une pensée académique française indépendante sur les questions stratégiques et à la structuration d'une communauté de pensée académique stratégique au niveau national et européen.

Le nucléaire militaire est également l'un des axes de recherche de l'Institut d'études de stratégie et de défense (IESD), autour d'Olivier Zajec à Lyon-III, qui a bénéficié d'un financement *via* le label d'excellence de la DGRIS. Il convient bien sûr également de citer les travaux du Centre Thucydide, avec un axe de recherche « études stratégiques » sous la direction de Jean-Vincent Holeindre. En histoire existe un programme conduit par l'équipe de Renaud Meltz sur l'histoire et la mémoire des essais nucléaires, au CRESAT (Centre de recherches sur les économies, les sociétés, les arts et les techniques), laboratoire de l'université de Haute-Alsace. Notons enfin les travaux conduits et dirigés en histoire par Frédéric Bozo et les chercheurs qui ont effectué une thèse sous sa direction.

De ce bref tour d'horizon découlent plusieurs constats : le vivier de chercheurs et professeurs d'université spécialistes du nucléaire militaire est réduit ; il existe encore peu d'enseignements à l'université, peu de doctorants (mais les choses s'améliorent) et très peu de professeurs titulaires d'une HDR (Habilitation à diriger la recherche) pour les diriger. On note l'importance des études « critiques » et sectorielles (*neo-colonial studies*) dans ce champ et, en miroir, la faiblesse relative d'une recherche qui n'aurait pas uniquement pour objet la déconstruction de l'objet nucléaire lui-même, mais qui pourrait au contraire permettre de penser le fait nucléaire dans son caractère structurant pour les relations internationales. On notera également, par rapport à l'époque de la guerre froide, que l'objet est saisi prioritairement par la science politique (dans une moindre mesure par l'histoire et très peu par la philosophie, à l'inverse de ce qui se pratiquait avant les années 1990). Très peu de thèses sont soutenues en « stratégie » de défense et nucléaire.

Les études et le débat sur la dissuasion n'ont pas disparu, mais ils se sont appauvris. Or ce besoin de réinvestissement intellectuel dans les questions nucléaires et de stratégie à l'université est majeur, pour des raisons qui n'ont pas changé depuis les propos de Raymond Aron et qui, pour le praticien, revêtent une acuité nouvelle dans l'ère stratégique que nous connaissons : « Il serait déraisonnable d'oublier que les guerres ont été, à travers les siècles, un phénomène endémique et que les instruments de combat, au même titre que les outils de travail, sont à la fois l'expression d'une société et un des facteurs qui en commandent l'organisation. [...] De plus, dans une démocratie, la défense nationale concerne directement le citoyen. Pourquoi celui-ci ne s'efforcerait-il pas d'acquérir assez de connaissances pour comprendre les problèmes ? » C'est particulièrement vrai pour le nucléaire militaire et pour un État démocratique doté de l'arme nucléaire.

Raymond Aron évoque enfin le mot de Clemenceau – « La guerre est une affaire trop sérieuse pour être laissée aux militaires » – mais également celui du général de Gaulle – « La politique est une affaire trop sérieuse pour être laissée aux politiciens » – pour justifier le besoin d'une formation politique des militaires et d'une formation stratégique des hommes politiques et, plus largement, de « tous ceux qui veulent penser notre époque ».

Ces raisons sont évoquées par Raymond Aron, philosophe, universitaire, mais sont également celles que convoque une praticienne dont le métier est de penser l'âge nucléaire dans lequel nous vivons. Nous avons besoin, praticiens, d'une armature intellectuelle nouvelle, d'un lien avec les chercheurs universitaires, pour mieux penser notre époque, comprendre d'où nous venons pour savoir où nous allons.

Le contexte stratégique, marqué par l'agression russe en Ukraine sous l'ombre portée du nucléaire et le retour en force du fait nucléaire dans la compétition entre grandes puissances, nous enjoint collectivement de réinvestir le champ des études stratégiques et du nucléaire. Il ne s'agit pas de reprendre sans les interroger certaines notions forgées au temps de la guerre froide, ni de les transposer mécaniquement, mais bien de reposer quelques questions fondamentales pour nous aider à penser les problèmes nucléaires contemporains.

Avant de passer aux difficultés qui peuvent être identifiées dans cet effort, des facteurs de changement positif doivent être mentionnés. Jean-Vincent Holeindre évoque « la vitalité du champ des études stratégiques ». Depuis février 2022, ce sujet suscite un regain d'intérêt du public, des étudiants (constaté pour les enseignements du CIENS) et de certains universitaires. L'objet de recherche redevient un objet d'avenir, qui n'apparaît plus comme dépassé. Il existe une prise de conscience de la nécessité d'un renforcement de la culture stratégique, tout particulièrement en France, qui s'accompagne de réflexions et d'initiatives sur la manière de faire vivre un « espace public » sur la dissuasion nucléaire.

Dépasser les défiances

Venons-en néanmoins aux difficultés qui demeurent, pour mieux les cerner. Est-il juste de dire, comme Raymond Aron en 1964, que la défiance entre l'université et les praticiens est le principal obstacle ? Plutôt que de reprendre cette thèse, trois types de difficultés peuvent être évoqués : un problème disciplinaire, un problème lié à l'objet d'étude, un problème épistémologique.

Un problème disciplinaire

Il s'agit d'une question bien identifiée[78]. Les études nucléaires et stratégiques sont un champ du savoir qui ne correspond pas à une discipline universitaire préexistante, au sens de section du Conseil national des universités (CNU) dont elles relèveraient pleinement (histoire, sciences politiques, philosophie, économie). En l'absence d'une discipline de rattachement clairement identifiée, se pose la question de la reconnaissance de l'intérêt de l'objet d'étude, de la construction d'une filière universitaire pérenne associée, offrant au sein de l'université des perspectives professionnelles attractives pour les jeunes chercheurs. L'absence de création d'une section, malgré les efforts en ce sens, s'explique de différentes manières, parmi lesquelles la perception des études stratégiques comme « science américaine », ainsi que, sans doute, la crainte d'un affaiblissement des moyens alloués à d'autres sujets de recherche dans un contexte de forte compétition pour l'obtention de ceux-ci.

Pour autant, la création de *war studies* à la française, en tant que discipline universitaire autonome, ne semble pas être une condition impérative pour la revitalisation de ce champ. Le fait nucléaire, par nature, appelle un traitement interdisciplinaire. Les études nucléaires stratégiques pâtissent probablement davantage d'un défaut d'organisation de l'interdisciplinarité qu'elles ne pâtissent de l'absence d'un rattachement disciplinaire unique. Ce problème concerne d'ailleurs d'autres champs d'études. Le cloisonnement entre disciplines n'est du reste pas un phénomène uniquement français.

La dispersion des chercheurs qui travaillent sur les questions stratégiques ne constitue pas nécessairement une faiblesse, dès lors qu'elle force les études stratégiques à continuer à avancer sur plusieurs pieds disciplinaires. L'enjeu qui demeure, mais il est de taille, est de faire circuler les méthodes et les connaissances, afin de faire de cette pluridisciplinarité une véritable interdisciplinarité. Sur ce point, il est permis d'être optimiste – la création de l'AEGES (Association pour les études sur la guerre et la stratégie) est une initiative en ce sens à soutenir pleinement.

Mais, de fait, cette problématique en rejoint une seconde, celle de l'objet d'étude « nucléaire militaire et stratégie », qui est d'ordre épistémologique, renvoie au « lien problématique entre sciences et action », sur des thématiques fondamentales pour l'État.

Une dimension de ce problème, qui est importante mais qui n'est pas traitée ici, est celle de l'accès aux archives et à l'information, dans des domaines sensibles.

Une seconde dimension est celle du rapport entre monde universitaire et praticiens (militaires, diplomates) dans la production du savoir. Il y a à cet égard deux attitudes possibles.

La première est d'estimer que l'indépendance académique ne peut être assurée que s'il y a, au fond, une étanchéité entre le monde universitaire et le monde des praticiens ou de l'expertise[79]. Il existe un rejet de la vocation utilitaire des études stratégiques, de leur lien avec le monde de la décision. L'exigence d'indépendance académique serait par ailleurs incompatible avec l'acceptation de financements d'acteurs tels le ministère des Armées, qualifiés de manière monolithique – paradoxalement sans mise à distance critique – d'« acteurs du complexe militaro-industriel » (il s'agit pourtant de financements publics). Réciproquement, la focalisation exclusive sur les financements conduit à penser que l'indépendance et la neutralité axiologique seraient assurées dès lors que ceux-ci sont réputés « neutres », alors même qu'il existe sur le nucléaire, un sujet compliqué, une forme, il faut bien le dire, de militantisme antinucléaire et que l'universitaire, producteur de savoir académique, s'inscrit dans les paradigmes de sa discipline. Selon cette vision, les « interventions militaires dans le champ académique » créent nécessairement un accaparement des processus de production du savoir universitaire à des fins politiques, générant invariablement des conflits d'intérêts et obérant la capacité réflexive des chercheurs[80]. Dès lors le risque est que la « réflexivité des recherches en sciences humaines et sociales », en réalité comprise comme défiance et déconstruction, devienne la marque de production d'un véritable savoir scientifique[81]. Le risque est également celui de la production d'un savoir à partir de catégories solidement ancrées disciplinairement, mais déconnectées du réel.

Une seconde approche consiste non pas à nier la problématique mais à estimer qu'elle peut être traitée, dans un équilibre toujours délicat à trouver, et qu'elle ne fait obstacle ni au dialogue nécessaire entre praticiens et universitaires ni à l'indépendance des chercheurs. La question devient alors celle des conditions de création de la confiance des chercheurs dans leur capacité à être indépendants, c'est-à-dire au niveau de la liberté de leur rapport à leur objet d'étude. La solution vient dans ce qu'Hervé Pierre appelle le « tissage » des perspectives entre acteurs de champs différents et le respect du fait que le praticien et le théoricien ne parlent pas depuis le même endroit et ont des niveaux de discours distincts. Les modalités de gouvernance sont aussi essentielles pour garantir cette indépendance.

Sur le questionnement des financements et des initiatives récentes prises par le ministère des Armées (Pacte enseignement supérieur et démarche des labels d'excellence), les financements majeurs obtenus par Frédérik Douzet et Paris-VIII (sur les sujets cyber) illustrent la pertinence d'une démarche de soutien initial par la DGRIS, permettant dans un second temps de rechercher des financements internationaux plus importants. Il s'agit là pour moi du modèle à viser dans le champ des études stratégiques.

Pour conclure, la constitution du champ nucléaire au sein des études stratégiques s'accélère mais la tâche reste immense. Elle doit être poursuivie étape par étape, en repartant de la base : former des mastériens en proposant des formations, puis des doctorants et postdoctorants pour *in fine* avoir davantage de HDR. C'est l'objectif de long terme du CIENS. Il s'agit aussi de créer des débouchés à l'université sans que les acteurs académiques ne craignent une mise en péril des autres domaines de recherche, parfois orphelins. Il est crucial de faire vivre l'interdisciplinarité et une forme de pluralisme à l'université (qui doit être un lieu où l'on rejette le dogmatisme, un lieu de vie du débat stratégique) où un dialogue entre praticiens et universitaires est possible. Plus concrètement, en matière nucléaire, la revitalisation du GREFHAN et de l'AEGES est une piste prioritaire.

CHAPITRE 5

Témoignages et contributions spéciales

La dissuasion nucléaire est-elle acceptable moralement ? Le point de vue d'un praticien

Jean-Louis Lozier

Présentation faite à l'occasion de la séance inaugurale du Réseau nucléaire et stratégie-Nouvelle génération[1] *le 10 novembre 2022 par le vice-amiral d'escadre (2S) Jean-Louis Lozier.*

Après avoir été pendant la majeure partie de ma carrière dans la Marine nationale un acteur, direct ou indirect, de la dissuasion nucléaire française, me voici devenu un observateur, engagé, de l'évolution du paysage nucléaire mondial.

Un nouvel âge nucléaire

La période de la guerre froide peut être identifiée comme un premier âge nucléaire, lui-même divisé en plusieurs phases. Il a été marqué par l'affrontement entre blocs, la constitution des arsenaux nucléaires des deux superpuissances, États-Unis et URSS accumulant un nombre d'armes considérable, mais reconnaissant à partir des années 1970 leur vulnérabilité mutuelle et établissant une espèce de parité entre eux et une limitation des arsenaux. Les trois autres États dotés (Royaume-Uni, France, Chine) ne possédaient qu'une fraction infime de l'arsenal des deux Grands.

Le second âge nucléaire a commencé par l'éclatement de l'URSS. Il a été marqué par des réductions très fortes des arsenaux nucléaires des P5[2], en particulier ceux des deux Grands, qui ont veillé à les conserver à parité dans les différents accords de réduction des armements (celui en vigueur, New Start signé en 2010, prorogé en 2021 et valide jusqu'en 2026 la limite à 1 550 têtes nucléaires [TN] déployées dans les arsenaux stratégiques). La France dans cette période a de façon unilatérale désarmé en divisant par deux son arsenal nucléaire. Ce second âge a également été marqué par l'apparition de puissances régionales. Il a par exemple été marqué par les essais nucléaires indiens (l'Inde avait néanmoins fait son un premier essai en 1974) et pakistanais de 1998 et la crise de Kargil opposant ces deux États en 1999, ou par le retrait du Traité de non-prolifération nucléaire (TNP) de la Corée du Nord, et les essais nucléaires de celle-ci à partir de 2006.

Le fait principal de l'entrée dans ce troisième âge nucléaire n'est pas le retour de la rhétorique nucléaire à l'occasion de la guerre d'Ukraine, même s'il s'agit d'un fait significatif, mais bien l'arrivée du compétiteur chinois dans la bataille pour accéder au leadership mondial, avec la forte croissance simultanée de son arsenal nucléaire. La découverte de la construction de silos susceptibles d'accueillir environ 300 missiles intercontinentaux DF41 sur trois sites distincts et l'estimation par le Pentagone d'une possession par la Chine de 700 TN en 2027 et 1 000 en 2030 modifient complètement les rapports de force mondiaux dans le domaine nucléaire. Jusqu'à il y a peu, l'arsenal chinois était estimé à environ 200 TN.

En continuant à ce rythme, la Chine pourrait posséder en 2035 environ 1 500 TN et se retrouver ainsi proche du nombre de TN stratégiques déployées par les Américains (1 550 TN opérationnelles déployées autorisées par le traité New Start). Les États-Unis se retrouveront ainsi face à deux compétiteurs stratégiques, de poids nucléaire quasi égal au leur, remettant l'un et l'autre en cause ce qu'ils perçoivent comme une hégémonie américaine. Ce constat a fait dire le 3 novembre 2022 à l'amiral Richards, commandant des forces nucléaires américaines (US Stracom), que le potentiel dissuasif des États-Unis vis-à-vis de la Chine était en train de s'éroder. Je cite ses mots : « Lorsque j'évalue notre niveau de dissuasion contre la Chine, le navire coule lentement. Il coule lentement, mais il coule, car la Chine met en place des capacités beaucoup plus vite que nous le faisons. Vu la façon dont les choses se déroulent, l'important n'est pas de savoir si nos plans d'opérations ou si nos commandants d'unités sont bons, ou si nos chevaux sont bons. Le vrai problème est que nous n'en avons pas assez. Et c'est un problème de très court terme. » L'un des principaux enjeux de ce début de nouvel âge nucléaire est bien de savoir comment les États-Unis vont conserver une dissuasion crédible, en particulier la crédibilité de leur dissuasion élargie apportée à leurs alliés européens et asiatiques, pour dissuader simultanément deux compétiteurs stratégiques majeurs. Force est de constater que la récente

Nuclear Posture Review publiée par l'administration Biden ne répond que partiellement à cet enjeu.

Un point caractéristique de ce nouvel âge est le retour de la rhétorique nucléaire constaté à l'occasion de l'invasion de l'Ukraine par la Russie depuis le début de l'année 2022. Cette rhétorique a été portée par Vladimir Poutine avant même le début de l'invasion. Ainsi, à l'occasion de la conférence de presse commune à l'issue de la rencontre entre les présidents Macron et Poutine le 7 février 2022, le président russe a rappelé que, si l'OTAN et la Russie ne disposaient pas du même potentiel militaire global, la Russie possédait des armements nucléaires supérieurs à ceux d'autres pays. Cette phrase indique d'ailleurs deux choses : la permanence de l'importance de l'arme nucléaire pour la Russie, mais aussi une crainte certaine du potentiel militaire de l'OTAN. La dialectique nucléaire s'est poursuivie tout au long du conflit, avec une relative accalmie à l'automne 2022. Elle avait pour objectif principal de sanctuariser l'agression en Ukraine et la mettre sous ombrelle nucléaire, et empêcher ainsi une intervention directe de l'OTAN. Si ce retour de la rhétorique nucléaire, inédite depuis une trentaine d'années, est un signe évident du changement d'ère nucléaire, il convient cependant de se garder de surinterpréter tous les signaux émis et de se méfier de commentaires hâtifs propagés par quelques pseudo-experts…

Ce troisième âge nucléaire est par ailleurs marqué par l'arrivée de puissances régionales également révisionnistes.

La Corée du Nord a été particulièrement active depuis le début de l'année dans les domaines balistique et nucléaire. Elle a ainsi procédé à un très grand nombre de tirs de missiles balistiques, à courte, moyenne ou longue portée. Les activités observées dans les tunnels du site de Punggye-ri laissent par ailleurs présager un septième test nucléaire. À l'occasion de la parade militaire marquant le quatre-vingt-dixième anniversaire de la création de l'armée révolutionnaire du peuple coréen qui s'est déroulée à Pyongyang le 25 avril 2022, au cours de laquelle des missiles intercontinentaux comme le Hwasong-17 ont été exhibés, le leader nord-coréen a tenu un discours dans lequel il appelait son pays à hâter le développement de son programme nucléaire. Kim Jong-un a également évoqué la doctrine nucléaire, indiquant que le rôle fondamental de son armement nucléaire était d'éviter la guerre, mais que ces armes nucléaires « ne pouvaient être confinées à une seule mission ». Cela pourrait signifier qu'il se réserve le droit d'employer une arme nucléaire dès qu'il se sent menacé, son discours indiquant que cette seconde mission serait tactique plutôt que stratégique.

Enfin l'Iran continue d'enrichir de l'uranium, et atteindra prochainement la quantité nécessaire de matière pour réaliser un premier engin explosif. Dans ce contexte d'accroissement rapide du stock d'uranium enrichi et de manque de coopération avec l'AIEA, la perspective d'un accord sur le JCPoA semble désormais nulle, les États-Unis ayant mis fin aux négociations avec le régime des mollahs, qui ne semblaient de toute façon pas très désireux d'aboutir.

Voici pour une description rapide de ce nouvel âge nucléaire dans lequel nous sommes entrés, et qui nécessitera une attention soutenue dans les prochains mois et années.

L'éthique : un point fondamental

On n'est pas un acteur de la dissuasion, en particulier dans un parcours comme le mien, sans s'interroger sur l'éthique de la dissuasion. Et je suis toujours surpris de l'assertion, parfois entendue, selon laquelle poser le débat moral serait perdre foi dans la crédibilité de la dissuasion. Je ne connais pas de commandant de sous-marin nucléaire lanceur d'engin (SNLE) qui n'ait engagé cette réflexion. Car cette réflexion est d'abord une réflexion personnelle à mener, dépendant naturellement de ses références et croyances philosophiques, religieuses, politiques. Et je me suis naturellement posé cette question, quelques années avant de prendre le commandement d'un SNLE, de savoir si, en mon âme et conscience, j'appliquerais sans sourciller les procédures permettant de lancer une salve de missiles balistiques si j'en recevais l'ordre présidentiel. La réponse a été oui, et j'ai continué dans la filière sous-marine, jusqu'à exercer le commandement d'un SNLE et des responsabilités à la division des forces nucléaires de l'état-major des armées.

Aujourd'hui, je vous livre les réflexions qui sont les miennes à ce sujet et qui m'amèneraient de nouveau à répondre oui à la question évoquée ci-dessus. À chacun d'y réfléchir. Les termes de ce débat n'ont pas fondamentalement évolué depuis les questionnements que les scientifiques participant au projet Manhattan se posaient. Fallait-il renoncer à fabriquer une arme atomique, capable de destructions apocalyptiques, face au projet totalitaire des puissances de l'Axe, susceptibles par ailleurs de devancer les États-Unis dans l'acquisition de cette arme ? Entre deux maux, Oppenheimer et les autres scientifiques choisirent de développer l'arme nucléaire.

Quel constat pouvons-nous faire actuellement concernant les quatre États ? La Russie, dont les dirigeants portent un message violemment anti-occidental, utilise son arsenal nucléaire de façon coercitive pour couvrir son agression en Ukraine, où son armée et ses supplétifs pillent, torturent, violent et assassinent. La République populaire de Chine, dont le régime demeure totalitaire, comme l'a rappelé le XXe congrès du PCC, exprime avec de plus en plus de force sa volonté de rattacher Taïwan, y compris par la force. L'ambassadeur chinois en France rappelait il y a quelque temps que les Taïwanais devraient probablement être rééduqués pour permettre l'éradication de la pensée « séparatiste ». Nous savons malheureusement ce que signifie la rééducation en République populaire de Chine, grâce aux dissidents et aux camps de rééducation du Xinjiang[3]. Le « cher leader » nord-coréen, qui multiplie les déclarations agressives vis-à-vis de ses voisins sud-coréens et japonais et des Américains, maintient son propre peuple en état d'asservissement total. Enfin le régime iranien confirme son caractère en multipliant les actes de terreur vis-à-vis de sa jeunesse révoltée. Tous ces États rejettent violemment les valeurs occidentales et n'hésitent pas, ou n'hésiteront pas à se servir de leur arsenal nucléaire pour faire du chantage ou de la coercition.

Aujourd'hui, un désarmement unilatéral de la France n'aurait évidemment aucune chance d'être suivi par ces États, comme on entend régulièrement des militants antinucléaires le dire… Si le désarmement nucléaire à terme demeure bien sûr souhaitable, sa réalisation à court ou moyen terme reste une chimère. Aujourd'hui, dans le contexte évoqué ci-dessus, j'estime qu'il est moral de réclamer pour la France le maintien d'une dissuasion crédible, dans le cadre strict de sa doctrine, strictement défensive. Si je devais me retrouver dans les circonstances évoquées précédemment, et me reposer la question de l'application des procédures permettant le lancement des missiles nucléaires en cas de réception de l'ordre présidentiel, la réponse serait de nouveau sans hésitation « oui ».

Pérennisation de la crédibilité de la dissuasion

La France a la chance d'avoir, depuis les débuts de la Vᵉ République, construit et pérennisé une force de dissuasion crédible. Car on ne bâtit pas une force de dissuasion crédible par intermittence. Cette crédibilité est d'abord politique, avec un engagement personnel et une continuité remarquable des différents présidents de la République. Elle est technique, grâce au haut niveau de nos ingénieurs et techniciens, de la DGA[4], du CEA/DAM[5] et des industriels, qui permet de disposer des moyens strictement nécessaires, mais fiables et performants pour faire face à toutes les contingences envisageables. Elle est enfin opérationnelle, grâce à l'engagement sans faille des femmes et des hommes mettant en œuvre les moyens de la FOST[6], des FAS[7] et de la FANU[8] et assurant leur maintenance et leur protection.

Les dimensions humaine, politique, stratégique, scientifique, technique, opérationnelle de la dissuasion nucléaire ne sont pas assez bien connues. Dans les circonstances actuelles, la compréhension de ce qu'est l'outil nucléaire français, unique au sein de l'Union européenne, est un enjeu fondamental.

Crise de la démocratie et avenir de la dissuasion. Un regard allemand

Martin Schäfer

De manière générale, la démocratie, en particulier la démocratie dite représentative, est mise à l'épreuve

Les débats sur la dissuasion nucléaire ont toujours joué un rôle important dans la démocratie allemande d'après-guerre. Je pense en particulier aux grandes confrontations au début des années 1980 à propos de la double décision de l'OTAN, avec de grandes manifestations contre le stationnement de rampes de lancement pour les Pershing et de missiles de croisière américains en Allemagne.

Le changement de gouvernement de Helmut Schmidt à Helmut Kohl en 1982-1983 est directement lié à ce débat. Celui-ci a agité la société allemande et a été tranché en faveur de l'application de la double décision de l'OTAN lors des élections législatives de 1983. Quelques années plus tard, la République fédérale comptait néanmoins parmi les premiers soutiens de l'option double zéro et du traité FNI.

Pour des raisons éthiques, une partie des Églises et du mouvement pacifiste étaient et sont aujourd'hui encore critiques vis-à-vis de la dissuasion nucléaire.

Par ailleurs, l'Allemagne s'est engagée dans des traités internationaux (dans le traité 2 + 4 notamment) à renoncer à long terme à produire, posséder et à utiliser des armes NRBC, un engagement fondateur de ses convictions en matière de politique de sécurité. L'identité allemande est celle d'un État résolument non nucléaire.

Parallèlement, l'Allemagne réunifiée a assumé ses responsabilités dans le cadre de la dissuasion nucléaire de l'Alliance avec le partage du nucléaire. À mes yeux, rien ne laisse présager que l'évolution de la démocratie en Allemagne devienne un problème pour la position allemande sur la dissuasion nucléaire.

Peut-on parler d'un « réarmement intellectuel » en Allemagne ?

Je dirais que nous en sommes au début : avant même la « *Zeitenwende* », le changement d'époque formulé par le chancelier Scholz, les grandes lignes de politique européenne et de défense inscrites dans l'accord de coalition du nouveau gouvernement allemand montraient une évolution de la pensée à Berlin.

Il y était question du renforcement de la « souveraineté stratégique » de l'Europe comme un objectif central du gouvernement. Les partis de la coalition « tricolore » jugeaient essentiel de renforcer la capacité d'action de l'UE tant sur le plan intérieur qu'extérieur.

Concrètement, en matière de politique de sécurité, cela signifiait notamment un renforcement des capacités européennes et de la coopération des armées nationales à l'échelle européenne, ainsi qu'une lutte plus efficace contre la désinformation et les manipulations intérieures comme extérieures.

Le but était de renforcer ainsi le pilier européen de l'OTAN. Les partis de la coalition s'engageaient à ce que l'Allemagne assume ses responsabilités dans le monde et voulaient adopter des politiques étrangères, de sécurité et de développement fondées sur des valeurs résolument européennes, notamment dans le contexte de la compétition systémique et géopolitique avec des États autoritaires comme la Russie ou la Chine.

Les trois partis étaient clairs sur le fait que, pour l'Allemagne, l'Alliance atlantique reste un pilier central, et l'OTAN une composante indispensable à la sécurité de l'Allemagne et de l'Europe, basée sur une dissuasion et une défense crédibles.

En même temps, pour le gouvernement, l'engagement en faveur de la dissuasion et de la défense n'excluait pas de nouvelles tentatives en matière de maîtrise des armements et de désarmement. Au contraire : ces deux approches faisaient partie d'une politique de sécurité prévoyante.

Le choc de la guerre déclenchée par la Russie a accéléré l'évolution de la pensée stratégique allemande

Depuis la guerre en Ukraine, nous observons un large soutien de la population allemande en faveur d'une dissuasion et d'une défense crédibles, ce qui implique entre autres la modernisation de notre armée et de ses capacités, ainsi que la poursuite de notre partage nucléaire.

L'identité politique des Allemands depuis la Seconde Guerre mondiale se fonde sur le fameux « *Nie Wieder (Krieg)* », « plus jamais (la guerre) ». Avant l'agression russe, il y avait des discussions en Allemagne sur le retrait des armes nucléaires américaines de son territoire. La participation nucléaire était considérée par certains comme un vestige de la guerre froide. Tout en sachant que les sondages ne sont qu'un indice, une majorité de la population allemande se prononçait en faveur du retrait des armes nucléaires américaines restantes. Au milieu de l'année 2021, selon une étude de la Conférence sur la sécurité de Munich, seules 14 % des personnes interrogées étaient favorables aux armes nucléaires en Allemagne, alors qu'une majorité de 57 % souhaitait leur retrait. Par ailleurs, le fait que le gouvernement fédéral ait soutenu le retrait des États-Unis du traité FNI n'a pas suscité de grands débats en Allemagne.

C'est la guerre contre l'Ukraine qui a complètement changé la donne. Dans un sondage réalisé en Allemagne trois mois après l'agression menée par la Russie, plus de 39 % des personnes interrogées se sont prononcées en faveur du retrait des armes nucléaires américaines contre une majorité de 52 % se déclarant en faveur du maintien des armes nucléaires américaines en Allemagne. Selon ce sondage, 40 % des personnes interrogées estimaient que les armes nucléaires devraient rester stationnées et 12 % étaient même favorables à leur modernisation et à l'augmentation de leur nombre.

Dans un sondage effectué un peu plus tard, au mois de juillet, 44 % des personnes interrogées estimaient que les armes nucléaires américaines devraient être retirées du sol allemand. Il est à noter que ce sont les Allemands de l'Est (59 %) et les partisans de l'AfD (64 %) qui sont majoritairement favorables au retrait des armes nucléaires américaines en Allemagne.

Les Allemands de l'Ouest ainsi que les partisans du SPD, des Verts, du FDP et de la CDU/CSU sont majoritairement favorables à un maintien de ces armes en Allemagne. Les deux partis de la coalition tricolore, les sociaux-démocrates et les Verts, ont connu des courants pacifistes très forts chez leurs militants. Le débat au sein du SPD sur l'avenir des bombes nucléaires américaines semble être clos. Lors du dernier sommet de l'OTAN, le chancelier allemand Olaf Scholz a souligné la pertinence de la participation nucléaire.

Ce changement majeur en Allemagne se reflète clairement dans le discours du chancelier du 27 février 2022, où celui-ci a pris la décision historique d'un tournant majeur dans la politique de sécurité allemande, remettant en cause des dogmes perçus jusqu'alors par certains comme relevant de la raison d'État : l'Allemagne livre des armes défensives à l'Ukraine – un pays qui n'est pas membre de l'OTAN et qui est engagé dans un conflit armé. Le chancelier a annoncé la création d'un fonds spécial de 100 milliards d'euros pour la Bundeswehr, une somme qui sera injectée pour doter nos forces armées d'équipements adéquats. Nous sommes prêts à consacrer 2 % de notre PIB à notre défense en tenant compte de l'objectif de l'OTAN. Le chancelier a également été très clair sur les devoirs de l'Allemagne au sein de l'OTAN : « Nous sommes inconditionnellement attachés à notre devoir d'assistance mutuelle au sein de l'OTAN. »

Ainsi, l'Allemagne acquerra comme alternative moderne aux chasseurs bombardiers Tornado obsolètes l'avion multirôle américain F-35 afin d'assurer le partage nucléaire ainsi que des Eurofighter pour la guerre électronique.

Le changement fondamental de mentalité a eu lieu dans l'ensemble de l'Allemagne, c'est-à-dire pas seulement à Berlin ou dans les cercles gouvernementaux, mais aussi au sein de la population. Le discours de Scholz sur le « changement d'époque » en est la parfaite illustration.

La décision d'acheter le F-35 est largement soutenue. Et bien que la pandémie ait fortement limité et continue de limiter économiquement de nombreuses personnes, la décision d'un fonds spécial de 100 milliards d'euros n'a guère été remise en question non plus.

La guerre d'agression russe contre l'Ukraine a mis en évidence la nécessité d'une dissuasion et d'une défense crédibles pour garantir notre sécurité en Europe

Lors du sommet de l'OTAN, le chancelier a souligné la volonté de l'Allemagne de renforcer la dissuasion et la défense du flanc Est. L'Allemagne va par ailleurs continuer à contribuer activement à la mise en œuvre du nouveau concept stratégique de l'OTAN et des décisions du sommet de Madrid.

Lors de la conférence du Traité sur l'interdiction des armes nucléaires, l'Allemagne a pris une position très claire : le TNP reste le cadre d'action central, l'OTAN reste une alliance nucléaire et nous tenons nos engagements, nous n'adhérerons pas au TIAN, nous rejetons clairement les affirmations selon lesquelles le TIAN établit le droit coutumier. Le gouvernement fédéral n'a pas l'intention d'adhérer au TIAN. Cette position repose sur des difficultés liées à l'approche de proscription du TIAN qui est en contradiction avec notre rôle en matière de politique d'alliance.

Une adhésion au traité serait manifestement incompatible avec nos obligations en matière de politique d'alliance, notamment au sein de l'OTAN en ce qui concerne le partage nucléaire, car le TIAN interdit entre autres le stockage, le transit, etc., d'armes nucléaires. Néanmoins l'Allemagne est intéressée à mener un dialogue constructif et reste attachée au désarmement, au contrôle des armes et à la non-prolifération.

La dissuasion nucléaire face à la confrontation entre empires autoritaires et démocraties

NICOLAS BAVEREZ

La guerre d'Ukraine marque un changement d'ère stratégique. Elle ouvre une confrontation directe entre les empires autoritaires et les démocraties. Elle entraîne le retour de la guerre de haute intensité en Europe associée à la résurgence de la menace nucléaire. Elle se traduit aussi par un changement de nature et un élargissement de la guerre, qui sort de ses limites comme le montre l'offensive hybride de la Russie contre l'Europe mêlant chantage nucléaire, chocs énergétique et alimentaire, cyberattaques et désinformation, instrumentalisation des flux migratoires, soutien des forces populistes et interférences dans les élections, déstabilisation de l'Afrique et du Proche-Orient.

Au début du siècle, la paix semblait acquise et la guerre impossible ; aujourd'hui la paix est impossible et la guerre omniprésente, y compris dans sa dimension nucléaire. L'invasion de l'Ukraine débouche sur une montée brutale de la conflictualité et accélère l'ensauvagement du monde, de Taïwan au Sahel et au Soudan en passant par le Caucase ou l'Asie centrale. L'Europe est directement concernée qui, sans être en guerre, n'est déjà plus en paix. Dans le même temps, les institutions et les règles qui avaient été mises en place pour endiguer la violence sont démantelées, la Chine et la Russie se fixant pour objectif de détruire l'ordre mondial jugé trop favorable à l'Occident.

La guerre d'Ukraine replace la dissuasion nucléaire au cœur de la stratégie

Ce basculement stratégique a des conséquences immédiates et profondes sur la dissuasion nucléaire. L'arme nucléaire, hier relique barbare de la guerre froide, redevient centrale. Elle entre dans un cinquième âge après son utilisation contre le Japon en 1945 et son monopole par les États-Unis jusqu'en 1949, la confrontation avec l'Union soviétique au cœur de la guerre froide, la régulation à partir de la crise de Cuba en 1962 avec la mise en place d'un ordre nucléaire qui verrouillait le monde bipolaire, la réduction des arsenaux après la chute du mur de Berlin avec une réduction de 86 000 têtes en 1986 à 12 700 têtes en 2010. Ce nouvel âge est placé sous le signe du réarmement nucléaire et de la remontée des risques d'emploi.

Le renouveau de la menace nucléaire est multiforme. Il résulte en premier lieu de la guerre d'Ukraine. La Russie, comme en 2014 lors de l'annexion de la Crimée, a envahi l'Ukraine sous protection de son parapluie nucléaire. Elle pratique une sanctuarisation agressive en prétendant étendre ses intérêts vitaux couverts par la dissuasion aux régions conquises et intégrées à son territoire au mépris du droit international. Le chantage nucléaire, élargi aux centrales civiles, est aussi utilisé pour tenter de briser la résistance de la population ukrainienne comme le soutien des pays européens à Kiev. Dans le même temps, la Chine s'est engagée dans une extension de son arsenal qui pourrait être porté de 350 à 700, voire 1 500 têtes. La Corée du Nord, soutenue par Pékin et Moscou, multiplie les tirs de missiles balistiques et envisage de procéder à un septième essai nucléaire. L'Iran accélère d'autant plus sa course à l'atome que le régime fait face à la révolte de la population contre la théocratie.

De prime abord, la guerre d'Ukraine semble conforter l'efficacité de la dissuasion. La Russie, en brandissant d'emblée la menace d'une escalade nucléaire, a sanctuarisé son territoire et limité les possibilités de riposte à son agression. À l'inverse, elle a veillé à éviter toute frappe sur un pays membre de l'OTAN. L'escalade verbale de Moscou est allée jusqu'à présent de pair avec le maintien des règles de la dissuasion, qui contraste avec l'ascension aux extrêmes de la violence de l'armée russe dans le domaine conventionnel. *A contrario*, l'Ukraine n'était protégée par aucune garantie nucléaire.

L'attaque de l'Ukraine risque cependant d'ouvrir la boîte de Pandore, en opérant un glissement de la logique de la dissuasion vers celle de l'emploi de l'arme nucléaire, de multiples façons. La Russie, membre permanent du Conseil de sécurité de l'ONU, met le nucléaire au service d'une guerre d'expansion et le détache de sa vocation défensive, qui participe de la légitimité de la dissuasion. D'un point de vue opérationnel, le nucléaire est réintégré dans la continuité de la manœuvre conventionnelle. Il se trouve également mobilisé dans la guerre hybride conduite contre l'Europe. L'agression russe encourage enfin la prolifération : l'Ukraine, après l'Irak, la Libye et la Syrie, se trouve envahie et occupée après avoir renoncé à l'arme atomique, ce qui ne peut que conforter les États en rupture de ban avec la communauté internationale, à commencer par la Corée du Nord ou l'Iran, dans leur volonté de développer une capacité nucléaire.

La fragilité et la contestation de l'ordre de la dissuasion

Ainsi, depuis le début du siècle, une course aux armements est engagée qui réserve une place de choix au nucléaire. Les États-Unis reconstruisent leurs forces auxquelles ils entendent consacrer 2 000 milliards de dollars sur trente ans. La Russie a modernisé son arsenal qui compte 6 000 têtes et la Chine accroît le sien. L'Allemagne a décidé d'investir 40 milliards d'euros dans l'acquisition de F-35 pour remplir ses missions nucléaires, tandis que le Japon réfléchit à une possible participation à la dissuasion et que l'Australie a décidé de se doter de sous-marins d'attaque à propulsion nucléaire dans le cadre de l'accord Aukus. Dans le même temps, le Traité de non-prolifération est déstabilisé et les accords de désarmement ou de contrôle des armements nucléaires paralysés – le retrait russe de l'accord New Start le liant aux États-Unis jusqu'en 2026 en est l'exemple le plus récent et significatif.

La guerre d'Ukraine souligne donc la fragilité de l'ordre de la dissuasion, qui dépend de la stabilité du système international. Le monde bipolaire de la guerre froide était solide, stable et défini. Le monde multipolaire est chaotique, volatil et incertain. Le principe qui voulait que le nucléaire dissuade et, selon la conception française, que la dissuasion soit nucléaire se trouve remis en question. Le nombre des puissances nucléaires est passé de six à neuf depuis la fin de la guerre froide. La dissuasion est contournée par les défenses antimissiles et par le cyber qui pourraient la mettre en échec. Les conditions de rationalité des acteurs, de contrôle des armes nucléaires par le politique et de compréhension mutuelle des adversaires potentiels sur leurs intentions sont remises en question par les ambitions de puissance démesurées des tyrannies du XXIe siècle, par la montée des populismes dans les démocraties et par l'hétérogénéité des pays dotés. Le risque d'emploi des armes nucléaires pourrait donc se renforcer dans un temps où les passions l'emportent sur la raison et où la violence tend à sortir de ses limites pour gouverner le politique et devenir une fin en soi.

Les démocraties se trouvent ainsi profondément déstabilisées par l'invasion de l'Ukraine et le retour de la menace nucléaire, tout particulièrement l'Europe qui avait cédé aux illusions de la fin de l'Histoire et l'instauration d'une paix perpétuelle fondée sur l'expansion du commerce favorisée par la mondialisation.

L'agression russe a incontestablement provoqué un sursaut. Il s'est traduit par des réorientations en chaîne. L'Allemagne a décidé de réinvestir massivement dans sa défense en lui consacrant 2 % du PIB en plus d'un effort de rattrapage de 100 milliards d'euros. L'Union a acté son soutien y compris militaire à l'Ukraine, validé le lancement de sa candidature à l'adhésion, initié la sortie de la dépendance énergétique vis-à-vis de la Russie. Les États-Unis se sont réengagés en Europe, armant l'Ukraine et faisant stationner plus de 120 000 soldats sur le continent. L'OTAN a renoué avec la sécurité collective en déployant une défense de l'avant face à la Russie et en s'élargissant à la Finlande et à la Suède. Au total, les États-Unis et les démocraties européennes ont fait front, associant aide massive à l'Ukraine, qui a contraint l'armée russe à la retraite et résilience face à la guerre hybride conduite par Moscou.

Pour autant, la guerre d'Ukraine souligne aussi les fragilités des démocraties, dont certaines peuvent affaiblir l'efficacité de la dissuasion. Elle crée une divergence majeure entre les États-Unis, dont la puissance est renforcée par leur autonomie énergétique ainsi que la force de leurs secteurs de la technologie, de l'armement et de l'agriculture, et l'Europe, qui fait partie des grands perdants, tant sur le plan économique et financier que sur le plan politique et stratégique. Elle donne un nouvel élan à la décomposition intérieure des démocraties en créant une vague populiste, portée par la crise économique et sociale. Avec un double risque : risque politique de remise en cause de l'unité des alliés de l'OTAN ou des membres de l'Union dans leur soutien à l'Ukraine et la résistance à la Russie ; risque stratégique de contestation du réarmement et de la dissuasion nucléaire, dont la logique est incompatible avec l'ascension des passions collectives, la diffusion du complotisme ou la promotion de vérités alternatives.

La dissuasion nucléaire, test pour le réarmement militaire et moral des démocraties

Le conflit ukrainien sera décisif pour l'issue de la confrontation entre empires autoritaires et démocraties comme pour l'avenir de la dissuasion. Le recours de la Russie à l'arme nucléaire mettrait fin au tabou maintenu depuis 1945 et ouvrirait la voie à une escalade majeure. Dans tous les cas, la volonté des empires autoritaires de constituer de vastes zones d'influence par la force armée sous parapluie nucléaire impose aux démocraties de rétablir une dissuasion efficace.

La dissuasion nucléaire reste à la fois le socle de la stratégie de cantonnement des tyrannies du XXIe siècle dans leurs ambitions de construire un monde postoccidental fondé sur les purs rapports de force, l'enjeu déterminant de la compétition pour le leadership technologique, l'une des clés de la résilience des sociétés libres face aux menaces hybrides. Elle constitue donc un test majeur de la volonté des démocraties de se défendre et de démentir le pari fait par la Chine et la Russie sur le caractère inéluctable de leur déclin, parce qu'elle met en jeu non seulement les capacités militaires mais aussi les capacités industrielles et technologiques ainsi que les forces morales des nations libres. La dissuasion nucléaire doit donc constituer l'une des priorités du réarmement des démocraties. Cela passe par un effort budgétaire mais aussi par une mobilisation industrielle, par la sécurisation des approvisionnements et par un aggiornamento doctrinal, afin de prendre en compte la multiplication des États dotés ainsi que l'articulation de la dissuasion aux forces conventionnelles et au cyber. Cela dépend aussi de la capacité à endiguer la poussée populiste, notamment aux États-Unis où elle fragilise la crédibilité de la dissuasion et de son élargissement aux alliés.

Face au rapprochement entre la Chine et la Russie, qui soutiennent par ailleurs la Corée du Nord et l'Iran, un dialogue stratégique devrait être engagé entre les États-Unis, le Royaume-Uni et la France, à qui son statut de seule puissance nucléaire parmi les membres de l'Union confère des responsabilités spécifiques. La crédibilité de la dissuasion nucléaire reste par ailleurs indissociable de la solidité des alliances et de l'efficacité des forces conventionnelles avec lesquelles elle a vocation à être réarticulée. Enfin, les démocraties doivent mettre la dissuasion au service de la reconstruction d'un ordre mondial stable. Clausewitz rappelait que « la guerre n'est en aucun cas un but par elle-même. On ne se bat jamais, paradoxalement, que pour engendrer la paix, une certaine forme de paix ». Il revient aux démocraties de définir la paix qu'elles souhaitent pour le XXIe siècle et de se donner les moyens de la garantir, notamment par la dissuasion nucléaire.

CHAPITRE 6

Hommage spécial à Thérèse Delpech

La dissuasion ne doit pas échapper au débat démocratique

Édouard Scott de Martinville

Cette contribution sera d'abord un témoignage sur mes échanges avec Thérèse Delpech qui me paraissent être plus que jamais d'actualité. J'ai fait la connaissance de Thérèse Delpech en 1997 en prenant mes fonctions à l'état-major particulier du président Chirac. J'ai été pendant trois ans la « petite main » des travaux d'adaptation au contexte stratégique de notre doctrine et de nos moyens de dissuasion. J'ai beaucoup travaillé avec Thérèse Delpech à cette époque et nous sommes par la suite toujours restés en contact étroit, jusqu'aux travaux du Livre blanc sur la défense et la sécurité nationale de 2008, auxquels nous avons tous les deux participé. Je retiens de tous ces échanges quatre points saillants que l'on retrouve bien dans son dernier ouvrage *La Dissuasion au XXIe siècle*, dont le caractère visionnaire doit être souligné.

D'abord, sa grande inquiétude face à la dissuasion multipolaire, et en particulier en Asie, sur laquelle elle mettait sans arrêt l'accent. Il y a vingt-cinq ans et alors qu'il fallait prendre des décisions, ils étaient peu nombreux ceux qui défendaient ce point de vue. Ses nombreux contacts dans la région, en particulier en Inde, donnaient beaucoup de fondement à son expertise. Elle s'inquiétait en tout premier lieu des développements chinois dont elle soulignait le manque de transparence.

Deuxièmement, la nécessité absolue de conserver à notre concept de dissuasion un caractère strictement défensif (sauvegarde de nos intérêts vitaux), tout en maintenant une absolue crédibilité de nos porteurs, de nos vecteurs et de nos têtes nucléaires comme de nos moyens de recherche et de développement. Il convient de souligner par ailleurs que ce caractère strictement défensif est l'un des fondements de l'acceptabilité du concept par nos concitoyens.

Troisièmement, l'importance de la dissuasion nucléaire pour préserver la liberté de manœuvre du chef de l'État dans une crise extérieure. Thérèse Delpech revenait très souvent sur les risques de chantage, en particulier dans une crise gérée en coalition. Elle parlait du maillon faible dont elle ne voulait en aucun cas que ce puisse être notre pays.

Enfin, l'analyse des crises nucléaires passées (Thérèse Delpech s'inscrivait toujours dans le « temps long ») lui avait bien montré l'impératif de conserver un strict contrôle politique sur les armes nucléaires, en particulier au travers de ce que nous appelons en France le contrôle gouvernemental. Celui-ci ne paraissait pas, pour ce que nous en savions alors, revêtir partout dans le monde la même importance. Thérèse Delpech avait également mis en lumière au travers de l'analyse de ces crises la nécessité, pour éviter tout malentendu dans le discours dissuasif, d'améliorer la compréhension entre adversaires nucléaires potentiels (connaissance préalable des doctrines et des organisations ; contact et dialogue, même minimaux).

Dans son dernier ouvrage, Thérèse Delpech insiste sur la nécessité vitale d'approfondir la réflexion sur la dissuasion nucléaire. Il s'agit en effet de maintenir cette culture de la dissuasion qui a toujours existé dans notre pays. Il faut pour ce faire développer le vivier de jeunes chercheurs et d'historiens qui travaillent sur ce sujet. La création du Centre interdisciplinaire d'études sur le nucléaire et la stratégie à l'École normale supérieure, le CIENS-ENS, est l'une des initiatives les plus marquantes de la période récente. Celui-ci fait partie de l'héritage intellectuel de Thérèse Delpech. On a souligné aussi l'importance du Réseau nucléaire et stratégie-Nouvelle génération (RNS-NG), qui est une excellente initiative.

Pour la conduite de ces travaux, on se heurte souvent à la question de la protection du secret. L'instruction interministérielle de base a été profondément modifiée en 2021 pour ce qui concerne en particulier les processus de classification et de déclassification. Il faudra tirer le bilan de ce nouveau cadre, dans ce difficile équilibre à trouver entre l'impératif de protection des informations s'agissant d'armes de destruction massive et le nécessaire travail des chercheurs et des historiens.

Souvent, la dissuasion nucléaire est considérée comme l'affaire des spécialistes et des chercheurs. Mais dans une démocratie comme la nôtre, elle ne doit pas échapper au débat public, en vue d'obtenir l'adhésion motivée de nos concitoyens. Pour traiter du débat démocratique sur la dissuasion, je voudrais partir des travaux de révision de notre posture nucléaire que nous avons menés à partir de 1998. Ils ont eu pour but essentiel d'adapter notre posture (concepts et moyens) à la diversité des situations auxquelles notre dissuasion était susceptible d'être confrontée. Ces travaux ne sont pas très connus. Et pourtant, quel bon exemple de fonctionnement d'une démocratie puisque dans un contexte de cohabitation, ce qui doit être souligné, ils ont conduit à des décisions importantes ayant fait l'objet d'un consensus.

À l'issue de ces travaux, en juin 2001, le président de la République s'est exprimé dans un discours à l'École militaire. Force est de reconnaître que cette intervention a eu assez peu d'écho et que les évolutions annoncées, certes en filigrane, n'ont pas été ou ont été mal perçues. Cela illustre bien les difficultés de communication dans un domaine où beaucoup d'informations sont classifiées et où ce qui peut être dit doit être strictement calibré, car c'est déjà une première étape du potentiel discours dissuasif.

On a coutume de considérer que la dissuasion nucléaire fait l'objet, dans notre pays, d'un vaste consensus. C'est d'ailleurs ce que paraissent traduire les sondages qui sont régulièrement effectués sur ce sujet. Nicole Gnesotto indique cependant dans sa contribution que ce n'est pas forcément si vrai que cela et assez changeant. Il faudrait donc analyser plus en détail les derniers sondages qu'elle évoque. Certains critiquent la manière dont sont posées les questions à ceux qui sont sondés. D'autres voient des signes de fragilité. Il n'en demeure pas moins que la dissuasion, « instrument ultime d'une volonté collective », ne peut reposer que sur une certaine appropriation du concept par nos concitoyens.

Ce sujet ne fait malheureusement que peu l'objet de débats dans les campagnes présidentielles. Sa complexité, comme ses aspects classifiés, sont souvent présentés comme de grands freins au débat public. Ces contraintes ne doivent pas, à mon sens, être exagérées. L'adhésion raisonnée de nos concitoyens est en effet une des conditions pour que soient faits les efforts budgétaires nécessaires au maintien de la crédibilité de nos capacités de dissuasion et, surtout, à leur renouvellement. C'est aussi une condition pour susciter l'engagement personnel, des jeunes ressources humaines très qualifiées, indispensables au développement, à l'entretien et à la mise en œuvre de ces capacités. C'est enfin une des conditions en situation de crise pour ne pas entraver la manœuvre dissuasive.

L'ensauvagement comme concept philosophique

Perrine Simon-Nahum

« Il faut briser en nous la mer gelée. » Cette citation, empruntée à Kafka par Thérèse Delpech et placée en exergue à son grand livre *L'Ensauvagement*, résume les deux parts de son œuvre parfois pensées indépendamment l'une de l'autre : la part stratégique et la part philosophique. Il faut en effet y lire une clé d'entrée, la manière dont, au fur et à mesure de ses publications, mais sans jamais se dévoiler, elle entremêlera de façon de plus en plus étroite les sujets de politique internationale et l'analyse de l'âme humaine en convoquant ceux des auteurs avec lesquels elle entretenait un dialogue permanent. Ce n'est donc que progressivement qu'est apparue en pleine lumière la philosophe même si on rappellera que c'est en philosophie qu'elle avait intégré l'École normale.

Le motif philosophique est pourtant essentiel pour comprendre en quoi consista sa réflexion et la puissance qu'elle exerce dans un monde plus incertain encore qu'à l'époque où elle s'efforçait de travailler à sa régulation au sein du CEA. Il tient dans le syntagme qu'elle développa en 2005 et que beaucoup reprennent aujourd'hui, en lui ôtant le caractère philosophique qui en fait la profondeur : l'ensauvagement. Loin de renvoyer à la brutalisation des sociétés au sens où l'entendait l'historien George Mosse, ou comme le prétendent de nombreux commentateurs ou politiques, au constat de l'aggravation des incivilités, il fait signe sous sa plume vers une définition ontologique de la violence que connaissent nos sociétés.

Il déploie ainsi la construction de l'œuvre de Thérèse Delpech autour d'un triple thème : le rapport à l'Histoire, la relation au récit que nous en faisons, et plus encore la manière dont nous concevons notre humanité. Ce va-et-vient entre stratégie et philosophie explique la singularité de ce thème qui ainsi, mis en abîme entre les deux disciplines, lui a non seulement permis de nourrir l'une de l'autre, mais plus encore de formuler une vision philosophique singulière. Car l'ensauvagement ne désigne pas un mouvement univoque, à savoir le retour de la barbarie. Il fait également signe vers une ouverture que j'examinerai dans le second temps de cet exposé, un nouvel ordre des choses qui trouve dans la prise en considération de l'irrationnel une voie de sortie qui aura permis à Thérèse Delpech de plaider en faveur d'une éthique spirituelle sur laquelle je conclurai.

L'ensauvagement, maladie de l'âme du XXIe siècle

C'est par la violence que Thérèse Delpech aborde l'Histoire, et à ce titre l'ensauvagement est défini comme la maladie de l'âme de notre époque. L'Histoire ne nous est jamais donnée. Elle nous fait au contraire sentir ce qui nous échappe, l'incapacité où nous sommes non seulement d'y intervenir de façon décisive mais, ce qui est plus grave encore, d'en saisir le sens. À cet état de fait hérité d'une histoire multiséculaire, la modernité est venue ajouter un élément : celui d'une accélération qui a rendu le décalage entre homme et Histoire plus sensible encore et dont la guerre et la barbarie sont les métaphores qui expriment tout ce que cette accélération doit aux nouvelles méthodes technologiques et scientifiques.

Thérèse Delpech n'est sans doute pas la première à avoir fait le constat que l'Histoire nous dépasse. Tolstoï en établissait le diagnostic dans *Guerre et Paix*, comme elle le rappelle elle-même en introduction de son ouvrage, moquant l'orgueil d'un Napoléon ou d'un Koutouzov, mais également, plus près de nous, Raymond Aron qui concluait sa thèse, *Introduction à la philosophie de l'histoire*, sur ce constat que l'existence humaine comprise comme condition historique et recherche d'un sens est un drame puisqu'elle ne bénéficie d'aucune garantie ni dans la réalité ni en tant que discipline scientifique.

La spécificité de sa pensée tient aux liens qu'elle établit entre l'état de désorientation historique qui est le nôtre et la violence, ce qu'elle désigne du terme d'ensauvagement. L'ensauvagement nous relie à l'histoire terrible de l'humanité. Il fait le pont entre le XXe et le XXIe siècle. Mais il signale également le fossé inédit qui nous sépare aujourd'hui de l'Histoire, dont les leçons ne suffisent pas à nous permettre de nous orienter au présent. C'est à ce point que l'on comprend que Thérèse Delpech ne s'exprime pas seulement en spécialiste des relations internationales mais également en philosophe. L'Histoire dont il s'agit n'est pas seulement celle des nations et des États. Elle fait signe vers les puissances obscures qui nous habitent et dont nous ne percevons que les traces à travers les grands récits de l'humanité. L'accélération de l'Histoire ne doit pas être comprise comme un phénomène uniquement temporel mais comme le surgissement des manifestations les plus archaïques des passions humaines que la raison ne peut contenir une fois que celles-ci sont entrées en action. Voilà pourquoi il faut tenter de les prévenir. D'où l'attention qu'elle a constamment portée à rappeler les événements terribles de l'Histoire, manière de se tenir éveillée, de nous tenir éveillés face aux signes annonciateurs d'un possible retour des catastrophes. Tel est le sens du grand télescope à l'aide duquel elle nous invite à passer d'un siècle à l'autre 1905-2005. Celui-ci a une double vertu : à la fois nous faire sentir, en dépit de l'empathie dont elle se gardait, le malheur des populations qui ont eu à subir les massacres successifs ; mais aussi garder la tête froide pour éviter que ceux-ci ne se reproduisent. Or, si nous avons su empêcher jusqu'à présent le déclenchement d'une guerre nucléaire, synonyme de la destruction de l'humanité, nous n'avons pas su combattre son « ensauvagement moral[1] ». Voilà sans doute pourquoi Thérèse Delpech s'est toujours efforcée de contrebalancer son pessimisme historique par un attachement à l'ordre international et à la doctrine de la dissuasion. D'où la forme de réalisme politique qui était la sienne. Sans illusion encore une fois sur la capacité de la politique de répondre aux passions humaines une fois celles-ci déchaînées, elle croyait assez en la politique pour tenter d'éviter qu'elles ne se manifestent.

Si nous sommes en permanence dépassés par l'Histoire, si elle nous malmène, c'est dans la mesure où cet écart est marqué du sceau de la violence. Car l'Histoire n'est rien d'autre que le combat de l'homme contre lui-même. Tel est le visage que revêt l'ensauvagement, celui d'un péché de la raison ou plutôt d'un péché de l'âme qui, faute de reconnaître le rôle que jouent les passions mauvaises, commence par refuser de les affronter. En ce sens l'ensauvagement, loin de se limiter de façon prosaïque à quelques incivilités, ni même aux crimes contre l'humanité, désigne sous sa plume le rétrécissement de la pensée qui nous permettrait de les éviter, puis, une fois qu'ils se sont produits, de nous les remémorer. L'ensauvagement, ce n'est donc pas uniquement la bascule dans la violence ; c'est bien davantage ce qui fait obstacle au fait de penser l'Histoire pour ensuite en subir la violence. En ce sens les politiques ou les populations n'en sont pas les seuls responsables. On peut aussi incriminer les intellectuels – elle désigne directement les penseurs de la déconstruction – qui, en éliminant le sujet historique, ont non seulement interdit à l'homme de se penser comme acteur de sa propre histoire mais l'ont rendu commensurable, c'est-à-dire substituable, comme le montre également Claude Lefort dans *Un homme en trop*. Tel est le principe sur lequel se sont bâtis les camps de concentration en Allemagne, en Chine ou en

Corée, principe dont les Occidentaux se sont rendus en partie coupables, au moins en le légitimant sur le plan intellectuel.

L'ensauvagement prend donc naissance au cœur de ce qu'il faut bien reconnaître comme une véritable anthropologie philosophique, nourrie au coin de l'analyse des relations internationales mais au moins autant de littérature et de psychanalyse. Pour anticiper les menaces qui ne peuvent que se réaliser et prêter attention aux signes avant-coureurs, mais plus encore parce qu'en un sens l'impensable s'est déjà produit et que c'est de lui que nous devons apprendre. Au nombre des éléments qui se dressent comme des obstacles entre l'Histoire et nous, il faut d'abord mentionner ce qui concerne les sociétés que leur frilosité conduit à une véritable cécité. Parmi eux, la difficulté où nous sommes d'envisager l'Histoire autrement que du seul point de vue européen. La mise en demeure faite par Thérèse Delpech de comprendre la chute de l'Union soviétique dans un contexte mondial et non dans les seules limites du terrain de jeu européen prend évidemment tout son sens aujourd'hui. Il faut y ajouter, sous prétexte de garantir une prétendue stabilité sociale, les compromis auxquels se prêtent nos sociétés sur le plan intérieur comme sur le plan international, mais aussi l'euphémisation des discours qui tend à masquer les dangers en les minimisant. Tout autant que le présent, c'est notre rapport au passé qui se trouve vicié et explique les débordements de l'Histoire auxquels nous assistons. Car en oubliant de faire mémoire des massacres qui ponctuèrent le XXe siècle, nous créons la possibilité qu'ils se répètent, sinon dans la forme, du moins avec une intensité égale, voire supérieure. Il ne s'agit pas seulement, en appelant à la mémoire le nom des vaincus, de se remémorer leur existence, comme le recommandait Walter Benjamin ou le photographe chinois Li Zhensheng dont elle rappelle le geste[2], bien que cette préoccupation revienne sous la plume de Thérèse Delpech comme un leitmotiv, mais d'en faire aussi mémoire à la manière d'un talisman qui nous préserverait des actes de barbarie dont ils ont été les victimes innocentes. Car telle est la seule supériorité dont nous jouissons par rapport aux époques qui nous ont précédés : c'est qu'aujourd'hui nous savons. La Russie, la Chine et le Cambodge sont en cela particulièrement coupables en refusant d'affronter leur histoire et plus encore en la réécrivant, réveillant ainsi, comme le montre Bruno Tertrais dans *La Revanche de l'histoire*[3], les appétits nationalistes sous des prétextes fallacieux. L'ensauvagement n'est en cela pas l'apanage du seul continent européen, puisqu'il concerne depuis l'Asie jusqu'aux membres de l'Assemblée de l'ONU à New York. Car faire mémoire des atrocités revient non seulement aux gouvernants des pays incriminés ou à leur opinion, mais plus encore aux instances internationales.

Nous ensauvager ce n'est pas seulement échouer à prévenir la violence. C'est plus encore, je l'ai dit, commettre un crime de pensée. En cela Thérèse Delpech n'est pas si éloignée de la condamnation que Hannah Arendt portait contre Eichmann. Avoir refusé de penser, c'est-à-dire avoir affirmé qu'un peuple, le peuple juif, se voyait interdit d'exister dans un monde commun. Voilà pourquoi la part réservée à la défense des grands principes occupe une place croissante dans ses prises de parole publiques, à la mesure de ce que furent ses engagements, mais aussi de l'importance qu'elle accorda sa vie durant à une « éthique intellectuelle[4] ». Sans doute est-ce ici qu'elle est la plus sévère dans sa condamnation des élites occidentales et la plus élogieuse pour quelques grands esprits dont le courage et la lucidité leur firent trouver grâce à ses yeux. Parmi eux, on peut citer George Orwell, ou Simon Leys auquel elle vouait une admiration sans borne. On n'aura pas la cruauté de citer ceux dont elle rappelle en revanche les propos insanes et les compromissions, condamnés aussi bien pour leur imbécillité ou leur aveuglement que parce qu'ils ont intellectuellement participé aux meurtres de masse. Elle avait également prévu à l'avance le rôle délétère des réseaux sociaux, notamment à travers le ton agonistique que prennent aujourd'hui les débats publics, en montrant comment ceux-ci jouant de la peur et d'une rhétorique terroriste délégitiment à l'avance leurs adversaires et coupent court à toute possibilité de discussion.

On pourrait alors formuler l'hypothèse selon laquelle Thérèse Delpech ait jusqu'à un certain point partagé la vision de l'une de ses figures tutélaires, Sigmund Freud, auquel elle consacra son dernier livre, paru en librairie le jour de sa mort. Dans un texte qui date de 1915, intitulé *Considérations sur la guerre et la mort*, qui fait suite à un bref épisode d'enthousiasme nationaliste, Freud oppose à ceux qui s'étonnaient du basculement brutal d'une Europe civilisée dans une guerre dont la violence était inconnue auparavant la thèse selon laquelle la civilisation est un simple vernis qui masque le caractère archaïque d'une violence ramenant l'humanité à la horde primitive et au meurtre du père. Ses échanges en 1932 avec Einstein dans le cadre de la SDN tout comme *Malaise dans la civilisation* ne feront que confirmer cette interprétation. L'ensauvagement ne nous ramène pas seulement à notre passé ou à notre présent. Il fait signe vers notre avenir que Thérèse Delpech voyait comme l'annonce d'un nouveau cycle de violence. Pour le justifier point n'est besoin de l'émergence d'une nouvelle cause politique. Il lui suffit, dit-elle, de puiser dans l'inépuisable réservoir que constituent le mépris de l'autre et la capacité de l'humanité à s'autodétruire. Pourtant elle partage avec le père de la psychanalyse une forme de pessimisme historique qui prend forme autour de l'idée que l'on ne pourra jamais éradiquer la violence. Thérèse Delpech emprunte une direction nouvelle, sans doute inspirée de ses études stratégiques. Elle réintroduit en effet par ce biais le désordre, le chaos, ce qu'en philosophie on nommerait la négativité. L'usage dialectique qu'elle en fait ne conduit pas à un dépassement qui en ferait une positivité mais entrevoit là néanmoins le fondement d'une réponse possible à l'ensauvagement par la définition d'un espace tiers, celui où certains esprits entreprennent de faire dialoguer raison et irrationnel. C'est prendre acte en matière de relations internationales de la force de séduction qu'exercent sous la forme d'idées « chaotiques » et « fragmentées » des phénomènes tels le nationalisme, le terrorisme ou les fondamentalismes, comme on le constate plus encore aujourd'hui qu'en 2005 et que, comme le fera dix ans plus tard Pierre Hassner, c'est à cette revanche des passions qu'il faut entreprendre de répondre[5].

Nous touchons ici à l'une des singularités de la pensée de Thérèse Delpech et de la notion d'ensauvagement. Car dès lors qu'il s'agit de penser l'ensauvagement comme une part de nous-mêmes, la défense des valeurs ne saurait être une arme suffisante à lui opposer. Ce que nous apprend l'emballement de l'Histoire c'est qu'une forme de Raison, serait-elle même critique de l'Histoire, ne constitue pas, à elle seule, un argument suffisant. C'est pourtant bien ce que semblait dire cet article paru à la fin de sa vie dans le *Financial Times*, article dans lequel elle appelait l'Occident à défendre ses valeurs faute de se voir condamner à un rôle de supplétif et surtout de devoir à terme renoncer à la démocratie et à la liberté. La raison ne vaut rien si elle n'est pas mise au service de la volonté de s'arracher à l'Histoire. Mais elle obéit aussi aux lois de l'imagination. Telle est l'une des leçons du télescope. Car pour avoir constamment côtoyé les grands auteurs, pour avoir longtemps fréquenté François Furet et Mona Ozouf et s'être retrouvée dans l'importance que ceux-ci accordaient dans l'Histoire à l'intervention de beaux esprits, Thérèse Delpech savait que les individus jouent un rôle central. Ce n'est pas seulement parce que « seules les histoires individuelles peuvent rendre sensible la tragédie » là où les statistiques nous rendent indifférents à la loi des grands nombres, comme elle l'écrit[6]. C'est qu'à travers un point de vue singulier, chacun de nous s'attache à défaire puis reconstruire l'ordre du monde. C'est aussi qu'il se conforme à différentes lois, lesquelles ne font pas toutes retour vers la raison mais obéissent à l'imagination.

Quel ordre des choses ?

L'Histoire a parfois de cruels clins d'œil et l'on sait que l'époque actuelle n'en manque pas – dans la manière dont se réclament aujourd'hui de l'ensauvagement certains tenants des pensées identitaires, qui à l'image de Louisa Youfsi, dans un livre paru en 2022 et intitulé *Rester barbare*[7], s'attachent à remplir ce programme, en identifiant barbarie et émancipation ou les pensées effondristes enracinées dans une vision apocalyptique et téléologique de l'Histoire. Ce à quoi il faut opposer le démenti le plus définitif tant il est vrai que, si on perçoit à travers les ouvrages de Thérèse Delpech une compassion profonde pour les victimes des massacres passés, elle n'eut de cesse de réaffirmer sa foi dans l'humanisme et dans les valeurs de lucidité et de volonté qui y sont attachées. L'*Angelus novus* de Thérèse Delpech n'est pas celui qui tourne le dos au futur vers lequel le précipite la tempête de l'Histoire. Il cherche au contraire à en ressaisir les fils en reconnaissant la part qui revient à l'irrationnel, dans lequel elle voit ce par quoi l'Énigme – le mot renvoyant sans doute chez elle à une part de transcendance – se laisse aussi saisir aux côtés de la raison pour éclairer nos existences.

C'est ainsi qu'il faut comprendre, je crois, le paradoxe apparent qui figure au cœur de son œuvre, paradoxe aisément levé si on lit *L'Ensauvagement* au miroir de *L'Appel de l'ombre*[8] et de *L'Homme sans passé. Freud et la tragédie historique*. Il est légitime, pour un esprit préoccupé de dissuasion nucléaire, que l'irrationnel ait constitué un élément important de la réflexion. Il est plus significatif encore que Thérèse Delpech ait été chercher cette part d'ombre du côté des grands récits mythiques ou dans le dialogue avec des auteurs ou esprits scientifiques avec lesquels elle n'aura eu de cesse de discuter. Car tenir compte de la part d'ombre dont chacun de nous est familier constitue l'antidote par excellence à l'ensauvagement, comme le rappelle cette phrase de Sophocle qu'elle aime à citer : « Nombreuses sont les choses merveilleuses et effrayantes. Aucune qui soit plus merveilleuse et effrayante que l'homme[9]. » Au fur et à mesure de son avancée, l'œuvre de Thérèse Delpech se sera plu à explorer ces deux faces en les faisant s'interpénétrer de manière de plus en plus étroite. Parce que, prenant acte de l'impossibilité de jamais éradiquer la violence, nous pouvons entreprendre d'en contrôler les débordements à condition de reconnaître le rôle que joue l'irrationalité dans son existence. Là encore le parallèle avec Freud s'impose, chez qui le refoulé donne lieu à la maladie, la mort ou la guerre. Et tout comme dans la conclusion de la pièce de Shakespeare *Le Roi Lear*, la raison seule est incapable de permettre le retour à un ordre acceptable. C'est ici que se nouent les livres, les deux pans de l'œuvre. Donner droit à l'irrationnel ce n'est pas seulement juguler la violence qui causera notre perte, mais empêcher l'inconscient de trouver dans les motifs de l'action de quoi nourrir un ressentiment vengeur qui renforcerait encore celle-ci[10].

Nous commençons à cerner les formes de sa proposition philosophique. Il ne s'agit pas de faire entrer en dialogue esprit et matière, conscient et inconscient, mais de reformuler le sens d'un idéalisme critique à la lumière de la littérature et du dévoilement des profondeurs. Lisant Thérèse Delpech, nous ne pouvons plus penser la raison stratégique et l'irrationalité des passions comme opposées mais bien dans une relation complémentaire. Cette relation nous sollicite et Thérèse Delpech a trop vécu au contact des grands historiens de notre époque, François Furet et Mona Ozouf, pour ne pas savoir que les textes agissent comme des événements philosophiques, qu'ils révèlent non seulement l'esprit de leur auteur mais à travers la lecture, l'interprétation qu'on en fait, une façon d'intervenir dans le monde présent et à venir. D'où le rôle croissant que joue la littérature pour nous permettre de saisir la face sombre de l'ensauvagement et les moyens d'y résister. Car ce sont eux qui mettent en scène de tout temps et aujourd'hui encore les deux grandes menaces qui pèsent sur l'humanité : l'*hubris* d'un côté mais également, en miroir, l'attrait pour le châtiment qu'incarne le personnage du capitaine Achab de *Moby Dick* qui conduit son équipage à sa perte. Ce que met en évidence ici Thérèse Delpech est l'emprise qu'exercent sur nos sociétés les visions gnostiques de l'Histoire opposant le Bien au Mal, mais aussi en écho le vide spirituel et l'incapacité où nous sommes d'y apporter un démenti. Nous voilà en pleine actualité.

Une éthique spirituelle

Ceux qui l'ont connue en ont eu le sentiment immédiat : celui de se trouver en présence d'un être qui mettait l'ensemble de ses forces au service de l'intelligence, dont la faillite résumait à ses yeux à la fois les scandales du monde, mais dont le triomphe devait permettre à l'humanité de se montrer fidèle aux espoirs placés en elle. Paradoxe – mais nous ne sommes plus à un près – de constater le rôle que la contemplation de la beauté, celle des paysages, des églises ou des christs de Forêt-Noire, aura joué dans sa vie, quand par ailleurs elle était occupée de la terreur susceptible d'être déclenchée par une attaque chimique ou nucléaire. Il y a, je crois, presque un geste religieux au cœur de l'œuvre de Thérèse Delpech comme dans le message qu'elle nous laisse, en tout cas la croyance dans notre capacité à nous frayer un chemin dans la noirceur du monde grâce aux œuvres de l'esprit. D'où le prodigieux intérêt qu'elle porta à l'homme Freud. Je vous en rappelle l'introduction. Elle résonne aujourd'hui de façon frappante : « Chaque époque a l'épidémie qu'elle mérite. Au temps de Freud, ce sont les maladies de l'âme qui font une entrée spectaculaire[11]. » L'ensauvagement est celle qui résume notre époque. On comprend qu'en raison des menaces inédites dont il est porteur, les relations internationales actuelles nécessitent des acteurs une force spirituelle hors du commun. Or, contrairement aux enseignements du passé, la présence de la dissuasion et les possibilités de mener la guerre dans des domaines auparavant inédits, et avec des conséquences que n'envisageaient pas nos prédécesseurs, font que la politique ne peut être abandonnée aux mains de quelques êtres d'exception qui surgissent, comme le dit Nietzsche, par intermittence sur les hauts sommets de l'Histoire. D'où la constance qu'elle mit à nous convaincre de la nécessité d'une fréquentation quotidienne des grands textes de l'humanité. La lucidité n'est pas seulement politique ; elle passe par la littérature. La *katharsis* ne résout rien ; ce que révèle la biographie de Freud c'est au contraire que l'esprit est engagé dans un combat permanent. Car la psychanalyse dont il dessine les contours reflète la tragédie de son époque. Elle nous renvoie à la nôtre en mettant en lumière la disjonction des temps, ceux de la vie personnelle comme de l'existence collective. Avec l'homme sans passé la boucle est en quelque sorte bouclée.

Pourtant, une fois encore, l'Histoire ne s'arrête pas à Freud ni à ses réminiscences. On peut même se demander si en cas de guerre nucléaire on pourrait encore en faire mémoire. Thérèse Delpech prend alors la plume pour suppléer au mauvais lecteur qu'était Freud[12]. Elle explore le labyrinthe qu'il nous a légué de sa vie, la part qui revient au père mais également celle qu'il nous faut reconnaître à la mère. Cette vie, comme la littérature, nous livre le fin mot de l'ensauvagement : celui-ci ne peut jamais disparaître mais il doit être combattu jusqu'au bout et sans relâche. La tragédie historique est notre lot mais elle nous permet de nous rapprocher de l'énigme suprême à laquelle nous nous heurterons sans relâche, jusqu'à ce que, secondés par l'art et la littérature, nous ne finissions par reconnaître son pouvoir : celui de nous épauler dans la recherche d'une éthique spirituelle qui nous rende un peu meilleurs. Cela explique un peu de l'échec de Freud, disparu en 1939, échec qui ne fait qu'annoncer ceux qui suivent irrémédiablement : les nôtres. Mais il arrive néanmoins qu'ils donnent naissance à de grandes œuvres avec lesquelles d'autres après nous dialogueront. Gageons que tel est le cas de l'œuvre de Thérèse Delpech.

« Il faut briser en nous la glace de la mer gelée. » La citation n'est pas tout à fait exacte. Ou du moins n'est-ce pas sous cette forme que je l'ai retrouvée. Kafka dit plutôt que la littérature est cette hache qui brise en nous la glace de mer gelée. C'est ici que réside l'héritage intellectuel de Thérèse Delpech, dans ce geste qui consiste à nous mettre à l'unisson de notre histoire pour peu que nous donnions droit à ce qui, au-dedans de nous, fait signe vers le malheur et la beauté du monde, jamais envisageables l'un sans l'autre. Ce dialogue renoué avec son œuvre, plus centrale aujourd'hui que jamais, mais aussi, et par-delà les livres, avec celle qui l'a portée aura, je l'espère, achevé de briser la glace en nous aidant à reprendre pied dans l'inquiétante étrangeté de notre monde.

Entre injustice et guerre, piraterie et dissuasion : les tensions insolubles dans l'œuvre de Thérèse Delpech

George Perkovich

Thérèse Delpech souhaitait protéger et promouvoir les droits humains fondamentaux, ou les valeurs des Lumières. Elle détestait les acteurs – individus ou gouvernements – qui portaient atteinte à la dignité, à la liberté et à la vie privée des personnes. Thérèse Delpech se sentait appelée à combattre ceux qui violaient les droits de l'homme. Souvent, cela l'amenait à s'intéresser à ce que les États-Unis pouvaient ou devaient faire. Des années 1980 jusqu'à sa mort en 2012, les États-Unis sont apparus comme l'acteur le plus capable et le plus déterminé à exercer le pouvoir au nom de la diffusion de ces valeurs.

Cela ne veut pas dire que les États-Unis aient été motivés principalement par l'altruisme ou que leur projection de puissance a souvent abouti à l'amélioration des droits de l'homme. Il s'agit de dire qu'aucune autre grande puissance n'a cherché comme les États-Unis à diffuser les normes et les valeurs auxquelles Thérèse Delpech tenait. Les puissances moyennes d'Europe ont fait davantage par habitant en termes d'effort économique et politique, mais l'utilisation occasionnelle du pouvoir militaire et de sanction des États-Unis est unique – en bien ou en mal.

Le désir de Thérèse Delpech à cet égard et son appréciation des États-Unis s'accordaient particulièrement bien avec les responsables, anciens responsables et experts en sécurité américains qui voulaient que les États-Unis projettent leur puissance contre les « méchants ». Elle a soutenu la guerre américaine visant à chasser Saddam Hussein d'Irak et a été célébrée par de nombreux membres de l'administration Bush pour cela, tout comme elle a été critiquée par beaucoup à Paris. Cette guerre a eu de nombreuses conséquences que Thérèse Delpech et d'autres n'ont pas su anticiper, mais les raisons pour lesquelles elle a soutenu l'éviction de Saddam étaient véritablement axées sur ses violations meurtrières des droits de l'homme, sur l'utilisation d'armes chimiques contre des groupes minoritaires, etc. Ce n'était pas une guerre impériale.

Là où le travail de Thérèse Delpech fut plus problématique, à mon avis, c'est lorsqu'elle a essayé d'appliquer la dissuasion nucléaire aux défis posés par ce qu'elle appelait les régimes pirates – Corée du Nord, Iran, Chine, Pakistan. C'est le sujet de son dernier livre, *Nuclear Deterrence in the 21st Century. Lessons from the Cold War for a New Era of Strategic Piracy.*

Elle considère le début du XXIe siècle comme « une ère de piraterie... définie comme l'anarchie et la tromperie ». La Corée du Nord est un prototype d'État pirate, selon Thérèse Delpech. Elle voulait réfléchir à la manière de la dissuader d'agir de la sorte, ou de l'amener à modifier son comportement, voire son régime. Elle s'inquiétait, comme nous le faisons toujours, de voir l'Iran « contraindre ses voisins ». Les conflits de la Chine avec le Japon et d'autres États au sujet d'îles contestées étaient également une préoccupation qui l'a amenée à se concentrer sur la manière dont les États-Unis peuvent mobiliser la dissuasion nucléaire à la fois pour rassurer le Japon, la Corée du Sud et Taïwan et pour inhiber la Chine. Le soutien apporté par le Pakistan aux terroristes qui ont attaqué l'Inde, comme à Mumbai en 2008, est une autre menace à laquelle, selon elle, la dissuasion nucléaire devrait être adaptée pour faire face.

Il y a pourtant un problème important ici : les armes nucléaires ne sont pas adaptées pour dissuader ou vaincre les pirates ou la piraterie. Ces armes ont un pouvoir destructeur trop disproportionné pour être utilisées contre l'ampleur des dommages que les pirates causent normalement – ce que nous appelons la piraterie.

La Chine est désormais suffisamment puissante pour que nous ne la considérions pas comme un pirate. Au début des années 2000, lorsque les Occidentaux parlaient de « piratage » chinois, il s'agissait de la fabrication et de la vente de DVD contrefaits de films hollywoodiens, c'est-à-dire du vol de la propriété intellectuelle. Thérèse Delpech a écrit son livre sur la dissuasion avant que Xi Jinping prenne le pouvoir et que la Chine entreprenne de renforcer considérablement son arsenal nucléaire et ses autres capacités coercitives. Si elle vivait aujourd'hui, je pense que Thérèse Delpech se joindrait au nouveau consensus de Washington selon lequel l'Occident doit mobiliser tous les éléments de sa puissance pour dissuader les dirigeants chinois d'étendre le territoire qu'ils contrôlent.

Pourtant, la manière dont les armes nucléaires et la dissuasion nucléaire servent au mieux cet objectif est loin d'être évidente. Personne n'imagine de manière crédible que les dirigeants chinois puissent employer des armes nucléaires du jour au lendemain ou sous la forme d'une première frappe massive. La préoccupation est l'escalade potentielle d'un conflit à propos de Taïwan ou même d'un différend territorial moins important avec le Japon. Est-il crédible de menacer d'utiliser l'arme nucléaire pour dissuader ou punir les acteurs chinois d'occuper des affleurements en mer de Chine méridionale que d'autres États revendiquent dans le cadre de conflits de souveraineté avec la Chine ? Et selon quelles théories de contrôle de l'escalade serait-il crédible pour les États-Unis de s'engager dans des échanges nucléaires pour le bien de Taïwan ? Je ne pense pas que Thérèse Delpech (ou qui que ce soit d'autre) ait proposé des réponses affirmatives convaincantes à ces questions.

En outre, si nous – Américains, Européens, Japonais, Taïwanais, qui que ce soit – pensions que les menaces nucléaires dissuaderaient ces actions parce que la capacité de la Chine à répondre avec des armes nucléaires pourrait être mise en échec par une combinaison d'attaques conventionnelles préventives et de défense contre les missiles balistiques, deux choses s'ensuivraient. Premièrement, ce serait un énorme pari. Il suffirait que quelques armes nucléaires chinoises survivent et explosent au-dessus de villes américaines pour que ce pari soit une terrible erreur, une conséquence bien pire que ce que la Chine a fait pour nous mettre en colère. Deuxièmement, l'idée d'annuler la capacité de la Chine à riposter avec des armes nucléaires pousserait la Chine à construire davantage d'armes de ce type pour dépasser notre capacité à les détruire au sol ou dans les airs avec des défenses antimissiles.

Thérèse Delpech écrit que « la dissuasion nucléaire n'est pas crédible si l'utilisation effective d'armes nucléaires n'est pas envisagée[13] ». Mais, parce que l'ampleur de la destruction inhérente à l'utilisation d'armes nucléaires contre des États qui peuvent riposter en nature est potentiellement énorme, l'ampleur de la menace contre laquelle la première utilisation est crédible doit être énorme aussi. En effet, Thérèse Delpech a mis en garde contre la croyance en la faisabilité d'une guerre nucléaire limitée : « La sagesse conseillerait aux puissances nucléaires d'éviter toute forme de guerre entre elles, même conventionnelle[14]. » Elle n'adhère pas aux théories du combat nucléaire.

Soixante-dix-sept ans d'Histoire enseignent que si les armes nucléaires servent à quelque chose, c'est à dissuader une invasion ou une attaque militaire massive contre le territoire (ou les alliés) des États dotés de l'arme nucléaire. Car ce ne sont que les menaces d'invasion à grande échelle ou d'attaque massive qui rendent crédible le risque de la première utilisation des armes nucléaires. Le problème de la piraterie qui préoccupait Thérèse Delpech n'était pas un problème que les armes nucléaires étaient censées résoudre.

Cette dynamique se joue dans la guerre avec la Russie au sujet de l'Ukraine. On souhaiterait que Thérèse Delpech soit ici pour en débattre avec nous. Comme elle l'avait prévu, un État comme la Russie pourrait envahir le territoire d'un voisin (ou un territoire contesté) avant que les défenses internationales puissent être mobilisées pour repousser l'envahisseur. Ensuite, l'envahisseur (pirate) doté de l'arme nucléaire pourrait utiliser ses capacités nucléaires pour dissuader les autres de l'éjecter. Il s'agit là d'une perversion, pour ainsi dire, de la vertu revendiquée des armes nucléaires comme moyen de dissuasion contre les agresseurs. Mais la logique de base reste que les menaces nucléaires sont plus crédibles lorsqu'elles visent à dissuader quelqu'un d'attaquer un territoire que vous détenez. L'OTAN s'appuie également sur cet effet dissuasif dans son aide à l'Ukraine. L'OTAN fournit à l'Ukraine des armements qui permettent à ce petit pays d'humilier l'armée russe. Mais jusqu'à présent, les dirigeants russes ont cherché à éviter d'attaquer les lignes d'approvisionnement des États de l'OTAN, sans doute par crainte d'une escalade du conflit.

Plutôt que d'explorer en profondeur la situation en Ukraine, je souhaite aborder un dilemme central dans le travail de Thérèse Delpech. Il s'agit du dilemme auquel l'Occident est confronté lorsqu'il se demande s'il doit soutenir l'Ukraine pour qu'elle continue à se battre d'une manière qui inciterait plausiblement Poutine à utiliser des armes nucléaires. Le passage suivant du brillant livre de Thérèse Delpech, *L'Ensauvagement*, le révèle :

> « L'ordre du XXe siècle était injuste et oppressant. Il reposait dans toute une partie du monde sur l'hypertrophie de l'État. Au nom de la realpolitik, cet *ordre* soumettait une grande partie des peuples de l'Europe, de l'Asie, de l'Afrique et de l'Amérique du Sud à des régimes qui reniaient tous les principes fondateurs des sociétés démocratiques. Au nom de la

> stabilité, maître mot de la diplomatie de la guerre froide, les pays qui attendaient derrière le rideau de fer ont dû se contenter de l'indifférence. L'Occident a préféré l'injustice au désordre… Cette conception politique aurait dû mourir après la chute de l'URSS, mais l'Occident a persisté dans cette habitude[15]. »

Son utilisation des termes « ordre » et « désordre » sert sa cause, mais je dirai que le compromis n'était pas entre accepter l'injustice et préserver l'ordre. Il s'agissait plutôt d'accepter l'injustice et de mener des guerres qui pourraient être massivement destructrices pour les « victimes » que nous essayons de sauver et difficiles ou impossibles à gagner. Lorsque le choix est formulé de cette manière – à savoir si et quand il est sage de mener une guerre pour mettre fin à l'injustice – la réponse est moins claire que Thérèse Delpech (et ses frères américains) ne le pensai(en)t parfois.

Combattre les forces russes en Ukraine ou les forces chinoises un jour sur un territoire contesté jusqu'à ce que les dirigeants russes ou chinois décident d'utiliser des armes nucléaires en dernier recours peut ressembler à la poursuite de la justice contre des despotes, mais une fois que les armes nucléaires explosent sur des cibles de grande valeur, comment empêcher l'escalade de la destruction ? Si notre camp n'accepte pas un cessez-le-feu mais poursuit son action, les dirigeants ennemis qui ont autorisé la première utilisation abandonnent-ils ou en utilisent-ils davantage dans l'espoir que, cette fois, notre camp se rende compte qu'il doit s'arrêter ? Et, après que la Russie ou la Chine aura utilisé des armes nucléaires au cours de deux séries de combats, la pression sur les dirigeants américains et autres augmentera-t-elle énormément pour riposter avec encore plus de force nucléaire ou, au contraire, pour rechercher un cessez-le-feu afin d'arrêter la logique de l'escalade nucléaire ?

Dans le premier cas – un échange nucléaire plus important –, en quoi cela sert-il davantage les intérêts de la population pour laquelle nous nous battons, ou les nôtres, que si un cessez-le-feu avait été recherché avant le début de l'utilisation des armes nucléaires ? Et si nous décidons d'arrêter le processus d'escalade et de négocier la fin des combats, ou du moins des combats nucléaires, parce que les dommages ont déjà été trop importants, en quoi ce résultat nous avantage-t-il par rapport à un cessez-le-feu conclu plus tôt ?

Au lieu d'être accusés de récompenser les menaces nucléaires par un compromis et un cessez-le-feu, nos dirigeants seraient accusés de récompenser l'*utilisation* d'armes nucléaires. Le message adressé aux autres États dotés de l'arme nucléaire serait alors le suivant : « Les menaces nucléaires ne fonctionnent pas ; vous devez réellement utiliser ces armes. »

Quelle est la meilleure voie à suivre pour les droits de l'homme dans cette dynamique ? Comment devrions-nous penser et mesurer les implications de la guerre nucléaire sur les droits de l'homme ? Une fois encore, j'aimerais que Thérèse Delpech soit là pour me dire pourquoi ce sont de mauvaises questions.

Thérèse Delpech était animée par le courage moral. Dans ses amitiés, dans son rôle de leader intellectuel et dans son gouvernement, elle exprimait le courage de ses convictions et nous incitait tous à agir de même. Il existe des défis réels et difficiles à relever lorsqu'il s'agit de savoir comment modifier le comportement de gouvernements qui violent les normes et les standards de la civilisation moderne, ou d'aider les populations de ces États à remplacer ces gouvernements par de meilleurs. Au-delà du courage moral, le leadership exige sagesse et prudence. En particulier lorsqu'il s'agit d'envisager une escalade nucléaire en réponse à des agressions qui ne menacent pas l'existence d'un autre peuple, le courage et la sagesse peuvent être difficiles à concilier.

Revisiter l'ordre nucléaire : réflexions sur le *nexus* contemporain entre les armes et l'énergie nucléaires

ARIEL LEVITE

Introduction

Dans sa dernière contribution, écrite alors qu'elle luttait déjà contre la maladie, Thérèse Delpech avait produit un traité monumental sur les armes nucléaires, dont la clairvoyance ne se laisse apprécier pleinement qu'*a posteriori*. Dans ce livre intitulé *La Dissuasion nucléaire au XXI*[e] *siècle*, Thérèse Delpech nous adjurait de questionner et de réviser notre conception traditionnelle de la dissuasion nucléaire au regard des changements de contexte en cours, qu'elle a su percevoir avec une particulière clairvoyance. Dans le nouveau paysage qui se dessine, la Russie retrouve ses racines xénophobes et prend ses distances avec les règles du jeu de la guerre froide, sans même évoquer celles de la période de la *perestroïka*. La Chine émerge et revendique sa place au soleil avec une assertivité nouvelle, et dans sa démarche elle réclame une modification des règles du jeu. Quant aux États-Unis, de plus en plus obsédés par l'ascension de la Chine et le défi qui leur est ainsi posé, ils changent d'orientation pour être en mesure de rivaliser avec elle, de la contester et, au besoin, de l'affronter dans toute la zone Asie-Pacifique, notamment à propos de Taïwan et des mers de Chine orientale et méridionale. Dans le même temps, l'Iran comme le Pakistan et la Corée du Nord aspirent à tirer parti de leurs moyens nucléaires pour s'assurer des gains aux dépens de leurs voisins.

L'étude de Thérèse Delpech est remarquable en ce qu'elle témoigne de son authentique capacité à percevoir et à analyser des questions extrêmement complexes de technologie, de stratégie et d'humanité, à ancrer son analyse dans un contexte historique et philosophique approfondi et à avancer courageusement des propositions politiques audacieuses qui invitent à approfondir la réflexion, y compris lorsqu'elles bousculent radicalement l'orthodoxie établie. Et ce n'est pas un hasard si la publication de l'ouvrage sur le nucléaire a suivi de près *L'Ensauvagement*, qui avait été si bien reçu. La complémentarité des deux ouvrages livrait une synthèse de sa réflexion et démontrait à quel point elle possédait cette aptitude unique à allier admirablement philosophie, théorie et politique. La présente contribution examine l'héritage intellectuel de Thérèse Delpech concernant le nucléaire, le revisite et le développe pour l'ajuster à l'actualité du contexte mondial. Ce faisant, l'objectif est de tenir compte de l'adjuration de Thérèse Delpech, à savoir réexaminer en profondeur, pour la revitaliser, notre approche du nucléaire, en gardant à l'esprit son invitation pressante : « Le camp qui cesse de penser est déjà en train de perdre. »

Pour procéder, il nous faut admettre d'emblée que le défi intellectuel à relever est encore plus redoutable que celui, déjà ambitieux, auquel Thérèse Delpech s'est elle-même confrontée dans l'étude RAND, à savoir un focus sur la dissuasion nucléaire en tant que telle. Aujourd'hui, dans la perspective plus large que nous choisissons d'adopter, on ne peut plus se contenter d'un focus circonscrit aux seuls armements nucléaires et singulièrement à la dissuasion nucléaire. Il nous faut encore intégrer dans notre réflexion la manière dont l'ensemble de la filière de l'énergie nucléaire interagit avec celle des armements nucléaires et avec la dissuasion nucléaire, et il nous faut le faire pour deux raisons principales. La première (comme expliqué *infra*), du fait de la base technologique commune qui sous-tend les deux filières, celle des armements nucléaires et celle de l'énergie nucléaire. Certes ce caractère commun n'a rien de nouveau, mais cette proximité revêt aujourd'hui un caractère plus sensible, ne serait-ce que du fait de l'abondance de matériaux fissiles hautement enrichis de nature à alimenter des applications nucléaires plus nombreuses. Cela ne manque pas d'avoir des incidences sur les questions de prolifération et de désarmement, mais aussi sur les sujets nucléaires essentiels et sur la dissuasion elle-même. La seconde, parce qu'il existe une analogie étroite entre les attitudes que nous constatons tant vis-à-vis de l'énergie nucléaire que des armes nucléaires. Les deux filières ont des destins étroitement liés, mais de plus, il existe une similitude et une synergie considérables entre les deux touchant au rôle de stabilisation dont elles sont porteuses auprès de ceux qui en ont la maîtrise, dans un monde plutôt instable, rôle de stabilisation aussi dans les frictions et l'anxiété qui accompagnent l'activité de ces deux filières.

Nous soutenons donc que les attitudes contemporaines relatives à la dissuasion nucléaire (et plus largement aux armements nucléaires) comme à l'énergie nucléaire se rattachent, en définitive, à trois écoles de pensée dont chacune, au demeurant, n'est pas totalement homogène.

Il va de soi que les tenants d'une école de pensée donnée sur les armes nucléaires ne professent pas tous une attitude identique à l'égard de l'énergie nucléaire, et *vice versa*. Certains, dont la pensée a évolué au fil du temps, sont passés du stade d'enthousiastes du nucléaire (armes ou civil) à celui de sceptiques, ou inversement. Cependant, il existe des parallèles étroits entre les trois attitudes dominantes à l'égard de l'une ou l'autre filière, ainsi que dans les cycles qu'elles traversent. En outre, ce que les deux camps ont en commun, c'est l'idée longtemps répandue que l'on pourrait d'une manière ou d'une autre isoler chacune des deux filières, idée qui semble particulièrement douteuse aujourd'hui. C'est pour toutes ces raisons qu'il paraîtrait judicieux d'examiner en parallèle les écoles de pensée sur les armements nucléaires et sur l'énergie nucléaire, c'est ce que nous allons maintenant nous efforcer de faire.

Au passage, le lecteur ne manquera pas d'être intrigué par l'identité des leaders d'opinion que nous avons choisi de regrouper dans chacune de ces écoles de pensée. Il aurait pu sembler naturel de les citer nommément. Mais, après mûre réflexion, il s'est avéré qu'il serait contre-productif de le faire, et ce pour trois raisons majeures. Premièrement, de nombreux spécialistes éminents de l'énergie nucléaire sont mal à l'aise à l'idée de se voir accoler une étiquette quelle qu'elle soit et souhaitent exprimer des nuances quant à leur position sur telle ou telle question, nuances dont un essai aussi bref ne saurait rendre compte de manière adéquate. Ensuite, certains de ceux qui viennent immédiatement à l'esprit comme relevant de telle ou telle école de pensée ont pris des positions différentes à l'égard des armes nucléaires et de l'énergie nucléaire ou ont pris des positions claires sur l'une et moins claires sur l'autre, ce qui rend également ces distinctions difficiles à expliquer de manière succincte. Enfin, toute désignation de ce type est susceptible d'offenser certains de ceux qui se considèrent comme les champions de l'une ou l'autre école de pensée, alors qu'ils seraient involontairement omis de la liste. Dans l'ensemble, ces considérations militent contre un tel affichage, de nature à réduire l'intérêt global de cette analyse et son acceptabilité et faire perdre de vue les messages clés qu'elle contient. Ainsi, au risque (modéré) de moindre crédibilité de l'analyse, il a été décidé de ne pas donner de nom aux trois écoles de pensée ci-dessous.

Trois écoles de pensée sur le nucléaire

La première école de pensée regroupe ceux qui considèrent l'énergie nucléaire en général comme une relique dangereuse du passé. Certains membres de cette école de pensée estiment que, dès le départ, la filière nucléaire était un mauvais choix et constituait une menace, que l'humanité a été mise en danger dès qu'on a laissé le génie nucléaire sortir de sa boîte, alors que d'autres, qui l'ont considérée pendant un certain temps comme un mal nécessaire, sont maintenant convaincus qu'elle est non seulement dépassée, mais qu'elle représente en fait désormais un passif net et un risque qui n'est plus acceptable. Selon eux, bon nombre des piliers sur lesquels reposait son attrait originel (la sécurité, l'accessibilité financière et le caractère sacré de l'énergie, la dissuasion et la stabilité des armements nucléaires) ne sont plus valables ou tenables, dans un monde nucléaire qui s'est diversifié, devenu multipolaire et conflictuel, où des solutions de bien meilleure qualité semblent possibles, qu'il s'agisse des énergies renouvelables, d'armements conventionnels, de défense antimissile, de cyberespace ou d'espace. Les adeptes de cette approche s'efforcent activement de libérer le monde de sa dépendance à l'énergie et aux armements nucléaires, en estimant que cela peut et doit être fait, et que le plus tôt sera le mieux. Les « quatre cavaliers de l'Apocalypse », les sponsors du Traité sur l'interdiction des armes nucléaires (TIAN) et même de nombreux Allemands appartiennent à ce camp. Ils estiment que les institutions existantes ne sont plus en mesure de tenir leurs promesses et que de nouveaux instruments et actions sont nécessaires pour donner vie à cet agenda.

Une deuxième école de pensée considère que le nucléaire est une question très actuelle. Ses membres s'accordent certes à dire que la fission et la fusion nucléaires sont pour l'essentiel une technologie héritée du passé qui ne joue plus un rôle essentiel dans la sécurité nationale et internationale et la fourniture d'énergie. Pourtant, ils ne sont pas tout à fait prêts à y renoncer à l'heure actuelle ou dans un avenir immédiat, ne serait-ce que pour des raisons politiques (symboliques ou populistes), une résistance bureaucratique ou des raisons stratégiques. Certains considèrent le nucléaire (au regard de la technologie et/ou de ses produits, l'énergie et les armes) comme une couverture utile à posséder dans un monde incertain, une police d'assurance (contre les tendances volatiles en matière de sécurité énergétique et d'évolution de la sécurité) ou, peut-être, un expédient pour rassurer les alliés (dissuasion élargie) ou sa propre population, surtout si l'on réduit les dépenses de défense ou les formes de production les plus agressives au regard du changement climatique. L'incarnation moderne de la théorie classique de la dissuasion trouve ici sa place. Ces personnes présentent toutes des qualités en commun : elles traitent le nucléaire de manière essentiellement passive et y réfléchissent rarement (loin des yeux, loin du cœur).

L'attitude des adeptes de cette deuxième école de pensée est le reflet d'une saine mesure de relâchement, d'équanimité et d'indifférence : ils estiment que ce qui est déjà mis en place est largement suffisant comme solution provisoire aussi longtemps qu'on n'aura pas trouvé un moyen sûr d'évoluer vers un monde meilleur sans armement ni énergie nucléaire. Et dans l'intervalle, ils croient en une approche fondée sur la passivité et la continuité. Ils prônent une orientation défensive (rassurer), et une volonté d'allouer certaines ressources pour soutenir et, lorsque cela est absolument nécessaire (sur le plan opérationnel, politique, technologique ou politique), moderniser modestement le système, mais sans détourner d'importantes ressources rares. De façon peut-être encore plus inquiétante, ils ont le sentiment que la question nucléaire ne justifie plus autant de sérieux dans l'attention, la réflexion, l'étude, la réévaluation, les ressources, les choix de carrière, les sacrifices. Le nucléaire remplit correctement la fonction importante, mais relativement modeste qui lui est confiée. On peut considérer la mission qu'il continue de remplir comme une plus-value, alors même qu'il est impossible de le solliciter davantage et qu'il serait risqué, voire inutile, de le tenter. Sa valeur ajoutée modeste peut être largement considérée comme une plus-value, les risques encourus et ses coûts sont désormais gérables et tolérables. Certains vont même jusqu'à ériger la négligence bénigne de l'entreprise nucléaire en idéologie. Mieux vaut ne pas s'en occuper, laisser les chiens dormir, ne pas réparer ce qui n'est pas cassé. Cette attitude est la plus répandue en Europe, mais elle a également de nombreux adeptes aux États-Unis. D'un point de vue institutionnel, ses partisans ont tendance à s'appuyer sur les institutions existantes pour traverser les périodes de turbulence, en estimant qu'elles peuvent encore faire le travail et qu'essayer de les réparer serait risqué et largement futile dans les circonstances actuelles.

Rappelons dans ce contexte que Thérèse Delpech nous a prévenus avec beaucoup de clairvoyance que l'un des grands dangers est d'avoir grandi dans un monde nucléarisé dont nous ne mesurons plus les dangers parce que nous pensons si bien les connaître.

Une troisième école de pensée (comme la première et contrairement à la deuxième) est également active. Le point qui la distingue de la première, c'est qu'elle considère l'énergie nucléaire, ainsi que l'arme nucléaire, comme un atout essentiel pour l'avenir. Ses membres la considèrent autant comme une source inestimable d'énergie alternative que comme la pierre angulaire de la sécurité énergétique du futur et/ou comme un instrument essentiel de l'art de gouverner et du pouvoir (et du statut) national. Ils ne la considèrent pas comme une garantie de sécurité simple, mais comme la plus importante et essentielle qui soit ; ils la considèrent aussi comme un élément vital de protection de leurs intérêts au XXIe siècle, pour dissuader toute forme d'empiétement mais aussi pour projeter leurs propres intérêts et les faire progresser.

La distinction entre chacune de ces trois écoles de pensée dépend peut-être du regard de l'observateur : certains que nous considérons comme expansionnistes sont tout simplement convaincus, et c'est en tout cas ce qu'ils affirment, qu'ils ne font que défendre leurs intérêts fondamentaux naguère piétinés lorsqu'ils étaient faibles. D'où également les objectifs offensifs que se donnent certains pour exercer leur influence, faire pression, intimider, ou pour se donner une couverture (couverture qui leur permet de s'engager dans le développement d'armes nucléaires ainsi que dans la projection de puissance et de force), voire pour utiliser la force. C'est l'instrument par excellence de la menace et de la politique de la corde raide, mais aussi une importante source de revenus. La Russie a poursuivi de manière agressive ses exportations nucléaires et a parfois été à deux doigts d'autoriser le transfert de technologies nucléaires sensibles et utilisables pour la fabrication d'armements. La Corée du Nord s'est, elle, effectivement engagée dans de tels transferts, le plus ouvertement qui soit, vers la Syrie. Ainsi, la Russie et la Corée du Nord (en dépit de leurs différences significatives en termes d'objectifs, de taille et de style) appartiennent incontestablement à la troisième catégorie. Elles présentent également une autre caractéristique commune importante, à savoir que les armements nucléaires ont fini par devenir un pilier central de l'identité de leur régime.

Il ne fait aucun doute que la Russie et la Corée du Nord représentent actuellement la forme la plus extrême des États qui souscrivent, formellement et dans leurs pratiques, à l'exercice de l'effet de levier nucléaire typique de la troisième école. Pourtant, les tendances inquiétantes que nous associons à ce courant de pensée sont également évidentes chez d'autres. Parmi les puissances nucléaires établies, la République populaire de Chine (RPC) et le Pakistan se distinguent par les efforts massifs qu'ils déploient actuellement pour accroître leurs arsenaux nucléaires, mais aussi pour en tirer parti sur le plan stratégique. Il est intéressant de noter que ceux qui voient le nucléaire jouer à nouveau un rôle majeur dans les relations internationales, et qui s'en félicitent, se trouvent aussi bien chez les contestataires de l'ordre actuel que chez ses défenseurs. La Russie peut se bercer d'illusions en cherchant à tirer parti de sa puissance nucléaire pour promouvoir des intérêts qu'elle considère comme légitimes et défensifs, alors que l'Occident voit dans l'attitude de la Russie un pur aventurisme et un esprit de revanche. Mais nombreux sont ceux qui croient en une renaissance du nucléaire (en matière d'armements et/ou d'énergie) dans d'autres États déjà détenteurs d'armements nucléaires et d'autres qui n'ont jamais appartenu au secteur nucléaire.

Les États-Unis illustrent bien cette situation. Ainsi, il ne manque pas de penseurs et de décideurs politiques américains pour estimer qu'il est temps, voire impératif, que la nation cherche à restaurer sa position dominante, à tout le moins sa supériorité, qu'il s'agisse de sa base industrielle nucléaire civile et militaire ou des efforts déployés en parallèle dans les domaines de l'espace et de la cybernétique, en matière de technologie et d'actifs dans le domaine de l'armement conventionnel. Pour retrouver leur suprématie dans le domaine nucléaire, les États-Unis doivent revigorer leur base scientifique, technologique et industrielle nucléaire. Nombre de ceux qui souscrivent à ce point de vue vont même jusqu'à affirmer que transformer une technologie dont les origines remontent aux années 1940 et dont l'attrait s'est estompé ou a été écorné depuis lors, pour en faire une force positive pour le XXIe siècle, ne peut aboutir sans impliquer des innovations en matière de politique gouvernementale, des appels à des investissements massifs et l'exploitation de talents qui se sont en grande partie éloignés du domaine nucléaire, en termes de créativité, d'ingéniosité et d'audace, d'innovation scientifique, technologique et industrielle. Les tenants actuels de ce retour au nucléaire placent souvent leurs espoirs dans le renouveau nucléaire. Parmi eux, on trouve un courant assez important de personnes qui se concentrent sur l'innovation technologique nucléaire (en travaillant sur les charges utiles et les vecteurs comme sur les petits réacteurs modulaires), mais aussi sur son intégration dans des innovations parallèles dans d'autres domaines tels que la science des matériaux, l'intelligence artificielle, la numérisation, le stockage de l'énergie, les technologies de l'information et de la communication et même dans les technologies et les capacités connexes, de l'espace au cyberespace. Il est à noter que cette nouvelle vision est le fait de gens qui ne font guère confiance aux institutions, normes et dispositifs existants. Nombre d'entre eux estiment plutôt que le nouveau monde géopolitique vers lequel nous nous dirigeons appelle à l'unilatéralisme, au bilatéralisme et aux coalitions de volontaires (du type Quad) pour faire avancer ce programme, plutôt qu'à des traités. L'accord États-Unis-Royaume-Uni-Australie sur les sous-marins à propulsion nucléaire (Aukus) est une illustration typique d'une telle approche.

Il est important de noter qu'on constate aussi des manifestations relevant de la troisième école de pensée chez certains États qui, sans disposer aujourd'hui d'une grande puissance et/ou d'armes nucléaires, souhaitent néanmoins aller de l'avant et même tirer parti de leur proximité avec le nucléaire civil ou le nucléaire militaire, ou les deux. Ces pays semblent penser que le monde nouveau qui est le nôtre non seulement justifie, mais nécessite peut-être même l'acquisition de moyens et d'applications nucléaires propres, et surtout, ce qui est plus inquiétant, la maîtrise et le développement de technologies nucléaires avancées à double usage. L'Iran est l'exemple le plus flagrant d'un État de ce type. Mais, à des étapes et des degrés divers, on peut aussi déceler de telles tendances au Brésil, en Corée du Sud et en Arabie Saoudite, pour ne citer qu'une poignée de pays. Mais la conviction que la technologie nucléaire (militaire et/ou civile) a retrouvé sa pertinence se manifeste également dans d'autres pays qui n'ont cessé de réduire leur budget de recherche sur les technologies à double usage et ont abandonné progressivement la technologie nucléaire, comme la Suède et l'Allemagne. Cette conviction se manifeste sous une forme originale en Suède et en Finlande qui s'empressent de rejoindre l'alliance (nucléaire) de l'OTAN ou encore en Allemagne qui prend la décision de moderniser sa flotte d'avions à double capacité après le déclenchement de la guerre en Ukraine.

La présente analyse ne doit pas être interprétée comme une critique de l'une ou l'autre de ces trois écoles de pensée sur le nucléaire, ou de leurs adeptes respectifs, ni de l'une quelconque de leurs manifestations particulières dans la conduite de la politique nucléaire nationale. Globalement, ces politiques doivent être considérées comme un témoignage du malaise extrême que suscite la situation nucléaire actuelle. Indéniablement, chaque point de vue présente un intérêt et possède une part de vérité même si certains de ceux qui les adoptent sont parfois motivés par des considérations plutôt cyniques, opportunistes et/ou intéressées. Il nous faut donc considérer les trois écoles de pensée sur le nucléaire comme les catalyseurs d'une réflexion sérieuse et approfondie, alors que Thérèse Delpech s'est concentrée principalement sur la deuxième, comme extension de la troisième.

La mise en perspective de ces trois approches vise simplement à attirer l'attention sur les implications dérangeantes dont chacune des principales approches de la technologie nucléaire est porteuse, et plus encore sur leur dynamique et la manière dont elles entrent en interaction. Ces différentes approches témoignent du grand malaise généralement ressenti face au(x) « marché(s) » nucléaire(s) historique(s). Certains estiment que ce marché ne se justifie pas, voire qu'il est dangereux, d'autres que ce marché est nécessaire mais insuffisant, et d'autres encore qu'il est discriminatoire dans la répartition des bénéfices, en bref, qu'il n'est pas viable tel quel sur le plan politique ou technologique. Aujourd'hui, toutes ces approches sont en interaction, mais des signaux de moins en moins faibles indiquent que l'ordre nucléaire tel que nous le connaissons depuis près de huit décennies s'effiloche rapidement, devant l'assaut mené à partir de sources multiples et combinées.

Par ailleurs, même s'il est particulièrement tentant de faire porter la responsabilité de la situation actuelle à l'un ou l'autre parti ou support, il faut résister à cette tentation qui ne fait que détourner inutilement l'attention d'une vérité douloureuse, sans donner pour autant les moyens de mener une action corrective constructive. Il nous faut reconnaître que les différents positionnements mettent tous en exergue les tensions inhérentes et les compromis douloureux du marché faustien que l'humanité a conclu avec l'énergie nucléaire. En partant d'un postulat d'espoir, de l'espoir que l'énergie nucléaire pourrait trouver sa raison d'être en développant des mécanismes de contrôle et de canalisation et en utilisant de manière efficace et sûre la technologie de la réaction nucléaire en chaîne à la fois dans le champ de la dissuasion nucléaire et dans celui de la production d'énergie, c'est à cette condition que le nucléaire pourrait vraiment progresser. En instaurant une stabilité fondée sur la dissuasion nucléaire (grâce aux armes) et une énergie abondante et bon marché (grâce à la production d'énergie) et en étant convaincu qu'il est malgré tout possible de gérer et de marginaliser de manière efficace les risques posés par la capacité destructrice inédite de la révolution nucléaire. Cette stabilité sera obtenue soit en réservant l'extension du nucléaire militaire et civil aux États dignes de confiance et capables de le gérer de manière responsable, soit à tout le moins en socialisant les autres États pour s'assurer qu'ils le gèrent de manière responsable au fil du temps. Dans la section ci-dessous, nous ferons le point sur plusieurs des facteurs les plus saillants qui obligent à réexaminer ce marché faustien originel, puis nous réfléchirons à certaines des implications politiques potentielles qui découlent de cet état de fait.

Le malaise nucléaire contemporain

On peut utiliser le domaine des armes nucléaires comme point de départ. La stabilité relative assurée en définitive par l'ordre nucléaire reposait sur le fait que les cinq principaux États nucléaires estimaient, pour l'avoir appris à la dure qu'« une guerre nucléaire est impossible à gagner et ne devrait jamais être lancée », ce qui s'est traduit, sur la durée, par un tabou de fait sur l'utilisation des armes nucléaires ainsi que par une aversion croissante pour toute menace d'utilisation d'armes nucléaires. Pourtant, ni ce tabou ni ces menaces ne peuvent plus être considérés comme acquis. L'attrait qu'exercent les armes nucléaires comme instruments de politique étrangère s'est encore renforcé dans certains cercles, comme instruments (passifs) de dissuasion, voire de dissuasion étendue. Alors qu'une relation de dissuasion a fini par assurer (en dépit de nombreux et sérieux accrocs au fil des ans) un minimum de stabilité entre les États-Unis et l'Union soviétique (et par la suite la Russie), ce mode de dissuasion s'est déjà en grande partie effiloché du fait de la transformation de l'économie mondiale, de l'introduction de technologies conventionnelles avancées au-delà même du domaine de la défense antimissile, de l'extension du domaine de la concurrence aux technologies spatiales et cybernétiques, et de l'élargissement de l'OTAN vers l'est. Autant d'éléments qui ne font que renforcer les inquiétudes existantes et les forces intérieures les plus sceptiques quant à la viabilité de la coopération et de la coexistence, ce qui finit par faire douter que la maîtrise des armements nucléaires puisse être un mécanisme stabilisateur fiable. Naturellement, les efforts qui sont faits pour appliquer ce mécanisme de stabilisation précaire au contexte aujourd'hui radicalement différent des relations entre les États-Unis et la Chine se révèlent infructueux, d'autant plus que la dimension trilatérale de la relation États-Unis-Russie-Chine vient compliquer la donne. Il n'est pas surprenant que ce dysfonctionnement dans la relation entre les grandes puissances nucléaires ait des incidences sur les relations entre l'Inde et le Pakistan, puissances nucléaires de moindre importance dont les relations avec la Chine présentent aussi une dimension trilatérale.

Le tableau de la non-prolifération ne semble guère plus rassurant. Depuis le début de l'ère nucléaire, la pierre angulaire du régime de non-prolifération nucléaire a consisté (de manière plutôt efficace jusqu'à présent) à restreindre l'accès aux matières fissiles (en particulier celles pouvant servir à des fins militaires) des États non dotés d'armements nucléaires (ENDAN). Tout en soumettant également les activités de ces derniers à un contrôle rigoureux de l'AIEA. Ces deux piliers du régime de non-prolifération sont aujourd'hui menacés du fait de la disponibilité beaucoup plus grande de matières fissiles et du développement d'activités nucléaires dans un nombre d'ENDAN beaucoup plus important, de même que par l'attrait croissant qu'exercent des applications nucléaires non interdites (domaine maritime, espace) auprès de ces États ; et il faut garder à l'esprit que les matières concernées par ces applications nucléaires échappent pour l'essentiel aux garanties fournies par l'AIEA. En outre, les connaissances et les infrastructures nécessaires à la production et au stockage d'armes nucléaires se sont largement disséminées sur la durée, ce qui a réduit d'autant la capacité à empêcher les détenteurs de matières fissiles de s'en servir pour fabriquer des bombes, voire des ogives nucléaires. En parallèle, une résistance farouche à l'universalisation d'un régime de garanties nucléaires plus robuste (Protocole additionnel) n'a jamais cessé de se manifester et n'a jamais perdu de sa vigueur, comme ne s'est jamais démentie la résistance à tous les efforts déployés par l'AIEA pour développer une « méthode de contrôle au niveau de l'État », démarche qui a toujours été l'objet de tergiversations dès qu'il s'est agi de permettre à l'Agence d'accéder à des informations en cas de doute sur l'exactitude et l'exhaustivité des déclarations de garanties des États (comme cela a été le cas pour la Syrie et l'Iran et auparavant avec la Corée du Nord).

Des rivalités géopolitiques aiguës assombrissent encore le tableau et viennent saper le consensus qui a prévalu jusqu'à présent et facilité l'action concertée du P5 visant à empêcher la poursuite de la prolifération et limiter les dommages causés au régime général ; ces rivalités finissent par réduire les perspectives d'actions concertées envers les États qui se rapprochent du seuil nucléaire (par exemple, l'Iran), l'ont reçu en héritage (par exemple, l'Ukraine) ou l'ont franchi (l'Afrique du Sud et plus récemment la Corée du Nord). Ces rivalités réduisent les capacités de dissuasion portant sur l'acquisition d'armes nucléaires et les capacités de réaction rapide face à une alerte de prolifération. Et ces tendances géopolitiques renforcent aussi l'attrait des armes nucléaires, surtout à la lumière du conflit ukrainien et des conclusions qui en ont été tirées : les garanties de sécurité promises à une nation telle que l'Ukraine en contrepartie de l'abandon de ses armements nucléaires (russes) se sont révélées illusoires. Le contraste entre la Corée du Nord, qui continue de bénéficier de tous les avantages tirés de la possession d'armes nucléaires, et l'Irak de Saddam ou la Libye de Kadhafi, n'a pas échappé à nombre d'autres États qui sont désormais beaucoup plus méfiants sur la possibilité de recevoir des garanties de sécurité crédibles ou, dans le cas improbable où ils en recevraient, de se reposer sur elles en cas de crise.

Malheureusement, le tableau de l'énergie nucléaire ne semble guère plus rassurant. Le regain d'intérêt pour ce qu'elle a à offrir fait apparaître de nombreuses entités (nations, vendeurs et opérateurs), et un grand nombre d'entre eux n'ont aucune expérience préalable de la construction, de l'exploitation et de l'exportation de centrales nucléaires. Ces derniers ne disposent que d'une modeste marge de manœuvre pour maîtriser les connaissances et établir l'infrastructure souhaitable qui est requise pour s'engager dans leur déploiement en toute sécurité. Ces nouveaux venus dans la partie qui se joue semblent également destinés à proposer de nouveaux types de centrales nucléaires mais, dans l'immédiat, ils ne disposent ni d'une base industrielle solide pour en assurer la logistique, ni d'une base réglementaire solide (et de régulateurs expérimentés) pour les certifier. La redécouverte des vertus de l'énergie nucléaire se fait également sans que soient abordés les autres problèmes de fond qui pèsent sur son approvisionnement, qu'il s'agisse du potentiel de prolifération ou de l'absence de solutions à long terme viables et facilement accessibles pour le traitement des déchets nucléaires et des combustibles résiduels.

En outre, la vulnérabilité des centrales nucléaires (ainsi que de leurs opérateurs et de leurs systèmes auxiliaires critiques) aux attaques militaires est récemment apparue (dans le contexte du conflit russo-ukrainien) comme une autre source de préoccupation aiguë, qui ne peut que s'aggraver si des plans de déploiement des futurs réacteurs SMR (Small Modular Reactor) sur une base militaire se concrétisent, car ces centrales deviendraient alors des cibles militaires légitimes. Enfin, le conflit ukrainien a également mis en évidence l'inadéquation du cadre juridique conçu à l'origine pour assurer une répartition appropriée des responsabilités en cas d'accident nucléaire survenant sur un territoire changeant de main au cours d'un conflit militaire.

À qui profite la précarité actuelle ?

L'analyse suggère que, sauf évolution inattendue, il est plus que jamais probable que nous assistions à une aggravation de l'anarchie nucléaire. Les États avancés au plan nucléaire seront plus nombreux, il y aura peut-être davantage d'États nucléarisés, et des risques réels que les armes nucléaires soient instrumentalisées à des fins de dissuasion, de coercition et peut-être même d'emploi. Dans le domaine de l'énergie nucléaire, les perspectives d'une croissance optimiste, conduite à un rythme et à une échelle qui feraient vraiment la différence en termes de sécurité énergétique et de changement climatique, risquent de se heurter une fois de plus à la dure réalité que constituent les graves problèmes rencontrés dans la construction des centrales qui sont la difficulté de l'énergie nucléaire depuis toujours, au-delà des risques inhérents au nucléaire. Pire encore, à l'heure actuelle, tout projet de développement d'une nouvelle construction nucléaire, tout en innovant, en diffusant la technologie et en diversifiant considérablement les rangs de ses fournisseurs et de ses clients, risque de se heurter à de graves problèmes de sûreté, de sécurité et de prolifération, en l'absence de garde-fous appropriés portant sur ces projets à même d'atténuer leurs conséquences si et quand ces problèmes se concrétisent.

Pour beaucoup d'observateurs, ces perspectives inquiétantes justifieraient que l'on s'efforce de mettre un terme à la dissémination et l'expansion de la technologie et des applications nucléaires. Ou, *a minima*, si cette dernière option se révèle difficile à mettre en œuvre, de faire accepter des normes de nature à réduire les risques de crise nucléaire. Mais on peut douter que cette perception de la situation et que les options proposées bénéficient d'un soutien universel. À l'inverse, il paraît peu probable que certaines parties concernées fassent passer l'intérêt de la stabilité systémique à long terme avant leurs propres intérêts à court terme. Au moment même où des pays, et c'est ce que leur comportement indique, pourraient croire que leurs intérêts à court terme sont parfaitement servis par un renouveau incontrôlé du nucléaire, voire de la prolifération nucléaire.

Toute démarche visant à retrouver un minimum de stabilité nucléaire est vouée à l'échec si l'on ne fait pas l'effort d'identifier les problèmes structurels existants ou potentiels de nature à compromettre sa réussite. En d'autres termes, il est maintenant nécessaire d'évaluer quelles parties prenantes ont intérêt à s'affirmer sur le plan nucléaire dans un environnement aussi chaotique et lesquelles courent le risque d'y être perdantes. Il est ensuite impératif de réfléchir aux chances de trouver un terrain d'entente avec elles sur des règles de base efficaces de nature à permettre *a minima* d'éviter les crises nucléaires les plus graves liées à l'utilisation d'armes nucléaires et les accidents catastrophiques dans le domaine de l'énergie nucléaire.

La présente analyse se limite à livrer quelques conclusions propres à alimenter la réflexion. En premier lieu, l'attrait qu'exercent les armes nucléaires et/ou l'énergie nucléaire, de même que l'hostilité qu'elles suscitent, se retrouve dans tous les types de régimes, démocratiques ou non. En d'autres termes, des régimes relevant d'un même type ont pu chercher à se doter de nucléaire militaire ou de nucléaire civil alors que d'autres s'en sont abstenus. Le type de régime ne semble donc pas être un bon indicateur de la volonté des États de se doter de nucléaire militaire ou civil ou de s'en abstenir. Il ne s'agit pas non plus d'un critère valide et durable pour déterminer quel État devrait maîtriser l'énergie nucléaire (et encore moins posséder des armes nucléaires), malgré l'attrait normatif que présente une telle approche.

Deuxièmement, la même logique s'applique à la volonté de tirer parti des acquis nucléaires (militaires et civils) dans l'un ou l'autre domaine, ou dans les deux, pour obtenir des avantages stratégiques, commerciaux, institutionnels, politiques ou même personnels. La pratique de la dissuasion nucléaire, de la dissuasion élargie et même de la coercition (et du signalement nucléaire dans tous ces contextes) a été courante (sans être généralisée) chez tous les détenteurs d'armes nucléaires, ainsi que chez les États possédant une capacité avancée de production rapide d'armes nucléaires (*hedgers* nucléaires). Le partage et la vente de la technologie nucléaire ont également été une pratique courante parmi tous les détenteurs de cette technologie, même s'ils ont présenté des différences de détail dans la conduite de leurs politiques qui ont généralement connu de profonds changements au fil des ans. Cela nous oblige à redéfinir le champ d'investigation et à poser la question de savoir quels États (et quelles entreprises qui ne sont pas entièrement responsables devant les États) pourraient être les plus enclins à se comporter de manière imprudente dans le domaine nucléaire.

Il faudrait évidemment se préoccuper des comportements impliquant la menace ou l'utilisation d'armes nucléaires, le ciblage d'installations nucléaires et des systèmes auxiliaires qui leur permettent de fonctionner en toute sécurité, l'engagement d'attaques conventionnelles sous le couvert d'un parapluie nucléaire ou le transfert de technologies, de matières ou de connaissances utilisables pour les armes nucléaires et la gestion imprudente des centrales nucléaires. La motivation d'un tel comportement peut relever d'une tentative désespérée de réduire les pertes, de se venger, ou du désir de saisir une opportunité ou un avantage passager, voire relever de la complaisance et même de la corruption. Dans nombre de ces scénarios, les auteurs peuvent soit sous-estimer les risques liés à leurs actions (en particulier sur le long terme), peut-être parce qu'ils s'accrochent au faible espoir d'une issue favorable, soit penser que des circonstances exceptionnelles leur fournissent une justification suffisante et la légitimité requise pour entreprendre une action aussi risquée.

De telles actions ont déjà été conduites, et pourraient l'être à nouveau à l'avenir, par tous les types de régime. Pourtant, elles apparaissent comme particulièrement plausibles de la part des régimes autoritaires, pour plusieurs raisons. La première, parce que ces régimes ne se caractérisent pas en général par l'existence d'un contrôle démocratique ou par un équilibre des pouvoirs et qu'ils n'ont donc pas à rendre compte de leurs actes en termes de responsabilité publique. La deuxième, parce que les régimes autoritaires ont une capacité particulièrement élevée à survivre aux échecs qu'ils enregistrent et qu'ils ont tendance à assumer ou à sous-estimer les risques et les coûts, parce qu'ils peuvent lancer des projets en secret, sont persuadés de pouvoir dissimuler leurs erreurs et même des catastrophes lorsqu'elles surviennent puisqu'ils ne sont soumis qu'à une responsabilité publique limitée et qu'ils utilisent les leviers du pouvoir pour manipuler l'opinion publique et supprimer la dissidence. La troisième, parce que les dirigeants de ces régimes ont une tendance toute particulière à vivre dans une bulle, à réduire au silence ou à décourager les opinions dissidentes, voire à faire taire d'eux-mêmes ceux qui souhaitent dire sa vérité au pouvoir. La quatrième, du fait que l'engouement particulier des dirigeants autoritaristes pour les grands projets symboliques les pousse à s'engager dans des projets nucléaires téméraires. Enfin, pour ces régimes, assurer sa survie est une priorité qui l'emporte le plus souvent sur toute autre considération, ce qui peut les amener à se lancer dans des actions nucléaires risquées. Ainsi, la dynastie Kim au pouvoir en Corée du Nord, Saddam Hussein en Irak, Muammar Kadhafi en Libye et le président turc Recep Tayyip Erdogan, sans oublier Vladimir Poutine en Russie, présentent tous (bien qu'à des degrés divers) ce mélange incontournable d'autoritarisme et de comportement nucléaire aventureux. Même les autorités civiles et militaires qui se sont succédé à la tête de la quasi-démocratie pakistanaise ont été tentées par de telles options. Certes, tous ces phénomènes pourraient également concerner d'autres types de régime, mais ils sont beaucoup moins susceptibles de s'y produire.

Ce qui ne laisse pas d'inquiéter, du moins jusqu'à présent, comme l'expérience le montre, c'est qu'en fait les dirigeants de ces régimes autoritaires semblent tirer parti du nucléaire de manière disproportionnée pour s'affirmer et qu'ils parviennent à obtenir de la sorte des avantages à la fois tangibles et d'autres plus éphémères qu'ils ne pourraient obtenir autrement. Ces avantages vont des assurances de sécurité contre les agressions ou les représailles extérieures à l'immunité face aux tentatives de renversement de leurs régimes, en passant par la sécurité énergétique, la stature et le prestige politiques, l'influence diplomatique et le rayonnement sur la scène mondiale. Ces dirigeants sont particulièrement sensibles au contraste actuel entre le sort des dirigeants et des États qui ont renoncé à leurs ambitions nucléaires et de ceux qui les ont conservées. En outre, la nature intrinsèquement duale de la technologie nucléaire permet clairement aux États qui ne possèdent pas d'armes nucléaires mais qui ont des programmes nationaux avancés en matière d'énergie nucléaire (ainsi que dans d'autres moyens conventionnels à double usage tels que des plates-formes de lancement) de bénéficier également de bon nombre de ces avantages (sans avoir à posséder en propre un armement nucléaire). L'Iran est l'illustration parfaite d'une telle stratégie de couverture.

Une mise en garde importante s'impose ici. Le fait de noter les avantages connexes que ces régimes tirent de la possession et de l'exploitation de ressources nucléaires ne signifie pas qu'ils puissent échapper sur le long terme aux coûts, risques et limitations de toutes sortes qui s'attachent à la possession de ces ressources nucléaires (civiles et militaires) en général, et à l'exploitation aventureuse de ces ressources en particulier. Bien que les régimes autoritaires puissent faire preuve d'une tolérance particulièrement élevée à l'échec et d'une propension à assumer ou à sous-estimer ces risques et ces coûts à courte vue, ils sont voués à se faire rattraper sur la durée. Les risques encourus et les coûts induits ne sont pas moindres pour ceux qui se trouvent au bas de l'échelle, c'est-à-dire ceux qui cherchent simplement à se doter de telles capacités. La période qui précède la maîtrise de ces capacités avancées peut présenter des risques d'accidents et de pressions extérieures énergiques (sanctions, déstabilisation, agressions militaires) visant à les priver de ces capacités.

Perspectives d'avenir

Il y a lieu pour les démocraties de s'inquiéter de la situation actuelle et de craindre que l'évolution du nucléaire ne leur réserve pas un avenir radieux. La Russie, la Corée du Nord et l'Iran (et potentiellement, à terme, la Chine) font déjà usage de leur savoir-faire et de leurs moyens nucléaires. Et cela pourrait n'être que la partie émergée de l'iceberg, un signe avant-coureur de choses bien pires à venir. Compte tenu de l'attrait des armes nucléaires, de la diffusion de la technologie et de la grande disponibilité des connaissances en matière de fabrication de bombes nucléaires, ainsi que des tendances géopolitiques (comme l'alliance nouvelle entre la Russie et l'Iran), d'autres États nucléaires ou quasi-nucléaires de tous bords pourraient bien voir le jour. Et ceux-ci pourraient être en mesure d'utiliser leurs ressources nucléaires pour promouvoir des intérêts contraires aux souhaits fondamentaux des démocraties occidentales. L'expansion rapide des projets d'énergie nucléaire dans le monde dans le but de satisfaire la demande en énergie, garantir l'approvisionnement et remplacer les hydrocarbures par une énergie produite sur place, qu'on peut encourager et faciliter ailleurs, présente également des risques aigus de prolifération, ainsi que d'accidents et autres revers. Surtout si l'on garde à l'esprit le manque de confiance du public dans l'énergie nucléaire et le degré d'interdépendance entre le nucléaire militaire et le nucléaire civil et au sein même de chacune de ces deux filières. Il est donc fort probable que de graves revers nucléaires, sans même parler d'accidents, produiront à nouveau des effets de contagion et feront sérieusement reculer le domaine nucléaire partout dans le monde. Alors, que peut-on faire ?

Le point de départ de toute nouvelle tentative de stabilisation nucléaire devra passer par la reconnaissance du fait que l'avenir de la dissuasion nucléaire en tant qu'instrument viable d'action gouvernementale, en particulier dans les démocraties occidentales, est intimement lié à l'avenir de l'énergie nucléaire au sens large. Il ne s'agit pas seulement de la nature duale de cette technologie, il s'agit surtout du niveau de confiance nécessaire pour pouvoir conserver la puissance potentiellement la plus destructrice jamais développée par l'humanité. Il s'agit de (re)prendre confiance dans le fait que la puissance constructive de l'énergie nucléaire sera canalisée exclusivement et de manière responsable vers des applications pacifiques et de maintien de la paix, plutôt qu'exploitée à des fins de guerre et autres usages coercitifs.

En gardant cela à l'esprit, examinons quelques principes pour progresser dans ce domaine. Le premier principe est celui de l'inclusion. Le nombre d'acteurs nucléaires établis est déjà important et ne cesse de croître. L'époque de la domination occidentale dans ce domaine est révolue depuis longtemps, et les États-Unis ne sont plus capables à eux seuls de peser de tout leur poids pour promouvoir, et si nécessaire imposer, un semblant d'ordre. Et aucun ordre mondial hiérarchique n'est viable de nos jours dans ce domaine ou dans aucun autre. La Russie et la Chine sont appelées à rester des acteurs clés dans ce domaine, et il est plus que probable que leur poids nucléaire, politique, économique et même technologique dans certains domaines ne cessera de croître. Et comme dans d'autres domaines technologiques, d'autres acteurs nucléaires de différentes couleurs sont déjà en train d'émerger et il faudra aussi compter avec eux si nous voulons retrouver ne serait-ce qu'un minimum de stabilité nucléaire dans cet espace. La promotion d'un nouvel ordre nucléaire mondial pose donc des défis profonds et réellement aigus sur les plans idéologique, stratégique, économique, technologique et évidemment politique. Mais heureusement, deux éléments jouent en notre faveur, deux atouts essentiels : nous ne partons pas de zéro et l'anarchie nucléaire ne profitera à personne.

Pour mettre en œuvre le premier principe, il faut aussi essayer de combler certains des clivages profonds qui existent dans le domaine nucléaire entre les nantis et les démunis, tant en matière d'énergie que d'armements nucléaires. Et surmonter le clivage classique entre les aficionados du nucléaire et ceux qui le redoutent dans la plupart de ses applications (les applications médicales et agricoles étant les seules véritables exceptions). Entre les États du nord et de l'est de la planète, ainsi qu'entre l'Est et l'Ouest, les États pauvres et les États riches. Et, ce qui n'est pas le moins important, entre les gouvernements et les entités commerciales opérant dans cet espace. Ces dernières sont en effet celles qui sont les plus dépendantes d'un environnement nucléaire stable pour fonctionner correctement (et souvent aussi de diverses formes de subventions gouvernementales), mais elles ont jusqu'à présent largement profité de l'élaboration et du maintien d'un ordre nucléaire stable.

Le deuxième principe concerne le ciblage des installations nucléaires. Historiquement, le premier pilier de l'ordre nucléaire mondial à construire était centré sur la non-prolifération, comme ce fut le cas à l'aube de l'ère nucléaire dans l'immédiat après-guerre, puis avec le TNP comme point culminant en 1968. Toutefois, ce domaine est aujourd'hui si politiquement chargé qu'il est douteux d'en attendre des progrès rapides. Les perspectives d'un progrès significatif de maîtrise des armements, sans même parler de désarmement, sont également minces. Par conséquent, toute tentative de stabilisation doit commencer aujourd'hui par l'énergie nucléaire plutôt que par les armes.

C'est sur ce point que l'intérêt commun est de loin le plus évident et le plus prononcé. Dans le prolongement direct de la priorité accordée aux applications pacifiques de l'énergie nucléaire, il faudrait mettre en œuvre une démarche concertée pour interdire le ciblage des centrales nucléaires ainsi que des infrastructures logistiques, des sites de stockage de déchets nucléaires et autres. Il s'agira aussi de traiter d'autres questions épineuses concernant la légitimité de l'attaque d'installations nucléaires situées sur des bases militaires et/ou apportant un soutien logistique à des opérations militaires, ainsi que les questions de responsabilité des installations nucléaires en cas de changement de main au cours d'opérations militaires.

Il est toutefois important de noter que les progrès réalisés dans ce domaine pourraient constituer aussi des avancées significatives en matière de non-prolifération, en créant des normes qui permettent de distinguer les applications pacifiques civiles de l'énergie nucléaire des activités militaires agressives et de lancer une alerte rapide lorsqu'un basculement du civil au militaire se produit. Une telle avancée, même modeste, dans l'instauration d'une collaboration avec les autres acteurs clés de l'énergie nucléaire pourrait avoir des retombées positives et créer un climat politique plus favorable, nécessaire pour traiter le domaine plus difficile des armements nucléaires.

Le troisième principe consiste à donner la priorité au renforcement, à l'intégration et à la solidification de l'engagement envers les normes et les institutions existantes plutôt que d'en créer de nouvelles, si tentant que cela puisse être. Il existe déjà un ensemble considérable de normes nucléaires élaborées au cours de plusieurs décennies. Le simple fait de les maintenir est coûteux et très consommateur d'énergie. Faire accepter de nouvelles normes est très difficile sur le plan de l'analyse, mais c'est encore plus difficile sur le plan politique. Et alors même qu'on ne manque pas de créativité et d'esprit d'innovation pour concevoir de nouvelles normes et de nouveaux instruments, la triste réalité est que les normes existantes posent problème parce qu'elles sont mises en œuvre de manière imparfaite, incohérente et cloisonnée, et non parce qu'elles manquent de portée et de pertinence.

Dans cet esprit, il convient d'accorder une attention particulière au dialogue P5. Malgré le conflit aigu, les intérêts divergents et la méfiance entre plusieurs d'entre eux, les parties prenantes partagent deux objectifs. D'une part, éviter une guerre nucléaire qui pourrait se transformer en Armageddon ou briser définitivement le tabou nucléaire qui prévaut *de facto* depuis 1945. D'autre part, prévenir un accident nucléaire qui, outre les dommages et pertes immédiats qu'il causerait, sonnerait le glas du retour du nucléaire et de son potentiel de contribution à la transition énergétique induite par le climat. Il faudrait donner la priorité au renforcement de la compréhension formelle des P5 et, idéalement, à une certaine coopération sur ces deux piliers.

Dans les circonstances actuelles, il est inutile de concentrer les efforts collectifs des membres du P5 sur des traités juridiquement contraignants ou des accords de maîtrise des armements. Ceux-ci demeurent importants et pertinents, mais surtout pour les canaux de dialogue institutionnalisés qu'ils créent et aident à maintenir. Et même si le désir naturel d'obtenir des engagements juridiquement contraignants est parfaitement compréhensible, dans la pratique, ce qui compte, c'est la volonté politique de s'y conformer fidèlement. En l'absence de cette volonté, ils restent lettre morte sur le plan juridique, sont marginalisés ou, pire encore, se transforment en un irritant majeur et en mistigri politique entre adversaires. De même, il y a peu d'espoir que le P5 puisse coopérer de manière significative sur les questions de non-prolifération, car celles-ci sont inévitablement liées à des considérations géopolitiques concernant l'Iran, la Corée du Nord et d'autres pays. Au lieu de cela, l'objectif du P5 doit être double : s'appuyer sur l'accord précédent selon lequel les guerres nucléaires ne peuvent être gagnées et ne doivent jamais être lancées. Et cimenter l'engagement du P5 en faveur d'une gestion responsable de l'énergie nucléaire sous tous ses aspects.

Réflexions finales

Le propos de cet essai visait à discuter de deux thèmes centraux pour l'ordre nucléaire. Est-il possible de faire en sorte que les armes nucléaires servent sans équivoque les intérêts de sécurité des États démocratiques ? Et pouvons-nous dissocier les armes nucléaires de l'énergie nucléaire, récolter les avantages des deux sans encourir les responsabilités de l'une ou de l'autre ? La réponse que cet essai apporte à ces deux questions est un « non » résolu. Ni l'un ni l'autre n'est possible. Les armes nucléaires confèrent des avantages importants à tous ceux qui les possèdent, mais surtout aux régimes autoritaires. Et certains de ces avantages sont acquis au détriment des intérêts de sécurité des démocraties, alors que les armes nucléaires et l'énergie nucléaire sont, depuis leur création et pour toujours, liées par un nœud gordien qui ne peut être ni défait ni tranché par l'épée d'un empereur.

Cela s'explique en partie par la nature intrinsèquement duale de cette technologie, ainsi que par les connaissances et l'expertise nécessaires pour l'exploiter délibérément à des fins militaires et civiles. Ainsi, pour des raisons pratiques, il n'est pas possible de tirer profit des avantages de l'énergie nucléaire dans quelque domaine que ce soit, et certainement à grande échelle, sans être confronté aux risques de mauvaise utilisation, d'abus ou de défaillance accidentelle. Et toute tentative de maximiser l'un de ces avantages se ferait au détriment du spectre de l'autre. Il a fallu un processus d'apprentissage long et douloureux pour trouver un point d'équilibre difficile à atteindre, mais qui semble aujourd'hui exceptionnellement précaire. Les mesures unilatérales prises pour maximiser les gains, tout comme les efforts visant à revenir sur ces gains, sont dangereuses si l'autre terme de l'équation du risque n'est pas pris en compte. Se satisfaire de l'état actuel des choses n'est guère plus encourageant. C'est aussi vrai pour les armes nucléaires que pour l'énergie nucléaire. Il faut à la fois essayer d'obtenir toujours plus de l'un ou de l'autre et se débarrasser entièrement de l'un ou de l'autre. Aucune de ces réalités n'est nouvelle, mais elles revêtent une importance particulière dans le contexte nouveau dans lequel nous sommes entrés ou du moins dans lequel nous allons, vers ce que Thérèse Delpech a appelé l'« ère de la piraterie ».

Les États démocratiques occidentaux dotés de l'arme nucléaire et leurs alliés sont aujourd'hui confrontés à un défi plus grand que jamais, celui de s'assurer qu'ils peuvent continuer à bénéficier, en définitive, des avantages nets positifs de la dissuasion nucléaire en matière de sécurité, tout en profitant de la contribution croissante de l'énergie nucléaire à leurs besoins en matière de sécurité énergétique et de changement climatique. Le présent essai soutient que les deux sont concevables, mais que cela nécessite une approche audacieuse et créative pour faire face aux risques contemporains aigus qui menacent de déboucher sur une anarchie nucléaire. Principalement en réorientant les efforts de la diplomatie nucléaire vers la promotion d'une norme de responsabilité nucléaire. Il s'agit également de redéfinir les priorités en abandonnant les tentatives infructueuses visant à refuser et à limiter l'accumulation et la possession de matières fissiles et d'armes nucléaires pour décourager l'utilisation d'armes nucléaires et le ciblage d'installations nucléaires qui pourraient également déclencher une catastrophe sans précédent et une dynamique des plus inquiétantes. Cette double démarche bénéficierait grandement d'un vaste effort multinational et multipartite, mais un degré élevé de collaboration entre États du P5 devra être au centre de cet effort.

En fin de compte, nous sommes tous dans le même bateau. Nous sommes à la fois bénis et maudits d'avoir découvert et libéré l'énergie nucléaire pour des applications civiles et militaires. La triste vérité est que cette réalité nous oblige à faire preuve d'une grande prudence dans cet espace sans pour autant considérer comme acquis le succès relatif que nous avons connu jusqu'à présent pour éviter toute forme de catastrophe nucléaire. Nous sommes donc à nouveau confrontés, mais avec un sentiment d'urgence supplémentaire, à la dure réalité qui veut que nous ne puissions plus considérer comme acquise la stabilité du domaine nucléaire. Notre principal défi est d'engager un vaste effort multiforme de socialisation nucléaire. Cet effort doit s'étendre aux armes et/ou aux puissances nucléaires et à celles qui aspirent à le devenir, ainsi qu'à leurs détracteurs et à ceux qui en sont privés, aux promoteurs, développeurs, fournisseurs et exploitants de l'énergie nucléaire, ainsi qu'à ses détracteurs, aux gouvernements, à l'industrie et aux universités. Tous doivent être socialisés dans un monde de retenue et de responsabilité nucléaires, tant au niveau national qu'international. La socialisation nucléaire doit impliquer les nouveaux venus sur le marché, mais aussi resocialiser ceux qui étaient bien informés dans ce domaine mais qui s'en sont éloignés au fil du temps. Nous devons faire preuve d'une créativité particulière pour trouver des moyens d'y parvenir efficacement en dépassant les cultures, y compris celles qui se traduisent par une idéologie extrême associée à une ferveur religieuse et sous-tendue par une vision révisionniste de l'Histoire, et l'obsession du rôle du temps sur leurs fortunes nationales (et personnelles ?).

Conclusion

Bruno Tertrais

La démocratie face à la dissuasion

En conclusion de ce volume, on tentera ici de nouer quelques fils de réflexion présents dans les contributions précédentes s'agissant du lien entre démocratie et statut nucléaire ; de la pratique démocratique de la dissuasion ; de l'impact, plus généralement, de ce modèle politique sur l'exercice de la menace nucléaire ; et enfin des conséquences de l'existence de la Bombe sur l'ordre politique international.

Il n'y a pas de lien a priori *entre démocratie et statut nucléaire*

À la fin des années 1990, un diplomate français de haut rang expliquait à l'auteur de ces lignes que « l'Iran ne franchira pas le seuil nucléaire, car dans dix ans le pays sera une démocratie et les démocraties ne se lancent pas dans l'aventure ». La première et la deuxième assertion étaient bien imprudentes, mais la troisième mérite que l'on s'y attarde.

Tout au long de cet ouvrage transparaît, dès lors que l'on veut débattre des liens entre démocratie et dissuasion, un problème méthodologique classique de la science politique : dans quelle mesure peut-on isoler un groupe de pays qualifiés de « démocraties » ? Consciente de cette difficulté, Mélanie Rosselet, dans son introduction, n'en souligne pas moins « [qu']une indifférenciation complète [entre démocraties et régimes autoritaires] risquerait de conduire à une erreur d'appréciation stratégique voire morale ». Nous partageons cette appréciation nuancée.

Sur neuf pays possédant l'arme nucléaire, trois peuvent, si l'on en croit la typologie établie par *The Economist Intelligence Unit* (2022), être qualifiées de démocraties matures plus ou moins solides (les États-Unis, le Royaume-Uni, la France), deux de démocraties imparfaites (Israël, l'Inde), un de régime hybride (le Pakistan), et trois d'États autoritaires (la Russie, la Chine, la Corée du Nord[1]). Le lien entre statut politique et statut nucléaire est donc rien moins qu'évident[2].

Certes, la naissance de la Bombe est inséparable de la lutte contre les dictatures : mise au point aux États-Unis par crainte que l'Allemagne nazie le fasse avant les Alliés, elle fut utilisée contre le Japon impérial et fut rapidement au cœur de la stratégie d'endiguement de l'Union soviétique. Mais cette dernière, justement, s'en dota immédiatement.

Là où le diplomate précité n'avait pas totalement tort, c'est qu'aujourd'hui, il y a peu de chances qu'un État partie au Traité de non-prolifération des armes nucléaires se lance dans l'aventure en violant le Traité. Autrement dit : les régimes autoritaires sont plus prompts à violer les normes, y compris celles auxquelles ils ont eux-mêmes souscrit explicitement. Certes, on évoque souvent le scénario d'une nucléarisation du Japon, de la Corée du Sud ou de Taïwan, mais la barre normative à franchir pour ces pays serait assez haute.

Autrement dit : il n'y a pas de lien évident entre type de régime et statut nucléaire, mais il y en a un entre démocratie et non-prolifération.

Il n'y en a pas non plus en ce qui concerne les doctrines affichées : tous les États disposant de l'arme nucléaire prétendent la considérer comme un moyen de dissuasion et rejettent, en apparence au moins, toute conception de cette arme comme un moyen de combat. Il reste à déterminer si les dictatures qui projettent une telle image le font sincèrement. Ce n'est pas à exclure : rappelons, par exemple, que la crainte de la guerre nucléaire était réelle chez les dirigeants soviétiques et que l'URSS, lorsqu'elle envisageait l'emploi de son arsenal nucléaire en premier, l'imaginait à titre préemptif. Mais l'on peut postuler *a minima* que ces États cherchent une « respectabilité nucléaire ». Exactement comme pour leur régime politique, puisqu'ils prétendent tous être des démocraties.

Quelle pratique démocratique de la dissuasion ?

Le caractère démocratique d'un État emporte un devoir d'information et de débat, notamment dans les enceintes parlementaires : ce sont les assemblées élues qui votent les budgets[3]. Une réflexion sur l'éthique de la dissuasion y est aussi attendue.

Un État démocratique disposant du pouvoir nucléaire a une obligation de retenue. On attend d'un tel pays un comportement nucléaire « responsable ». Cela veut dire d'abord un respect des normes juridiques internationales. *Pacta sunt servanda* : les traités que l'on a signés doivent être respectés. Si l'Union soviétique, derrière un légalisme de façade, n'hésitait pas à les violer, l'Amérique, elle, a parfois choisi de s'en retirer : mais c'est toute la différence entre la violation de la règle et le respect du droit. Le « pirate stratégique », pour reprendre l'expression de Thérèse Delpech, plus heureuse que celle, américaine, d'« État voyou » ou d'« État paria » (qui ne s'appliquait qu'aux acteurs régionaux), s'abstrait délibérément de la norme communément acceptée.

Le respect des normes juridiques implique également de faire entrer la stratégie nucléaire dans le cadre du droit international : les démocraties s'inscrivent résolument dans le cadre de la légitime défense, se référant parfois explicitement (cela a été le cas notamment pour la France et pour l'Inde) à sa consécration par l'article 51 de la Charte des Nations unies. Sur ce point, elles n'ont pas toujours été des modèles de respect du droit international humanitaire. Ayant hérité, pour leurs planifications nucléaires, du précédent que constituait le « bombardement stratégique » de la Seconde Guerre mondiale, elles ont longtemps mis en avant deux arguments.

- Le premier consistait à avancer que le ciblage délibéré des populations civiles ne devait pas être exclu des planifications pour des raisons de crédibilité de la menace (pas de « dommages inacceptables », jugeait-on, sans destruction à grande échelle des centres urbains[4]).

- Le second était que la menace dissuasive pouvait être distinguée de l'emploi – autrement dit que la « doctrine d'emploi » (*action policy*) pouvait ne pas refléter la « doctrine déclaratoire » (*declaratory policy*)[5]. L'Amérique fait ici exception : elle prétend avoir une tradition de respect sourcilleux des règles du droit international humanitaire dans sa planification nucléaire et avait affirmé publiquement, au lendemain de la conclusion des Protocoles additionnels aux Conventions de Genève (1977), exclure les objectifs démographiques de ses plans.

La retenue doit être, en principe, présente aussi dans le discours : ici, il faut constater que toutes les démocraties n'ont pas toujours été exemplaires, tant s'en faut : on se souvient que la rhétorique nucléaire du président Trump empruntait davantage à celle de la Corée du Nord qu'à la tradition américaine.

La démocratie, atout autant qu'obstacle pour la dissuasion

La nature démocratique du gouvernement disposant d'armes nucléaires a par ailleurs des inconvénients.

• Plus exposées par nature à l'influence des mouvements de contestation interne et externe, leurs politiques de dissuasion peuvent être fragilisées par un lobbyisme efficace. Elles peuvent également faire l'objet de campagnes de sape délibérée de la part de puissances étrangères. On se souvient que l'Union soviétique encourageait délibérément le « pacifisme » occidental et l'instrumentalisait à son bénéfice. Aujourd'hui, l'on voit rarement les campagnes de Greenpeace ou de l'International Campaign Against Nuclear Weapons cibler la Russie ou la Chine, ou leurs représentants projeter de s'enchaîner aux grilles des installations nucléaires pakistanaises ou nord-coréennes.

• En temps de crise, un gouvernement démocratique aurait du mal à rester totalement insensible aux manifestations de l'opinion – dans un sens ou un autre d'ailleurs –, car les enquêtes d'opinion montrent que les populations occidentales ne sont pas les dernières à exiger vengeance lorsque leur nation est frappée au cœur. Or des enquêtes d'opinion montrent que ce pourrait bien être le cas – la prudence est de mise au vu de l'absence de précédent – si l'emploi de l'arme nucléaire était envisagé[6].

• Enfin, la nature même des processus démocratiques ne favorise pas les programmes s'inscrivant dans le temps long, et c'est vrai pour ce qui concerne la dissuasion comme pour d'autres investissements. Quiconque a suivi de près les débats britanniques sur la construction de quatre nouveaux sous-marins de la classe *Dreadnought* dans les années 2015-2016 sait que le consensus nucléaire n'est jamais totalement acquis en démocratie parlementaire[7].

Si certains experts, dans cet ouvrage, semblent estimer que la dissuasion nucléaire est « antidémocratique », l'argument n'est-il pas réversible ? On peut en effet soutenir que la démocratie est au contraire parfaitement adaptée à la dissuasion, dans la mesure où le pouvoir de décision ultime appartient à une autorité issue du suffrage universel[8]. Si un président ou un Premier ministre engage les forces nucléaires, il ou elle le fait en vertu de l'autorité qui lui est conférée par le vote, ce qui peut accroître sa détermination voire sa crédibilité. En exagérant à peine, l'on pourrait dire que *si la dissuasion est une arme pour les démocraties, la démocratie est aussi une arme pour la dissuasion.*

Nulle part ailleurs qu'en France la coïncidence entre régime politique et statut nucléaire n'a été aussi poussée. On le sait, c'est en partie du fait de la possession de l'arme nucléaire que le général de Gaulle souhaita que les Français puissent élire leur président de la République au suffrage universel direct[9].

Pour une démocratie, c'est l'État et la nation qui sont protégés, non le régime. On doit rappeler que l'Europe et l'Asie de l'Est n'ont pu se relever, se développer et construire des sociétés libérales qu'à l'abri des armes nucléaires. Sans parapluie nucléaire américain, il n'y aurait peut-être pas eu de Communauté européenne. *La dissuasion élargie est ainsi l'un des garants de l'ordre démocratique.*

Pour une démocratie, la capacité nucléaire offre une liberté d'action, alors qu'un État autoritaire pourra être tenté par la « sanctuarisation agressive ». On pourra rétorquer que la seconde est le miroir de la première – en d'autres termes, que « la liberté d'action de l'un est la sanctuarisation agressive de l'autre ». Ce n'est pas totalement faux, mais ce ne sont pas les démocraties libérales qui ont, au cours des trente dernières années, provoqué et agressé militairement leurs voisins, et tenté de repousser les limites de leur territoire sur terre et sur mer : ce sont la Russie, la Chine, le Pakistan et la Corée du Nord.

L'arme nucléaire, instrument de démocratisation de l'ordre international ?

La dissuasion nucléaire est un phénomène qui ne concerne, dans les faits, que les pays de l'hémisphère Nord : tous les États disposant de cette arme, et tous ceux qui sont protégés explicitement par elle (à l'exception de l'Australie), y sont situés, alors que la quasi-totalité de l'hémisphère Sud est dénucléarisée par traités.

Certains semblent vouloir que la légitimité de la possession de l'arme nucléaire soit soumise à un processus démocratique – comme s'il s'agissait d'un vote à l'Assemblée générale des Nations unies. Les États ayant souscrit au TIAN étaient déjà, fin 2023, près d'une centaine, quasiment la moitié des pays membres du TNP. Mais le droit international n'est pas la simple translation à l'échelon mondial des traditions juridiques nationales. Surtout, comme on le sait, la légitimité du statut nucléaire ressort pleinement de l'existence du TNP, qui est l'un des traités les plus universels qui soient et dont aucun État ne s'est jamais retiré.

La coïncidence entre statut conforte une injustice, parfois maladroitement – et pour tout dire de manière parfaitement inappropriée – appelée « apartheid ». Ce n'est en tout cas nullement l'arme des « pays riches » : un coup d'œil au degré de développement de la Chine populaire en 1964, du Pakistan en 1998, ou de la Corée du Nord en 2006 suffit à s'en persuader.

Mais l'impact géopolitique de la possession de l'arme nucléaire ne s'arrête pas là. On connaît la formule du général Gallois sur le « pouvoir égalisateur de l'atome », qui autorise la « dissuasion du faible au fort ». Ne peut-on suggérer que cette formule a également une résonance politique ? Il existe un « club » des États nucléaires : on ne parle pas à une puissance nucléaire comme à une autre, et les dirigeants investis de cette terrible responsabilité savent, lorsqu'ils se rencontrent, qu'ils la partagent. N'y aurait-il pas une sorte de « pouvoir égalisateur de l'atome » sur le plan diplomatique ? En ce sens, la dissuasion contribuerait à une certaine démocratisation de l'ordre nucléaire mondial.

Liste des acronymes

ABM : Anti-Ballistic Missile
AEGES : Association pour les études sur la guerre et la stratégie
AfD : Alternative für Deutschland, Alternative pour l'Allemagne
AIEA : Agence internationale de l'énergie atomique
ANSSI : Agence nationale de sécurité des systèmes d'information
ASMPA : Air-sol moyenne portée améliorée
BJP : Bharatiya Janata Party, parti politique indien
BNF : Bibliothèque nationale de France
CDU/CSU : Christlich Demokratische Union Deutschlands (CDU), Union chrétienne-démocrate d'Allemagne et Christlich-Soziale Union in Bayern (CSU), Union chrétienne-sociale en Bavière
CEA : Commissariat à l'énergie atomique et aux énergies alternatives
CERI : Centre de recherches internationales
CGSR : Center for Global Security Research
CIENS : Centre interdisciplinaire sur les enjeux stratégiques
CNRS : Centre national de recherche scientifique
CNU : Conseil national des universités

CRESAT : Centre de recherches sur les économies, les sociétés, les arts et les techniques
DAM : Direction des applications militaires du Commissariat à l'énergie atomique
DGA : Direction générale de l'armement
DGRIS : Direction générale des relations internationales et de la stratégie du ministère des Armées
ENDAN : États non dotés d'armements nucléaires
ENS : École normale supérieure
ERC : European Research Council
FANU : Force aéronavale nucléaire
FAS : Forces aériennes stratégiques
FDP : Freie Demokratische Partei, Parti libéral-démocrate allemand
FMCT : Fissile Material Cut-off Treaty, projet de Traité d'interdiction de production de matières fissiles pour les armes
FNI : Forces nucléaires à portée intermédiaire
FNS : Force nucléaire stratégique
FOST : Force océanique stratégique
FRS : Fondation pour la recherche stratégique
GREFHAN : Groupe d'études français d'histoire de l'armement nucléaire
HDR : habilitation à diriger des recherches
ICAN : Campagne internationale pour abolir les armes nucléaires
IESD : Institut d'études de stratégie et de défense
IFRI : Institut français des relations internationales
IHEDN : Institut des hautes études de défense nationale
IRSEM : Institut de recherche stratégique de l'École militaire
JCPoA : Joint Comprehensive Plan of Action
LPM : Loi de programmation militaire

NHP : Nuclear History Program
NRBC : Nucléaire, radiologique, biologique et chimique
ONG : Organisation non gouvernementale
ONU : Organisation des Nations unies
OTAN : Organisation du Traité de l'Atlantique Nord
P5 : désigne les 5 membres permanents du CSNU (Conseil de sécurité des Nations unies) qui sont également – par coïncidence – les 5 États dotés de l'arme nucléaire au sens du TNP : États-Unis, Russie, Chine, France, Royaume-Uni
PCC : Parti communiste chinois
PCF : Parti communiste français
PMF : Pierre Mendès France
RNS-NG : Réseau nucléaire et stratégie-Nouvelle génération
RPC : République populaire de Chine
RPR : Rassemblement pour la République
RSS : Inde, Organisation patriotique nationale
SCAF : Système de combat aérien du futur
SDN : Société des Nations
SGDSN : Secrétariat général de la Défense et de la Sécurité nationale
SNLE : Sous-marin nucléaire lanceur d'engins
SPD : Sozialdemokratische Partei Deutschlands, Parti social-démocrate allemand
TIAN : Traité d'interdiction des armes nucléaires
TICE : Traité d'interdiction complète des essais nucléaires
TN : Têtes nucléaires
TNP : Traité sur la non-prolifération
UDF : Union pour la démocratie française

Notes

AVANT-PROPOS

Vincenzo Salvetti

1. Céline Jurgensen et Dominique Mongin (dir.), *Résistance et Dissuasion. Des origines du programme nucléaire français à nos jours*, Odile Jacob, 2018.
2. Jean-Baptiste Jeangène Vilmer et Céline Jurgensen (dir.), *Imaginaires nucléaires. Représentations de l'arme nucléaire dans l'art et la culture*, Odile Jacob, 2021.
3. Thérèse Delpech, *La Dissuasion nucléaire au XXI*e *siècle. Comment aborder une nouvelle ère de piraterie stratégique*, Odile Jacob, 2013.

INTRODUCTION

Mélanie Rosselet

1. Thérèse Delpech, *La Dissuasion nucléaire au XXI*e *siècle. Comment aborder une nouvelle ère de piraterie stratégique*, Odile Jacob, 2013.
2. Raymond Aron, *L'Homme contre les tyrans*, Gallimard, 1946.
3. Bruno Tertrais, *Pax atomica ? Théorie, pratique et limites de la dissuasion*, Odile Jacob, 2024.
4. Dima Adamsky, *The Russian Way of Deterrence. Strategic Culture, Coercion, and War*, Stanford University Press, 2023.
5. Voir Céline Jurgensen et Dominique Mongin (dir.), *Résistance et Dissuasion. Des origines du programme nucléaire français à nos jours*, Odile Jacob, 2018. L'exposition organisée dans le cadre de ce colloque est en accès libre sur le site du CEA en interrogeant un moteur de recherche avec les mots suivants : « exposition Résistance et Dissuasion ».

CHAPITRE 1
Quelles menaces stratégiques pèsent sur les démocraties ?

Penser le troisième âge nucléaire,
Louis Gautier

1. Thérèse Delpech, *L'Héritage nucléaire*, Éditions Complexe, 1997 ; *L'Iran et le nucléaire*, Ceri-Autrement, 2006 ; *La Dissuasion nucléaire au XXIe siècle*, *op. cit.*
2. Nicolas Roche, *Pourquoi la dissuasion ?*, PUF, 2017.
3. Louis Gautier, « Le nucléaire et la possibilité de la guerre majeure », *in* Frédéric Ramel et Jean-Vincent Holeindre (dir.), *La Fin des guerres majeures*, Economica, 2010 ; « Les défis de la dissuasion nucléaire au XXIe siècle », *Esprit*, août-septembre 2014.
4. Louis Gautier, « La dissuasion française en suspens », *in* François Heisbourg (dir.), *Les armes nucléaires ont-elles un avenir ?*, Odile Jacob, 2011.
5. La loi de programmation militaire 2024-2030 a été promulguée le 1er août 2023, publiée au *Journal officiel* du 2 août 2023.
6. Jean Guisnel, Bruno Tertrais, *Le Président et la Bombe*, Odile Jacob, 2016.
7. La discipline de parti a tendance cependant à gommer des réserves plus ou moins clairement formulées par certains élus.
8. Henri Pac, *Droit et politiques nucléaires*, PUF, 1994.
9. Samy Cohen, *La Monarchie nucléaire. Les coulisses de la politique étrangère sous la Ve République*, Hachette, 1986.
10. L'accord de Vienne sur le nucléaire iranien (en anglais : Joint Comprehensive Plan of Action ou JCPoA) est un accord signé à Vienne, en Autriche, le 14 juillet 2015, par les huit parties suivantes : l'Iran, les États-Unis, la Russie, la Chine, la France, le Royaume-Uni et l'Allemagne, ainsi que l'Union européenne.

Un ordre international contesté par des puissances nucléaires désinhibées,
Corentin Brustlein

11. Thérèse Delpech, *L'Ensauvagement. Le retour de la barbarie au XXIe siècle*, Grasset, 2005, p. 153.
12. L'ouvrage fondateur de cette approche est Thomas C. Schelling et Morton H. Halperin, *Strategy and Arms Control*, Twentieth Century Fund, 1961.
13. Robert Jervis, *The Meaning of the Nuclear Revolution. Statecraft and the Prospect of Armageddon*, Cornell University Press, 1989.
14. *Basic Principles of State Policy of the Russian Federation on Nuclear Deterrence*, Moscou, 2 juin 2020.

Les démocraties face à l'ensauvagement du monde,
Camille Grand

15. Thérèse Delpech, *L'Ensauvagement. Le retour de la barbarie au XXIe siècle*, Grasset, 2005.
16. Timothy Snyder, *Terres de sang. L'Europe entre Hitler et Staline*, Gallimard, 2012.

17. Thérèse Delpech, *La Dissuasion nucléaire au XXIe siècle. Comment aborder une nouvelle ère de piraterie stratégique*, Odile Jacob, 2013

La grille de lecture d'un affrontement entre démocraties et régimes autoritaires est-elle pertinente ?, Mélanie Rosselet

18. Parmi les analyses de référence collectées, Céline Marangé, « Approches historiques et politiques de la guerre en Ukraine », introduction au colloque « Guerre en Ukraine : un an après, quelles leçons ? », École militaire, Paris, 16 février 2023. Ce texte de l'intervention a été publié par le site Diploweb.com le 26 mars 2023 et figure sur le site de l'IRSEM.
19. Thimothy Snyder, « Ukraine holds the future. The war between democracy and nihilism », *Foreign Affairs*, 6 septembre 2022.
20. Voir Dominique Mongin, « La guerre en Ukraine, une nouvelle crise nucléaire ? », *Esprit*, juillet-août 2022.

Menaces éthiques, géopolitiques et militaires ?, Jean-Claude Mallet

21. Discours prononcé par Vladimir Poutine le 30 septembre 2022 dans ladite salle du Kremlin, dans lequel il « officialise » l'annexion des quatre régions orientales de l'Ukraine et dans lequel il développe un discours anti-occidental agressif.
22. Référence au 6e (et dernier) scénario – intitulé « Résurgence d'une menace majeure contre l'Europe occidentale » – qui figure dans le Livre blanc sur la défense de 1994.

CHAPITRE 2

La dissuasion nucléaire restera-t-elle une réponse acceptable ?

Peut-on réconcilier morale et dissuasion nucléaire ?, Nicolas Roche et Hubert Tardy-Joubert

1. Cet article est tiré d'une communication prononcée le 28 janvier 2019 à l'Académie des sciences morales et politiques et d'un séminaire organisé avec Hubert Tardy-Joubert et Jean-Baptiste Jeangène Vilmer au Centre interdisciplinaire d'études sur le nucléaire et la stratégie de l'École normale supérieure.
2. Jean-Paul Sartre, « La bombe H, une arme contre l'Histoire », *Défense de la paix*, juillet 1954, n° 38.
3. Benjamin Constant, « De la liberté des brochures, des pamphlets et des journaux considérés sous le rapport de l'intérêt du gouvernement (1814) », *in Œuvres*, Gallimard, « Bibliothèque de la Pléiade », p. 1268-1269.

Dilemmes du désarmement nucléaire
du point de vue de l'éthique de responsabilité,
Mélanie Rosselet

4. Céline Jurgensen, Dominique Mongin (dir.), *Résistance et Dissuasion. Des origines du programme nucléaire français à nos jours*, Odile Jacob, 2018.
5. En particulier Brad Roberts, « Nuclear ethics and the Ban Treaty », *in* Bård Steen, Olav Njølstad (dir.), *Nuclear Disarmament. A Critical Assesment*, Routledge, 2019, p. 112-129.
6. Raymond Aron, *Les Étapes de la pensée sociologique*, Gallimard, « Tel », 1976, se référant aux *Politische Schriften* de Max Weber.
7. Brad Roberts, « Nuclear ethics and the Ban Treaty », art. cit.
8. « Au vu de l'état actuel du droit international, ainsi que des éléments de fait dont elle dispose, la Cour ne peut cependant conclure de façon définitive que la menace ou l'emploi d'armes nucléaires serait licite ou illicite dans une circonstance extrême de légitime défense dans laquelle la survie même d'un État serait en cause », *Licéité de la menace ou de l'emploi d'armes nucléaires*, avis consultatif, Cour internationale de justice, 8 juillet 1996.
9. « *It will certainly require a vigilant citizenry, supportive of peace and disarmament, groups that will settle for nothing less than banning the Bomb* », Thomas E. Doyle II, « Moral and political necessities for nuclear disarmament », *Strategic Studies Quarterly*, 2015, 9 (2), p. 19-42.
10. « Discours des lauréats du prix Nobel de la paix 2017, ICAN, Béatrice Fihn et Setsuko Thurlow », de Béatrice Fihn, directrice générale de la Campagne internationale pour l'abolition des armes nucléaires, le 10 décembre 2017 à Oslo (https://www.mvtpaix.org/wordpress/wp-content/uploads/2017/12/Discours-Beatrice-Fihn_ICAN-prix-Nobel-2017.pdf).
11. « Commission de la défense nationale et des forces armées », *Compte rendu n° 34*, 16e législature, Assemblée nationale, 18 janvier 2023 (https://www.assemblee-nationale.fr/dyn/16/comptes-rendus/cion_def/l16cion_def2223034_compte-rendu#).
12. « Discours des lauréats du prix Nobel de la paix 2017, ICAN, Béatrice Fihn et Setsuko Thurlow », *op. cit.*
13. https://www.elysee.fr/front/pdf/elysee-module-15162-fr.pdf.
14. Alexander Kmentt, *The Treaty Prohibiting Nuclear Weapons : How It Was Achieved and Why It Matters*, Routledge, 2021.
15. « Cet état de fait met en évidence, aujourd'hui plus que jamais, le caractère fallacieux des doctrines de dissuasion nucléaire, qui se fondent et reposent sur la menace de l'emploi réel d'armes nucléaires », *Première Réunion des États parties au Traité sur l'interdiction des armes nucléaires*, ONU, TPNW/MSP/2022/6, 21 juillet 2022.
16. *Compte rendu n° 34, op. cit.*
17. Christopher Clark, *The Sleepwalkers : How Europe Went to War in 1914*, Penguin Books, 2013.
18. Brad Roberts, « On creating the conditions for nuclear disarmament : Past lessons, future prospects », *Washington Quarterly*, 2019, 41 (2), p. 7-30.

19. « Leur existence est immorale. Leur abolition est à portée de la main », « Discours des lauréats du prix Nobel de la paix 2017, ICAN, Béatrice Fihn et Setsuko Thurlow », *op. cit.*
20. Brad Roberts, « Nuclear ethics and the Ban Treaty », art. cit.
21. Jean Doise, Maurice Vaïsse, *Diplomatie et outil militaire. Politique étrangère de la France 1871-2015*, Seuil, « Points », 2015.
22. Mathias Bernard, « Extension, crise et résilience des démocraties libérales dans l'entre-deux-guerres », *in* Fabien Conord (dir.), *Histoire du monde de 1870 à nos jours*, Armand Colin, 2017, p. 132-148.
23. Nicolas Roche et Hubert Tardy-Joubert, « Peut-on réconcilier morale et dissuasion nucléaire ? », *Commentaire*, 2019, 168, p. 795-806.
24. En France, 70 villes se sont jointes à l'appel en faveur de l'abolition des armes nucléaires. Communiqué de presse d'ICAN France d'avril 2023 (https://icanfrance.org/communique-de-presse-montpellier-devient-la-70e-ville-de-france-a-soutenir-le-traite-sur-linterdiction-des-armes-nucleaires/).
25. Joelien Pretorius, Tom Sauer, « When is it legitimate to abandon the NPT ? Withdrawal as a political tool to move nuclear disarmament forward », *Contemporary Security Policy*, 2022, 43 (1), p. 161-185.
26. « *I want to tell them [NWS] that Kiribati might pull out of this NPT, I would recommend it to the President. [...] So I'm going to recommend, to my government, to pull out, as soon as possible, if these important issues for the people, for human beings like you and us are not advanced forward at the end of the NPT Review Conference* », United Nations, UN Web TV, *Plenary meeting* (Tenth Review Conference of the Parties to the Treaty on the Non-Proliferation of Nuclear Weapons), 22 août 2022 (https://media.un.org/en/asset/k1e/k1ek92wza1). Emmanuelle Maître, « 10e conférence d'examen du TNP : un mois de débat entaché par la guerre en Ukraine », 2022 (https://frstrategie.org/programmes/observatoire-de-la-dissuasion/10e-conference-examen-tnp-un-mois-debat-entache-guerre-ukraine-2022).
27. Margaret Besheer, « UN General Assembly rejects Russia's "Referendums", "Annexation" in Ukraine », *Voice of America*, 12 octobre 2022.
28. Cité par Nicolas Roche et Hubert Tardy-Joubert, « Peut-on réconcilier morale et dissuasion nucléaire ? », art. cit.
29. *Compte rendu n° 34*, *op. cit.*

CHAPITRE 3

La dissuasion est-elle une réponse adaptée de la part des régimes démocratiques ?

Sociétés démocratiques et armes nucléaires, trois modèles pour une relation en mutation constante, Marc Perrin de Brichambaut

1. Raymond Aron, *Le Grand Débat. Initiation à la stratégie atomique*, Calmann-Lévy, 1963.
2. Robert Oppenheimer, « International control of atomic energy », *Foreign Affairs*, janvier 1948. Bernard Brodie, « The atom bomb as policy maker », *Foreign Affairs*, octobre 1948.
3. Marcel Gauchet, « À la découverte de la société des individus », *Le Débat*, 2020/3, 210, p. 155-168.
4. Eszter Kovats (dir.), *Culture Wars in Europe*, Institute for European-Russian and Eurasian Studies-The George Washington University, 2023.

Sur la dissuasion élargie, Andreas Lutsch

5. Voir Thérèse Delpech, *L'Ensauvagement. Essai sur le retour de la barbarie au XXIe siècle*, Grasset, 2005 (Washington DC : Carnegie Endowment for International Peace, 2007) et *La Dissuasion nucléaire au XXIe siècle*, *op. cit.*
6. Thérèse Delpech, *Nuclear Deterrence in the 21st Century*, *op. cit.*, p. 47 : « Une couche supplémentaire d'incertitude ». Note indiquant que même cet argument est mentionné entre parenthèses.
7. Voir Bruno Tertrais, « "Destruction assurée" : The origins and development of French nuclear strategy, 1945-1981 », *in* Henry D. Sokolski (dir.), *Getting MAD : Nuclear Mutual Assured Destruction, Its Origins and Practice*, U.S. Army War College, 2004, p. 41-123 ; David S. Yost, « France's deterrent posture and security in Europe. Part I : Capabilities and doctrine », *Adelphi Papers*, 1984, 25 (194), p. 1-3 et « Part II : Strategic and arms control implications », *Adelphi Papers*, 1984, 25 (195), p. 1-2.
8. Thérèse Delpech, *Nuclear Deterrence in the 21st Century*, *op. cit.*, p. xi.
9. *Ibid.*, p. 181.
10. *Ibid.*, p. 21. Difficile d'affirmer si les armes nucléaires existeront pour toujours ou « pour longtemps », *ibid.*, p. 11.
11. Pour une explication convenable de ces sources dans un contexte nucléaire, voir Ernst Jünger, *Über die Linie*, Vittorio Klostermann, 1950.
12. Thérèse Delpech, *Nuclear Deterrence in the 21st Century*, *op. cit.*, p. 17.
13. *Ibid.*, p. 23.
14. *Ibid.*, p. 161.
15. *Ibid.*, p. 47.
16. *Ibid.*, p. 55.

17. *Ibid.*, p. 48. À noter les similitudes avec les « types de connaissances » relevant de la politique selon Alexander L. George, *Bridging the Gap. Theory and Practice in Foreign Policy*, United States Institute of Peace Press, 1993, chapitre 10.
18. Thérèse Delpech, *Nuclear Deterrence in the 21st Century*, *op. cit.*, p. 16.
19. *Ibid.*, p. 16.
20. *Ibid.*, p. 89.
21. *Ibid.*, p. 80.
22. *Ibid.*, p. 119.
23. *Ibid.*, p. 5 et p. 28.
24. *Ibid.*, p. 29.
25. *Ibid.*, p. 9.
26. *Ibid.*, p. 153 et p. 156. « Injustice » fait référence ici aux conditions humanitaires des autres peuples non libres vivant sous la coupe de régimes dictatoriaux et autoritaires.
27. *Ibid.*, p. 172.
28. *Ibid.*, p. 68.
29. *Ibid.*, p. 69.
30. *Ibid.*, p. 33.
31. *Ibid.*, p. 61.
32. *Ibid.*, p. 6.
33. *Ibid.*, p. 6.
34. *Ibid.*, p. 14.
35. *Ibid.*, p. 14.
36. *Ibid.*, p. 87.
37. *Ibid.*, p. 169.
38. *Ibid.*, p. 92.
39. *Ibid.*, p. 91.
40. *Ibid.*, p. 161.
41. *Ibid.*, p. 18.
42. *Ibid.*, p. 21. En italique dans l'original.
43. *Ibid.*, p. 55.
44. *Ibid.*, p. 47.
45. *Ibid.*, p. 47.
46. *Ibid.*, p. 90.
47. *Ibid.*, p. 48.
48. *Ibid.*, p. 13.
49. *Ibid.*, p. 34.
50. *Ibid.*, p. 45.
51. *Ibid.*, p. 13.
52. *Ibid.*, p. 46.
53. Alexander L. George, *Presidential Decisionmaking in Foreign Policy : The Effective Use of Information and Advice*, Westview Press, 1980, p. 233. Pour un concept de « crédibilité différentiée », voir Elbridge A. Colby, *The Strategy of Denial. American Defense in an Age of Great Power Conflict*, Yale University Press, 2021, p. 56 *sqq.*
54. Kenneth N. Waltz, « Nuclear myths and political realities », *The American Political Science Review*, 1990, 84 (3), p. 731-745, citation p. 736.

55. Calder Walton, *Spies. The Epic Intelligence War Between East and West*, Simon & Schuster, 2023.
56. George H. Quester, *Nuclear Monopoly*, Transaction Publishers, 2000, p. 188.
57. James Schlesinger, « The impact of nuclear weapons on History », *The Washington Quarterly*, 1993, 16 (4), p. 5-12.
58. McGeorge Bundy, *Danger and Survival. Choices about the Bomb in the First Fifty Years*, Random House, 1988, p. 602 et p. 498.

CHAPITRE 4

Enjeux et limites du débat démocratique sur la dissuasion

Un nécessaire espace public de la dissuasion, Philippe Errera

1. Expression empruntée à Nicolas Roche, dans sa lumineuse leçon à l'Académie des sciences morales et politiques, le 25 novembre 2021 : « Les questions morales et philosophiques soulevées par la stratégie de dissuasion nucléaire ».
2. Mélanie Rosselet, « La crise ukrainienne a aussi une dimension nucléaire », *Le Monde*, 2 février 2022.

Quelles conditions au débat démocratique ?, Tiphaine de Champchesnel

3. La dissuasion par déni opère quand un adversaire renonce à son agression en raison de la probabilité de son échec.
4. L'expression « contestation antinucléaire » est employée ici parce qu'elle rend compte d'une opposition au *statu quo*. Notons le risque de confusion avec l'opposition au nucléaire civil. Ici, la contestation antinucléaire désigne principalement le militantisme abolitionniste.
5. La notion d'expert peut-elle être objectivée ?
6. Voir Mancur Olson, *La Logique de l'action collective*, PUF, 1987.
7. Voir notamment Pierre Vandier, *La Dissuasion au troisième âge nucléaire*, Éditions du Rocher, 2018 ; Bruno Maigret, *Opération Poker*, Taillandier, 2021 ; Nicolas Roche, *Pourquoi la dissuasion ?*, PUF, 2017.
8. Pour en savoir plus sur le RNS-NG, voir la page d'appel à candidatures, https://www.ifri.org/fr/appel-candidatures-reseau-nucleaire-strategie-nouvelle-generation (consulté le 22 novembre 2023). Après avoir animé plusieurs discussions dans le cadre du RNS-NG, l'autrice peut rendre compte du fait que les auditeurs ne sont pas tous en faveur de la dissuasion.
9. https://ciens.psl.ens.eu.
10. Le débat organisé en 2014 par la Commission de la Défense nationale et des forces armées de l'Assemblée nationale sous la présidence de Patricia Adam avait constitué une première.
11. Sur les ONG françaises, voir Emmanuelle Maitre, « French perspectives on disarmament and deterrence », *in* Amelia Morgan et Anna Péczeli, *Europe's*

Evolving Deterrence Discourse, Center for Global Security Research, Lawrence Livermore National Laboratory, février 2021.

12. Voir par exemple Paul Quilès, Jean-Marie Collin et Michel Drain, *L'Illusion nucléaire*, Éditions Charles Léopold Mayer, 2018.
13. L'ICAN France a organisé une conférence au Palais du Luxembourg, le 4 mars 2022, https://icanfrance.org/conference-premiere-reunion-etats-parties-tian-enjeux-objectifs/ (consulté le 22 novembre 2023).

Les paradoxes du débat sur la dissuasion,
Nicole Gnesotto

14. Interview à France 2, 12 octobre 2022.
15. Sondage Ifop, 26 septembre 2022, « Les Français et la participation de la France à l'abolition des armes nucléaires et radioactives. Les Français et la dissuasion nucléaire », Opinion Way-IDN, mars 2022.
16. Pierre Hassner, « Un chef-d'œuvre en péril, le consensus français sur la défense », *Esprit*, mars-avril 1988, p. 71-82.

Le Parlement et le débat sur la dissuasion,
Thomas Gassilloud

17. Céline Jurgensen et Dominique Mongin (dir.), *Résistance et Dissuasion. Des origines du programme nucléaire français à nos jours*, Odile Jacob, 2018.
18. Voir le *Rapport d'information n° 1112* portant recueil d'auditions de la Commission de la défense sur la dissuasion nucléaire, 24 avril 2023, (https://www.assemblee-nationale.fr/dyn/16/rapports/cion_def/l16b1112_rapport-information#).
19. Emmanuelle Maitre, *Observatoire de la dissuasion. Bulletin mensuel n° 108*, Fondation pour la recherche stratégique, avril 2023.
20. Extrait du discours du président de la République sur la dissuasion prononcé à l'École de guerre le 7 février 2020.

Le consensus en France sur le nucléaire de défense et sa contestation,
Dominique Mongin

21. Pierre Lellouche, *L'Avenir de la guerre*, Mazarine, 1985, p. 19.
22. Allocution du général de Gaulle sur les questions de défense, prononcée le 3 novembre 1959 à l'École militaire, à l'issue d'une inspection de l'Institut des hautes études de défense nationale (IHEDN), le cours supérieur interarmées et les trois Écoles de guerre.
23. Interview d'André Giraud, Europe 1, le 8 avril 1987.
24. Depuis le début de la Ve République, François Mitterrand a été le président qui s'est le plus exprimé sur le rôle de la dissuasion nucléaire dans le système de défense français ; cela tient certes au fait qu'il a exercé son mandat pendant deux septennats, mais surtout à l'évolution du contexte stratégique de sa présidence.

25. La « cohabitation » désigne une période politique au cours de laquelle la majorité issue d'un nouveau scrutin législatif est appelée par le président de la République (qui ne dispose plus formellement du soutien d'une majorité d'électeurs) à former un nouveau gouvernement. Mettre fin à cette éventualité (sauf cas de dissolution de l'Assemblée nationale) a été un élément moteur pour aligner la durée du mandat du chef de l'État sur celui des députés (cinq ans), mettant ainsi fin au régime du septennat en France depuis l'an 2000.
26. Dominique Mongin, *La Bombe atomique française (1945-1958),* Bruylant-LGDJ, 1997, p. 167.
27. Cité par Alain Peyrefitte, *Le Mal français*, Plon, 1976 et Livre de poche, 1979, tome 2, p. 580 à 583.
28. Cité par *Le Monde* du 20 septembre 1973.
29. Il est certes avéré que PMF avait bien cherché en tant que chef du gouvernement à peser sur le dossier du désarmement en faisant pression sur les puissances nucléaires. C'est d'ailleurs un argumentaire qui sera repris en 1956 par le président du Conseil Guy Mollet, et dans un registre différent par le président Mitterrand, pour qui le fait de disposer d'un arsenal nucléaire permet d'« avoir quelque chose à négocier ». Il n'en reste pas moins que cet argumentaire ne peut pas être mis en contradiction avec les décisions prises en faveur du programme nucléaire de défense.
30. Témoignages de PMF dans Philippe Simonnot, *Les Nucléocrates*, Presses universitaires de Grenoble, 1978, p. 227 à 229.
31. Alain Peyrefitte, *Le Mal français, op. cit.*
32. Voir Dominique Mongin, *La Bombe atomique française (1945-1958), op. cit.*, notamment les chapitres suivants : « Le choix de Pierre Mendès France », « L'année Palewski » et « Guy Mollet : entre le déclaratoire et l'opératoire ».
33. Tribune d'Alain Juppé, Bernard Norlain, Alain Richard et Michel Rocard, « Pour un désarmement nucléaire mondial, seule réponse à la prolifération anarchique », *Le Monde,* 14 octobre 2009.
34. Interview de Jean-Pierre Dupuy dans *La Croix*, 12 juin 2023.
35. C'est en particulier le cas du programme Nuclear Knowledges de Sciences Po Paris (CERI), qui bénéficie notamment de financements du Conseil européen de la recherche (ERC).
36. Voir Dominique Mongin, *Histoire de la dissuasion nucléaire depuis la Seconde Guerre mondiale*, Archipoche, 2021, et en particulier le chapitre 11 intitulé : « Pourquoi et comment écrit-on cette histoire ? ».
37. Voir en particulier les travaux de recherche suivants : la thèse de doctorat en histoire d'Ilaria Paris, *La France et la crise des euromissiles, 1977-1987* (sous la direction de Frédéric Bozo), Paris Sorbonne-Nouvelle, novembre 2017 ; Nicolas Badalassi et Frédéric Gloriant (dir.), *France, Germany and Nuclear Deterrence Quarrels and Convergences During the Cold War and Beyond*, Bergham, 2022.
38. Voir Yannick Pincé : « Les essais nucléaires et la fabrique de la notion de "consensus" en France », *Relations internationales*, 2023/2, 194, p. 87.
39. Voir Yannick Pincé, *La Dissuasion en débat. Les partis politiques et la fabrique du « consensus » nucléaire français, des années 1970 aux années 1980*, thèse

de doctorat en histoire sous la direction de Frédéric Bozo, Paris Sorbonne-Nouvelle, juin 2022, p. 537.

40. André Giraud, « Oui sur les grandes orientations, non sur leur mise en œuvre. La voie de la cohabitation sur la défense n'est pas fermée, à condition de relever le niveau de nos forces armées, tant nucléaires que conventionnelles », *Le Monde*, 12 février 1986.
41. Cela est d'autant plus paradoxal si l'on garde en mémoire le rôle de Jean-Pierre Chevènement pour rallier le Parti socialiste à la dissuasion nucléaire ; voir son témoignage dans Céline Jurgensen et Dominique Mongin (dir.), *Résistance et Dissuasion*, *op. cit.*
42. Pour mémoire, le ministre de la Défense André Giraud (1986-1988) fut un précurseur dans ce domaine en cherchant à mobiliser ses concitoyens sur les menaces que faisaient peser les adversaires de la France par la « guerre médiatique », et ce une décennie avant l'accès des Français à Internet... et le développement massif de la cyberdésinformation depuis le début du XXIe siècle.
43. Entretien de l'auteur avec André Giraud, le 16 février 1987.
44. *Ibid.*
45. Sondage publié dans le quotidien *Libération* du 16 février 1987.
46. Le projet de LPM 1987-1991 fut d'abord voté par les députés le 10 avril 1987 : sur 573 suffrages exprimés (sur 574 inscrits), 536 députés votèrent en faveur de son adoption (la majorité absolue étant fixée à 283) et 37 contre. Puis, le 7 mai 1987, ce fut au tour des sénateurs de s'exprimer : sur 316 suffrages exprimés (sur 316 inscrits), 301 sénateurs votèrent en faveur de son adoption (la majorité absolue étant fixée à 159) et 15 contre.
47. Voir Pierre Hassner, « Un chef-d'œuvre en péril : le consensus français sur la défense », *op. cit.*, p. 74.
48. Voir Yannick Pincé, *La Dissuasion en débat*, *op. cit.*, p. 514.
49. Voir Délégation à l'information et à la communication de la défense (DICOD), *Les Français et la Défense. 15 ans de sondages (1991-2006)*, Ministère de la Défense, décembre 2007, p. 8-10.
50. Cela faisait suite à la vague d'attentats qu'avait connue la France en 1995 : attentat à la station RER Saint-Michel en juillet, suivi en octobre par un attentat à la station RER du musée d'Orsay.
51. Les contempteurs du nucléaire de défense français ne mettent jamais en exergue ce point, pourtant capital...
52. DICOD, *Les Français et la Défense*, *op. cit.*, p. 12.
53. On a pu, par exemple, observer un net regain d'intérêt des étudiants pour les questions de défense à la suite de ces agressions ; dans un autre registre cela peut aussi expliquer en partie le succès au box-office du film *Oppenheimer* de Christopher Nolan, sorti sur les écrans en France en juillet 2023.
54. DICOD, *Les Français et la Défense*, *op. cit.*, p. 15.
55. Pour mémoire, à une question similaire posée en 1980, celle de l'hypothèse de « l'échec de la dissuasion », 58 % des sondés se déclaraient opposés à l'usage de l'arme nucléaire et 29 % y étant favorables, voir Pierre Lellouche, *L'Avenir de la guerre*, *op. cit.*, p. 20.

56. Dans un sondage publié par le magazine « grand public » *Ça m'intéresse* en octobre 1982, la réponse à la même question était déjà quasiment identique (à hauteur de 44 %).
57. DICOD, *Les Français et la Défense*, *op. cit.*, p. 50-53.
58. Sondage cité par le général Bruno Maigret, *Opération Poker. Au cœur de la dissuasion nucléaire française*, Tallandier, 2021, p. 132-133.
59. C'est mieux qu'en 2012 où il y avait 53 % des personnes sondées qui y adhéraient, mais moins bien qu'en avril 2017 où elles étaient 69 % en faveur de cette affirmation.
60. Alain Bloch, « Défense : consensus ou absence de débat ? », *Revue des deux mondes*, mars 1987, p. 598-601.
61. C'est en particulier ce point – référence à la politique de défense passive mise en place en France au début des années 1930, et qui fut contournée par l'offensive allemande au début de la Seconde Guerre mondiale – qui fit l'objet d'une importante polémique dans les milieux de la défense.
62. Site consulté le 19 juillet 2023 : https://www.vie-publique.fr/discours/259452-article-de-m-michel-pinton-secretaire-general-de-ludf-dans-le-monde.
63. Cité par *Le Monde* du 18 juin 1983.
64. François de Rose, « Chantage et dissuasion », *Le Monde*, 13 juillet 1983.
65. À la réserve près qu'André Giraud, « ministre technicien », avait souhaité obtenir l'investiture UDF-RPR pour les élections législatives de 1988 dans les Yvelines, avant d'être récusé au dernier moment par les leaders de ces partis, pour des motifs de basse politique.
66. Référence à l'attentat réalisé par les services secrets libyens en septembre 1989. On peut malheureusement actualiser ce type d'événement, notamment avec l'attentat contre un vol de la Malaysia Airlines en juillet 2014 au-dessus de l'Ukraine (sept mois après l'invasion russe de ce pays), pour lequel la justice néerlandaise a condamné en novembre 2022 des personnes liées aux services secrets russes.
67. Verbatim de l'émission *Les Dossiers de l'écran* du 16 octobre 1990, Antenne 2.
68. Pour mémoire, le sujet des retombées radioactives du premier essai nucléaire français en février 1960 au Sahara algérien avait bien été abordé par les journalistes de la célèbre émission *Cinq colonnes à la une* (de la seule chaîne de télévision de l'époque), et ce quelques jours seulement après ledit essai, mais sans pour autant dénigrer l'accès de la France au rang des puissances nucléaires.
69. Ce fut notamment le cas de l'émission *Débat-doc* (*sic*) diffusée sur la chaîne de télévision parlementaire LCP en mai 2022, avec un documentaire intitulé « Nucléaire en Polynésie : en quête de vérité » ; ce documentaire, réalisé par Emmanuel Amara et coproduit par la chaîne Toute l'histoire, a depuis été rediffusé à plusieurs reprises sur LCP, et sur des plateformes de VOD. Pour nuancer ce tableau, on notera que la chaîne publique France 3 a diffusé en janvier 2023 un documentaire de Paul Manate Raoux, intitulé « Moruroa Papa », mettant en exergue le récit d'un ancien vétéran (son propre père) des essais nucléaires qui ne se présente en aucun cas comme un réquisitoire, mais qui cherche à comprendre la réalité des essais… une certaine exception dans le paysage médiatique français.
70. Voir Thomas Fraise, « Comment cacher un nuage ? L'organisation du secret des essais atmosphériques français (1957-1974) », *Relations internationales*, 2023/2, 194, p. 198.

71. Le TIAN – qui vise à bannir la possession par les États de l'arme nucléaire – est un traité adopté en 2017 par l'Assemblée générale des Nations unies, mais qui est sans valeur juridique, d'une part parce qu'il cherche à contourner le TNP existant (qui inclut dans son article VI la question du désarmement dans son ensemble) et, d'autre part, parce qu'il est rejeté par les cinq États dotés au titre du TNP.
72. Dans le domaine de l'histoire, le rôle pionnier revient au Groupe d'études français d'histoire de l'armement nucléaire (GREFHAN), créé en 1986, sous l'égide des professeurs Jean-Baptiste Duroselle (Académie des sciences morales et politiques) et Maurice Vaïsse (université de Paris-I-Panthéon-Sorbonne).
73. C'est en particulier le cas du Centre interdisciplinaire d'études sur le nucléaire et la stratégie (CIENS), créé à l'ENS-Ulm en 2016.

Le cas des études sur les questions stratégiques à l'université,
Mélanie Rosselet

74. Jean-Vincent Holeindre, Jean-Baptiste Jeangène Vilmer, « Pour des *war studies* en France : un diagnostic et des propositions », *Revue Défense nationale*, 2015, 10 (785), p. 53-59.
75. Nicolas Roche, *Pourquoi la dissuasion*, PUF, 2017.
76. Voir notamment son dernier ouvrage, Thérèse Delpech, *La Dissuasion nucléaire au XXIe siècle. Comment aborder une nouvelle ère de piraterie stratégique*, Odile Jacob, 2013.
77. https://www.sciencespo.fr/nk/en.
78. Matthieu Chillau, *Les Études stratégiques en France sous la Ve République : la structuration d'un champ disciplinaire au service d'une politique*, thèse de doctorat en histoire, spécialité histoire militaire, sous la direction de Jacques Aben, Montpellier, École doctorale 58, 2018 (https://www.theses.fr/2018MON30049).
79. Thibaud Boncourt, Marielle Debos, Mathias Delori *et al.*, « Que faire des interventions militaires dans le champ académique ? Réflexions sur la nécessaire distinction entre expertise et savoir scientifique », *20 & 21. Revue d'histoire*, 2020/1, 145, p. 135-150.
80. « De nombreux chercheurs qui acceptent des financements issus du CMI partagent ce souci de préservation de recherches réflexives sur la guerre. Certains mettent en avant une recherche particulière financée par un segment du CMI pour conclure, par induction, que ces financements ne posent pas problème. Si les synecdoques ont toute leur place en littérature, elles ne l'ont pas dans un raisonnement centré sur les évolutions structurelles. Or les cas présentés plus haut montrent qu'il ne faut pas perdre de vue les dynamiques d'ensemble. D'autres considèrent que l'exigence d'indépendance est compatible avec l'acceptation de financements émanant d'acteurs du CMI dès lors que sont préservés un certain nombre de critères tels que la garantie juridique d'indépendance ou l'existence d'un comité scientifique formellement autonome. Ce raisonnement formaliste nous semble négliger les phénomènes d'autocensure et d'intériorisation des catégories indigènes documentés pour les cas présentés plus haut. Enfin, ces stratégies négligent les effets de ces hybridations en dehors du champ académique et, plus précisément, dans le débat public. »

81. Alexandre Jubelin, « Qui pense la guerre ? La France en retard d'une bataille », *Revue du Crieur*, 2018/1, 9, p. 90-105.

CHAPITRE 5
Témoignages et contributions spéciales

La dissuasion nucléaire est-elle acceptable moralement ?, Jean-Louis Lozier

1. Le Réseau nucléaire et stratégie-Nouvelle génération (RNS-NG) a été créé en septembre 2015. Ce réseau est destiné aux étudiants (niveau master 2, doctorants, docteurs) et jeunes professionnels intéressés en vue d'approfondir leur formation et de nourrir leur réflexion sur les questions nucléaires militaires, en particulier la dissuasion ainsi que la non-prolifération. Le Réseau est administré par la Fondation pour la recherche stratégique (FRS) et l'Institut français des relations internationales (IFRI), avec le soutien du gouvernement français.
2. P5, voir liste des acronymes.
3. Voir Sayragul Sauytbay et Alexandra Cavelius, *Condamnée à l'exil. Témoignage d'une rescapée de l'enfer des camps chinois*, Hugo Document, 2021.
4. Direction générale de l'armement.
5. Direction des applications militaires du Commissariat à l'énergie atomique et aux énergies alternatives.
6. Force océanique stratégique.
7. Forces aériennes stratégiques.
8. Force aéronavale nucléaire.

CHAPITRE 6
Hommage spécial à Thérèse Delpech

L'ensauvagement comme concept philosophique, Perrine Simon-Nahum

1. Thérèse Delpech, *L'Ensauvagement. Le retour de la barbarie au XXIe siècle*, Hachette, 2007, p. 97.
2. *Ibid.*, p. 31.
3. Bruno Tertrais, *La Revanche de l'histoire*, Odile Jacob, 2017.
4. Thérèse Delpech, *L'Ensauvagement*, *op. cit.*, p. 107.
5. Pierre Hassner, *La Revanche des passions. Métamorphoses de la violence et crises du politique*, Fayard, 2015.
6. Thérèse Delpech, *L'Ensauvagement*, *op. cit.*, p. 100.
7. Louisa Youfsi, *Rester barbare*, La Fabrique éditions, 2022.
8. Thérèse Delpech, *L'Appel de l'ombre. Puissance de l'irrationnel*, Grasset, 2010.
9. *Ibid.*, p. 169.

10. « Or si la thèse principale de *L'Ensauvagement* est juste, l'histoire dont nous sommes les héritiers est d'une telle férocité que l'inconscient attend probablement des représailles, ce qu'il ne manque jamais de finir par trouver », Thérèse Delpech, *L'Appel de l'ombre, op. cit.*, p. 173.
11. Thérèse Delpech, *L'Homme sans passé. Freud et la tragédie historique*, Grasset, 2011, p. 9.
12. *Ibid.*, p. 37.

Entre injustice et guerre, piraterie et dissuasion, George Perkovich

13. Thérèse Delpech, *Nuclear Deterrence in the 21st Century. Lessons from the Cold War for a New Era of Strategic Piracy*, RAND, 2012, p. 12.
14. *Ibid.*, p. 50.
15. Thérèse Delpech, *L'Ensauvagement. Le retour de la barbarie au XXIe siècle*, Grasset, 2005, p. 153.

CONCLUSION
Bruno Tertrais

1. Ce dernier pays étant le seul à avoir institutionnalisé son statut nucléaire, désormais inscrit dans sa Constitution.
2. En comptant l'Afrique du Sud, qui abandonna ses armes nucléaires lors de sa transformation politique et institutionnelle, on arrive à un total de quatre régimes autoritaires sur dix États ayant mené à bien un programme nucléaire militaire par eux-mêmes.
3. Le cas d'Israël est spécifique : le pays n'ayant jamais admis explicitement sa possession de l'arme nucléaire, l'information officielle sur la doctrine et les capacités nucléaires nationales y est parcellaire. Le débat public existe toutefois, souvent sous une forme allusive (on y évoque les « capacités stratégiques » du pays).
4. La technologie disponible entrait bien sûr en ligne de compte : le manque de précision du renseignement et des systèmes d'armes laissait peu d'autres options aux planificateurs des années 1950 et 1960. Toute planification nucléaire résulte d'une interaction entre les choix politiques et les moyens disponibles.
5. Cette discussion restait il est vrai très théorique : d'abord parce que l'on sait, documents d'archives à l'appui, que les planifications occidentales visaient bel et bien les centres urbains ; ensuite parce qu'il aurait été à l'époque extrêmement difficile, et dans de nombreuses circonstances totalement impossible, pour des raisons techniques, de modifier au dernier moment la planification.
6. Voir Janina Dill *et al.*, « Kettles of hawks : Public opinion on the nuclear taboo and noncombatant immunity in the United States, United Kingdom, France, and Israel », *Security Studies*, 2022, 31 (1), p. 1-31.
7. Cela ne signifie pas que les régimes autoritaires soient nécessairement mieux placés pour engager un programme nucléaire. Dans *Achieving Nuclear Ambitions :*

Scientists, Politicians, and Proliferation, Cambridge University Press, 2012, Jacques E. C. Hymans démontre de manière convaincante que les problèmes rencontrés par ces programmes sont souvent dus au manque de liberté d'initiative de leurs équipes scientifiques.

8. La France est le seul État nucléaire dans lequel l'autorité investie du pouvoir de décision est directement issue du suffrage populaire, sans intermédiaire (c'est le cas également pour la Russie sur le papier, mais les conditions d'exercice du suffrage universel n'y correspondent plus aux canons de la démocratie libérale).
9. Voir Jean Guisnel et Bruno Tertrais, *Le Président et la Bombe*, Odile Jacob, 2017.

Notices biographiques

Nicolas Baverez, historien et économiste, est éditorialiste au *Point* et au *Figaro*. Il est l'auteur de plusieurs essais et a récemment publié *Démocraties contre empires autoritaires. La liberté est un combat* (L'Observatoire, 2023).

Corentin Brustlein est délégué politique et prospective de défense à la Direction générale des relations internationales et de la stratégie du ministère des Armées. Docteur en science politique, il a dirigé le Centre des études de sécurité de l'Institut français des relations internationales de 2015 à 2021 après y avoir été chercheur pendant sept ans. Il a conduit des recherches portant sur les politiques et stratégies de défense, les transformations de la guerre et des armées et les postures nucléaires dans le monde.

Tiphaine de Champchesnel est docteure en sciences politiques, spécialiste des questions de maîtrise des armements nucléaires, de dissuasion et de lutte contre la prolifération des armes de destruction massive. Elle a rejoint l'IRSEM en septembre 2017 pour mener des recherches sur ces sujets, dans la continuité d'une expérience professionnelle d'une dizaine d'années au ministère des Armées, notamment en tant que conseillère « dissuasion » auprès du directeur des affaires stratégiques.

Philippe Errera s'exprime en tant que diplomate français, spécialiste des questions stratégiques et de défense. Il a été directeur général des affaires politiques et de sécurité du ministère de l'Europe et des Affaires étrangères de 2019 à 2023, directeur général des relations internationales et de la stratégie du ministère de la Défense de 2015 à 2018, et ambassadeur représentant permanent auprès de l'OTAN de 2011 à 2013. Il a rejoint le secteur privé en juin 2023.

Thomas Gassilloud est président de la Commission de la défense nationale et des forces armées à l'Assemblée nationale depuis juin 2022, après avoir été réélu député du Rhône. Au sein de l'Assemblée nationale, il a notamment été rapporteur du budget de l'armée de terre, rapporteur de la proposition de loi sur la sécurisation des réseaux 5G, corapporteur de la mission d'information sur les enjeux de la numérisation des armées.

Louis Gautier est haut fonctionnaire et universitaire français, spécialiste des questions internationales, stratégiques et de défense. Il a dirigé le secrétariat général de la Défense et de la Sécurité nationale de 2014 à 2018. Il est également depuis 2012 le directeur de la chaire Grands enjeux stratégiques contemporains à l'université Panthéon-Sorbonne-Paris-I. Dernier ouvrage paru : *Mondes en guerre. Les guerres sans frontières, 1945 à nos jours*, Passés composés, 2021.

Nicole Gnesotto est vice-présidente de l'Institut Jacques-Delors et professeure émérite du CNAM, où elle a créé et dirigé la chaire sur l'Union européenne. Agrégée de lettres, elle cumule une double expertise sur les affaires stratégiques et les questions européennes. Elle a notamment été chef adjoint du Centre d'analyse et de prévision du ministère des Affaires étrangères, puis directrice de l'Institut d'études de sécurité de l'Union européenne de 2001 à 2007, membre de la Commission du Livre blanc sur la défense et la sécurité nationale en 2013, expert associée au CESE, et présidente du conseil d'administration de l'IHEDN (Institut des hautes études de défense nationale) – première femme nommée à ce poste. Elle a notamment publié *Où va le monde ?*, avec Pascal Lamy, paru chez Odile Jacob en 2017, *L'Europe indispensable*, CNRS Éditions, 2019, et récemment *Europe : changer ou périr* avec une préface de Jacques Delors, aux éditions Tallandier, 2022. Nicole Gnesotto est membre de l'équipe permanente de l'émission *Le Nouvel Esprit public*, animée par Philippe Meyer.

Camille Grand est *distinguished policy fellow* et responsable des études de défense à l'European Council on Foreign Relations (ECFR) depuis novembre 2022. Il a auparavant été secrétaire général adjoint pour l'investissement de défense de l'OTAN (2016-2022) et directeur de la Fondation pour la recherche stratégique (FRS) entre 2008 et 2016. Il a également occupé diverses responsabilités au sein du ministère des Affaires étrangères et du ministère de la Défense et été chercheur notamment à l'IFRI et l'Institut d'études de sécurité de l'Union européenne. Il est professeur associé à Sciences Po Paris, et a également enseigné à l'ENA et à l'École spéciale militaire de Saint-Cyr Coëtquidan.

Ariel (Eli) Levite est chercheur non résident à la Carnegie Endowment for International Peace (Washington DC). Avant de rejoindre la Fondation Carnegie en 2008, il a été directeur général adjoint principal (*policy*) de la Commission israélienne de l'énergie atomique de 2002 à 2007. Il a également été conseiller adjoint à la sécurité nationale (politique de défense) entre 1999 et 2000. Il a dirigé la Direction de la sécurité internationale et du contrôle des armements (poste de secrétaire adjoint) au sein du ministère israélien de la Défense. Il est chevalier dans l'ordre national de la Légion d'honneur.

Jean-Louis Lozier est conseiller du Centre des études de sécurité de l'IFRI et un officier de marine qui a servi durant trente-neuf ans au sein de la marine nationale. Il a quitté le service actif en août 2020. Entré à l'École navale en 1981, sa carrière embarquée s'est principalement déroulée à bord des sous-marins, et a été ponctuée par les commandements d'un sous-marin nucléaire d'attaque (1997-1999) et de deux sous-marins nucléaires lanceurs d'engins (2004-2006). Promu officier général en 2012, il a exercé durant huit ans des postes de haute responsabilité, dont celui de chef de la division Forces nucléaires de l'état-major des armées (2012-2014) et inspecteur des armements nucléaires (2014-2015). Il a terminé son parcours dans la marine comme vice-amiral d'escadre, préfet maritime de l'Atlantique (délégué du gouvernement pour l'action de l'État en mer) et commandant de la zone maritime Atlantique, responsable de la conduite des opérations en Atlantique et dans l'Arctique (2018-2020).

Andreas Lutsch est depuis juin 2019 professeur junior en analyse du renseignement (Intelligence Analysis) à l'École supérieure fédérale d'administration publique (Hochschule des Bundes für öffentliche Verwaltung) en Allemagne. Il a précédemment exercé dans les universités de Mayence et de Würzburg, a été chercheur postdoctorant en sécurité nucléaire à l'Université Stanford et a enseigné en tant que professeur invité à Sciences Po Paris de 2021 à 2023.

Jean-Claude Mallet est conseiller d'État. Il a occupé de nombreuses fonctions relatives à l'élaboration de la politique de défense et de sécurité de la France. Il a été conseiller technique pour les affaires internationales et stratégiques au cabinet du ministre de la Défense Pierre Joxe (1991), puis directeur des affaires stratégiques du ministère (1992-1998). Il a été rapporteur du Livre blanc sur la défense paru en 1994, a été secrétaire général de la Défense nationale (1998-2004), puis a présidé la Commission du Livre blanc sur la défense et la sécurité nationale de 2008. Entre 2012 et 2019, il est conseiller spécial de Jean-Yves Le Drian, ministre de la Défense puis ministre de l'Europe et des Affaires étrangères. Il a rejoint le secteur privé en 2019.

Dominique Mongin est docteur en histoire (université de Paris-I-Panthéon-Sorbonne). Sa thèse : « La genèse de l'armement nucléaire français (1945-1958) », soutenue en 1991, était la première en France sur le sujet. Il a travaillé successivement au cabinet du ministre de la Défense, au Centre des hautes études de l'armement, à l'Autorité de régulation des télécommunications, ainsi qu'au service du Premier ministre en charge des questions de défense et de sécurité (SGDSN), avant de devenir rapporteur de la Commission du Livre blanc sur la défense et la sécurité nationale de 2008. Aujourd'hui, il enseigne au Centre interdisciplinaire sur les enjeux stratégiques de l'École normale supérieure (ENS-Ulm). L'Académie des sciences morales et politiques lui a décerné en 2022 son prix Edmond Fréville-Pierre Messmer pour son ouvrage *Histoire de la dissuasion nucléaire depuis la Seconde Guerre mondiale*.

George Perkovich est titulaire de la chaire Ken Olivier et Angela Nomellini et vice-président chargé des études à la Carnegie Endowment for International Peace, où il supervise le Technology and International Affairs Program et le Nuclear Policy Program. Il travaille principalement sur la stratégie nucléaire et les questions de non-prolifération, les conflits cyber et les nouvelles approches de la gestion internationale publique-privée des technologies stratégiques.

Marc Perrin de Brichambaut est un membre du Conseil d'État (Cour suprême pour le droit administratif) depuis 1974 et a été nommé conseiller d'État en 1992. Il a rempli différentes fonctions de haut niveau au sein du ministère des Affaires étrangères et du ministère de la Défense en France ainsi qu'au sein du secrétariat des Nations unies. En tant que directeur des Affaires juridiques du ministère des Affaires étrangères, il a dirigé la délégation française à la conférence de Rome et a signé le statut de Rome pour la France. De 2005 à 2011, il a été secrétaire général de l'Organisation pour la sécurité et la coopération en Europe (OSCE).

Brad Roberts est directeur du Center for Global Security Research (CGSR) au Lawrence Livermore National Laboratory (États-Unis). De 2009 à 2013, il a occupé le poste de secrétaire adjoint à la Défense pour la politique nucléaire et de défense antimissile. Il est également membre du groupe consultatif stratégique du commandement stratégique des États-Unis. Professeur consultant à l'Université Stanford en 2013 et 2014, il est l'auteur d'un ouvrage primé, *The Case for U.S. Nuclear Weapons in the 21st Century*.

Nicolas Roche est directeur honoraire du Centre interdisciplinaire sur les enjeux stratégiques de l'École normale supérieure de Paris. Il est l'auteur d'un ouvrage intitulé *Pourquoi la dissuasion* (PUF, 2017). Diplomate de carrière, il a occupé différents postes au ministère des Affaires étrangères, au ministère de la Défense et au Commissariat à l'énergie atomique et aux énergies alternatives. Il est également archiviste et paléographe, diplômé de l'Institut d'études politiques de Paris, et ancien élève de l'École nationale d'administration.

Mélanie Rosselet est diplomate, spécialiste des questions stratégiques et de défense. Elle est directrice de l'analyse stratégique au sein de la direction des Applications militaires du Commissariat à l'énergie atomique et aux énergies alternatives. Elle enseigne également à l'École normale supérieure de Paris (CIENS : Centre interdisciplinaire sur les enjeux stratégiques).

Vincenzo Salvetti est Directeur des applications militaires du Commissariat à l'énergie atomique et aux énergies alternatives (CEA). Ingénieur diplômé de l'École nationale supérieure des ingénieurs de construction aéronautique de Toulouse, il a exercé des responsabilités de haut niveau au sein de la Délégation générale pour l'armement (DGA), en étant notamment directeur du programme d'ensemble HORUS qui porte sur la composante aéroportée de la force de dissuasion nucléaire française. Il entre en 2005 à la Direction des applications militaires où il dirige le département de conception et réalisation des expérimentations (DCRE), avant d'être nommé Directeur des armes nucléaires (2015), puis Directeur des applications militaires (2020).

Martin Schäfer est ministre plénipotentiaire près l'ambassade d'Allemagne depuis août 2021. Il a suivi des études de droit, de sciences économiques et politiques aux universités de Fribourg, Lausanne, Montpellier et Münster, à Sciences Po Paris, ainsi qu'à l'ENA. Il est titulaire d'un doctorat en droit international public de l'Université de Münster. Il a ensuite occupé différents postes au ministère fédéral des Affaires étrangères à Bonn puis Berlin ainsi qu'au sein des ambassades d'Allemagne à Kiev (Ukraine), Santiago du Chili et Pretoria (Afrique du Sud). Il a été porte-parole du ministère fédéral des Affaires étrangères à Berlin de 2013 à 2017, puis ambassadeur d'Allemagne en Afrique du Sud jusqu'en 2021.

L'amiral (2S) Édouard Scott de Martinville a commandé la force océanique stratégique et les forces sous-marines (2000-2002), a été secrétaire général adjoint de la Défense nationale (2002-2006) et inspecteur général des armées (marine) (2006-2007). Il est grand officier de la Légion d'honneur.

Perrine Simon-Nahum est directrice de recherches au CNRS, professeure attachée au département de philosophie de l'ENS-Ulm. Elle a publié *Les Déraisons modernes* (L'Observatoire, 2021), *Sagesse du politique. Le devenir des démocraties* (L'Observatoire, 2023).

Hubert Tardy-Joubert est conseiller au sein du cabinet de la ministre des Affaires étrangères. Il a occupé plusieurs fonctions au sein du ministère des Affaires étrangères et au sein des administrations françaises. Agrégé de philosophie en 2009, il enseigne la philosophie à l'université de Paris-Ouest-Nanterre. Il a également participé à l'enseignement et à la recherche au sein du Centre interdisciplinaire sur les enjeux stratégiques de l'École normale supérieure de Paris-Ulm.

Bruno Tertrais est directeur adjoint de la Fondation pour la recherche stratégique et expert associé à l'Institut Montaigne. Juriste et politiste de formation, il a obtenu son doctorat sous la direction de Pierre Hassner. Après avoir travaillé à l'Assemblée parlementaire de l'OTAN, il a été en poste au ministère de la Défense et à la RAND Corporation, et a rejoint la FRS en 2001. Il a été membre des Commissions du Livre blanc sur la défense et la sécurité nationale en 2007-2008 et 2012-2013. Parmi ses ouvrages parus : *Le Président et la Bombe* (Odile Jacob, 2017, prix du Livre géopolitique) ; *La Revanche de l'Histoire* (Odile Jacob, 2018) ; *La Guerre des mondes. Le retour de la géopolitique et le choc des empires* (L'Observatoire, 2023).

Remerciements

Nous tenons à remercier celles et ceux qui ont aidé à la réalisation de cet ouvrage, notamment la Fondation pour la recherche stratégique, Hugo Caste, Olivier Danielo, Clara Gouyon, Rémi Ravel, Élisabeth Veltz, Martine Sinopoli, ainsi que les relecteurs avisés qui se reconnaîtront.

Table

Cet ouvrage a été composé
en Adobe Garamond Pro
par Nord Compo
à Villeneuve-d'Ascq (Nord).

N° d'impression : 4150-0668-X – N° d'édition : N25137240108
Dépôt légal : mars 2024

Imprimé en France

IMPRIM'VERT®

PEFC 10-31-3532